JÜRG BRODMANN

Arbeitskampf und Pressefreiheit

Schriften zum Sozial- und Arbeitsrecht

Band 59

Arbeitskampf und Pressefreiheit

Von

Dr. Jörg Brodmann

DUNCKER & HUMBLOT / BERLIN

Gedruckt 1982 bei Berliner Buchdruckerei Union GmbH., Berlin 61
Printed in Germany

ISBN 3 428 05085 1

Vorwort

Diese Arbeit hat im Sommersemester 1981 der Juristischen Fakultät der Universität Konstanz als Dissertation vorgelegen.

Sie ist im September 1980 abgeschlossen worden. Rechtsprechung und Literatur sind bis zu diesem Zeitpunkt berücksichtigt worden.

Danken möchte ich an dieser Stelle meinem Doktorvater, Herrn Prof. Dr. Bernd Rüthers, für seine umfassende Unterstützung und seine konstruktive Kritik bei der Anfertigung der Untersuchung. Seine ständige Gesprächsbereitschaft hat viel zum Gelingen der Arbeit beigetragen.

Frau Gisela Vogel danke ich für die Hilfe bei der Erstellung des Manuskriptes.

Herrn Prof. Dr. Hugo Seiter gilt mein Dank für die kurzfristige Erstellung des Zweitgutachtens.

Weiter habe ich der Fazit-Stiftung/Frankfurt a. M. zu danken. Sie hat das zügige Fortschreiten der Arbeit durch ein Promotionsstipendium wesentlich gefördert.

Herrn Prof. Dr. Johannes Broermann danke ich für die Aufnahme der Arbeit in diese Schriftenreihe.

Ich widme diese Arbeit meinen Eltern.

Hegne, im November 1981

Jörg Brodmann

Inhaltsübersicht

Erster Teil

Einleitung und Problemstellung

Zweiter Teil

Arbeitskampf und Pressefreiheit
Die Kollision von Verfassungsgarantien

Dritter Teil

Arbeitskampffreiheit gegen die Pressefreiheit

Abkürzungsverzeichnis

a. A.	=	anderer Ansicht
AcP	=	Archiv für die civilistische Praxis
AfP	=	Archiv für Presserecht
AöR	=	Archiv für öffentliches Recht
AP	=	Arbeitsrechtliche Praxis
ArbR d. Ggnw.	=	Arbeitsrecht der Gegenwart
AuR	=	Arbeit und Recht
BAG	=	Bundesarbeitsgericht
BAGE	=	Entscheidungen des Bundesarbeitsgerichts
BB	=	Der Betriebsberater
BetrVG	=	Betriebsverfassungsgesetz
BGB	=	Bürgerliches Gesetzbuch
BGBl.	=	Bundesgesetzblatt
BGH	=	Bundesgerichtshof
BGHSt.	=	Entscheidungen des Bundesgerichtshofs in Strafsachen
BGHZ	=	Entscheidungen des Bundesgerichtshofs in Zivilsachen
BlStSozArbR	=	Blätter für Steuern, Sozialversicherung und Arbeitsrecht
BT	=	Bundestag
BVerfG	=	Bundesverfassungsgericht
BVerfGE	=	Entscheidungen des Bundesverfassungsgerichts
DB	=	Der Betrieb
DGB	=	Deutscher Gewerkschaftsbund
DJT	=	Deutscher Juristentag
EzA	=	Entscheidungssammlung zum Arbeitsrecht
FAZ	=	Frankfurter Allgemeine Zeitung
Fn.	=	Fußnote
FR	=	Frankfurter Rundschau
GewMH	=	Gewerkschaftliche Monatshefte
GG	=	Grundgesetz
GS	=	Großer Senat
h. M.	=	herrschende Meinung
IG	=	Industriegewerkschaft
JurA	=	Juristische Analysen
JuS	=	Juristische Schulung
JZ	=	Juristenzeitung
KJ	=	Kritische Justiz
MDR	=	Monatsschrift für Deutsches Recht
m. w. N.	=	mit weiteren Nachweisen
NJW	=	Neue Juristische Wochenschrift
RdA	=	Recht der Arbeit
RG	=	Reichsgericht
RGZ	=	Entscheidungen des Reichsgerichts in Zivilsachen
SAE	=	Sammlung arbeitsrechtlicher Entscheidungen
VVDStRL	=	Veröffentlichungen der Vereinigung der Deutschen Staatsrechtslehrer
WRV	=	Weimarer Reichsverfassung
ZfA	=	Zeitschrift für Arbeitsrecht
ZfS	=	Zentralblatt für Sozialversicherung
ZRP	=	Zeitschrift für Rechtspolitik

Erster Teil

Einleitung und Problemstellung

Erster Abschnitt

Die Arbeitskämpfe in der Druckindustrie

In den Jahren 1976 und 1978 fanden zwei Arbeitskämpfe im Druck- und Pressegewerbe statt. Die Auseinandersetzungen wurden von beiden Tarifparteien mit großer Härte und Leidenschaft geführt. Zweimal Streik und Aussperrung in kurzer Folge und mit großen Auswirkungen auf die Öffentlichkeit fanden um so mehr Beachtung, weil im Presegewerbe und in der Druckindustrie Arbeitskämpfe bis dahin noch nicht sehr häufig vorgekommen waren. Erwähnenswert sind noch der erste generelle Streik gegen Presseverlage im Jahre 1952[1] und ein Arbeitskampf im Jahre 1955, bei dem zum ersten Mal in diesem Industriezweig von der Arbeitgeberseite ausgesperrt wurde[2].

Bis zum Jahre 1973 herrschte fast völlige Ruhe[3]. Und auch dieser Arbeitskampf dauerte nicht lang: Nach nur eintägigem Ausstand[4] kam es bereits zu einem Tarifabschluß, der mit 10,8 % Lohnerhöhung weit über den sonstigen, von anderen Gewerkschaften erzielten Abschlüssen lag[5].

---

1 In diesem Jahr sind zwei Streikbewegungen zu verzeichnen. Einmal im Mai 1952 ein Streik, der von der Rechtsprechung allgemein als politischer Streik angesehen wurde und zum zweiten die Streikbewegung im Dezember 1952, die demgegenüber als rechtmäßiger Lohnstreik anzusehen ist. Vgl. zum Umfang Statistisches Jahrbuch der Bundesrepublik, 1953 S. 130 f.; vgl. auch Löffler, NJW 1962, 1601 ff.

2 Vgl. Kalbitz, Aussperrungen in der Bundesrepublik, 1979, S. 152.

3 Vgl. Statistische Jahrbücher der Bundesrepublik ab 1956 fortlaufend; 1958 und 1959 wurde im Pressegewerbe je ein Betrieb bestreikt; 1962 ist ein Streik in 22 Betrieben zu verzeichnen.

4 Vgl. Knoche/Krüger, Presse im Druckerstreik, 1978, S. 7.

5 Vgl. Himmelmann, in: Analysen Nr. 25, Arbeitskonflikte in der Bundesrepublik, Hrsg. H.-E. Wehling, 1978, S. 72.

A. Die Tarifrunde 1976: „Der Kampf um die 6 vor dem Komma“[6]

In der ersten Verhandlung der Tarifrunde 1976[7] am 23. März forderte die zentrale Tariskommission für die Druckindustrie zur Sicherung der Reallohnhöhe eine Lohnsteigerung von 9 %, mindestens jedoch 140,— DM[8]. In dieser ersten Verhandlungsrunde gaben die Arbeitgeber noch kein konkretes Angebot ab, sondern lehnten die gewerkschaftliche Forderung ab. Die Verhandlungen führten zu keinem Ergebnis[9], da beide Seiten auf ihrem Standpunkt beharrten.

In der zweiten Verhandlungsrunde am 31. März 1976 und 1. April 1976 boten die Arbeitgeber eine lineare Erhöhung von 4,7 % an, was wiederum von Gewerkschaftsseite als „völlig unannehmbar“ abgelehnt wurde[10]. Gleichzeitig erklärte die IG Druck und Papier die Verhandlungen für gescheitert und beantragte das im Manteltarifvertrag für die Druckindustrie vorgesehene Schlichtungsverfahren. Da sich in den Schlichtungsverhandlungen keine Möglichkeit einer einverständlichen Einigung abzeichnete, wurde den Parteien bald ein Vorschlag des als Schlichter tätigen Zentralen Schiedsgerichts der Druckindustrie in Frankfurt/M. unterbreitet. Danach sollten die Tariflöhne für die Mindestdauer von 12 Monaten um 5,4 % angehoben werden[11]. Obwohl sich diese Erhöhung im Rahmen der von anderen Gewerkschaften abgeschlossenen Vereinbarungen bewegte[12] und die Arbeitgeberseite bereit

---

[6] Vgl. Erd, in: Duhn/Mückenberger, Hrsg., Arbeitskampf im Krisenalltag, 1977, S. 11 ff.; eine sehr ausführliche Darstellung der Ereignisse findet sich bei Groß/Steinrücke/Tholfuß/Weber, Die Tarifbewegung 1976 in der Druckindustrie, 1976, S. 152 ff.; Hartmann, Mobilmachung, Der Arbeitskampf in der Druckindustrie 1976, 1977 sowie bei Knoche/Krüger, Presse im Druckerstreik, 1978, S. 39 ff.

[7] Die Auseinandersetzung zwischen den Tarifparteien dauerte insgesamt 79 Tage. Auf dem Höhepunkt stand ein 13tägiger Arbeitskampf, vgl. Hartmann, Mobilmachung, S. 9.

[8] Mahlein, GewMH 1976, 396; das Problem der Betriebsrationalisierung stand bei diesem Arbeitskampf bereits im Hintergrund, war jedoch noch nicht Gegenstand der Auseinandersetzung, vgl. Erd, Arbeitskampf, S. 13; vgl. auch Müller-Jentsch, in: Kritisches Gewerkschaftsjahrbuch, 1978/79, S. 10: „Die Sorge um die Arbeitsplätze bestimmte auch schon 1976 den Arbeitskampf. Er wurde zur Generalprobe für 1978“.

[9] Himmelmann, in: Analysen, S. 75; Hartmann, Mobilmachung, S. 20.

[10] Groß/Steinrücke/Tholfuß/Weber, Die Tarifbewegung 1976 in der Druckindustrie, 1976, S. 155; Mahlein, GewMH 1976, 396. Hartmann, Mobilmachung, S. 26. Mit der Ablehnung war wohl allseits gerechnet worden.

[11] Der vollständige Inhalt des Schiedsspruchs ist bei Hartmann, Mobilmachung, S. 27 abgedruckt.

[12] Es lagen folgende Tarifabschlüsse der Gewerkschaften für andere Branchen vor: IG Metall: 5,4 % linear; IG Bau Steine Erden: 5,3 %; IG Banken und Versicherungen: 5,4 %; ÖTV: 5,3 %; IG Bergbau und Energie: 5,4 %; Deutsche Angestelltengewerkschaft: 5,3 %; IG Druck in der Papierverarbeitungsindustrie: 5,6 % (zitiert nach Hartmann, Mobilmachung, S. 13).

war, den Schiedsspruch zu akzeptieren, lehnte die IG Druck und Papier ab[13]. Auch bei der zweiten Schlichtungsrunde am 13. 4. 1976 kam es zu keiner Einigung. Der Bundesverband Druck betonte wiederholt, daß die im Schiedsspruch vom 1. April 1976 vorgesehene Lohnerhöhung die äußerste Grenze des wirtschaftlich Vertretbaren darstelle[14]. Gleichwohl war die Gewerkschaft nicht bereit, ihrerseits Zugeständnisse zu machen[15]. In dieser Phase der erfolglosen Verhandlungen kam es in vielen Betrieben zwischen dem 1. und 14. April 1976 zu spontanen Arbeitsniederlegungen. Diese „Warnstreiks" setzten sich auch nach der 2. Schlichtungsrunde fort und erreichten ihren Höhepunkt vor dem 21. April 1976, als von der IG Druck und Papier der Termin für die Urabstimmung auf den 27. 4. 1976 festgesetzt wurde[16]. In der Urabstimmung sprachen sich 88,2 % der in der IG Druck und Papier organisierten Arbeitnehmer für Kampfmanßahmen aus[17].

Unmittelbar danach, am 28. 4. 1976, begann die IG Druck und Papier mit dem Arbeitskampf. Der schwerpunktmäßig organisierte, auf Zeitungs- und Zeitschriftendruckereien beschränkte Streik richtete sich zunächst gegen 48 ausgewählte Betriebe mit ca. 16 000 Arbeitnehmern[18].

Davon betroffen waren:

— alle *überregionalen Tageszeitungen*;

— das *Verlagshaus Axel Springer* und alle Betriebe in der Bundesrepublik, in denen im Lohndruck Springer-Zeitungen produziert werden;

— sämtliche Zeitungsbetriebe im *Rhein-Ruhr-Gebiet* (u. a. die WAZ-Gruppe, die Giradet-Gruppe, die „Rheinische Post", die „Ruhr-Nachrichten", der „Westfälische Anzeiger", der „Kölner Stadtanzei-

---

[13] Mahlein, GewMH 1976, 396; Himmelmann, Analysen, S. 75.

[14] Die wirtschaftliche Lage in der Druckindustrie wird unterschiedlich dargestellt; vgl. z. B. Mahlein, GewMH 1976, 396 sowie Güther/Pickshaus, Der Arbeitskampf in der Druckindustrie im Frühjahr 1976, Hrsg. Soziale Bewegungen, Analysen und Dokumentation des IMSF, Nachrichtenreihe 5, 1976, S. 12 ff.

[15] Die Gewerkschaft beharrte auf ihrer Forderung im Hinblick auf Gutachten, die ein Wirtschaftswachstum von 5 bis 6 % und einen Gewinnanstieg der Unternehmer von ca. 20 % voraussagten; vgl. Himmelmann, Analysen, S. 76; Mahlein, GewMH 1976, 397.

[16] Hartmann, Mobilmachung, S. 29, 34; Angaben über Anzahl und Umfang der Warnstreiks finden sich bei Güther/Pickshaus, Arbeitskampf, S. 27 sowie in Druck und Papier Nr. 8, 1976, S. 2, 12 und Nr. 9, 1976, S. 9 und bei Hartmann, Mobilmachung, S. 29.

[17] Hartmann, Mobilmachung, S. 44 ff.: Umgerechnet auf die Gesamtzahl der in der Druckindustrie Beschäftigten stimmten 43,7 % für den Streik.

[18] Vgl. Hartmann, Mobilmachung, S. 47 f. und Güther/Pickshaus, Arbeitskampf, S. 29. Bestreikt wurden etwa 5 % der 6000 Druckereien in der Bundesrepublik.

ger", die Kaufzeitung „Express", die „Kölnische/Bonner Rundschau" und der „Bonner Generalanzeiger");

— in *Niedersachsen* neben dem Madsack-Verlag („Hannoversche Allgemeine Zeitung", „Neue Hannoversche Presse"), die Limbach-Druckerei („Braunschweiger Zeitung");

— in *München* (zunächst) nur das Buchgewerbehaus, das Teilauflagen von „Bild" produziert;

— in *Baden-Württemberg* fünf Tageszeitungen („Stuttgarter Nachrichten", „Stuttgarter Zeitung", „Südwest-Presse", „Schwäbische Zeitung", „Esslinger Zeitung");

— in *Hessen* u. a. die „Frankfurter Rundschau", die „Frankfurter Societäts-Druckerei" (u. a. „Frankfurter Allgemeine Zeitung", „Frankfurter Neue Presse"), die „Offenbach Post", das „Darmstädter Echo" und je eine Zeitung in Kassel, Wiesbaden, Gießen und Wetzlar;

— in *Berlin* außer dem Axel-Springer-Verlag die Mercator-Druckerei („Der Tagesspiegel", „Der Abend")[19].

Nicht bestreikt wurden zunächst in Übereinstimmung mit der Streikleitung in Stuttgart:

— das Zentralorgan der DKP „Unsere Zeit" (UZ);

— die kommunistische „Wahrheit" in Berlin (SEW);

— das links gerichtete „Spandauer Volksblatt";

— die SPD-Zeitung „Hamburger Morgenpost" (am 28. 4. 1976) sowie

— mehrere bayerische SPD-Zeitungen[20].

Nur wenige Stunden nach Streikbeginn um 14.00 Uhr folgte die Reaktion der Arbeitgeber. Der Bundesverband Druck hatte beschlossen, eine bundesweite Aussperrung zu verhängen. Ab 18.00 Uhr wurde in Betrieben mit über 100 Mitarbeitern ausgesperrt. Unmittelbar von Streik und Aussperrung betroffen waren nun über 100 000 Arbeitnehmer[21]. Am 29. 4. 1976 war neben den am Arbeitskampf unmittelbar Be-

---

[19] Nach Angaben der Deutschen Presse Agentur, zitiert nach Hartmann, Mobilmachung, S. 175 f.

[20] Hartmann, Mobilmachung, S. 176.

[21] Vgl. Statistisches Jahrbuch für die Bundesrepublik 1977, S. 106: Danach betrug die Zahl der insgesamt vom Arbeitskampf in der Druckindustrie betroffenen Arbeitnehmer 112 661. Andere Zahlen bei Rüthers, AfP 1977, 307 ff.: 104 000 Arbeitnehmer, Mahlein, GewMH 1976, 397; Himmelmann, Analysen, S. 76; Güther/Pickshaus, Arbeitskampf, S. 31 gehen von ca. 90 000 ausgesperrten Arbeitnehmern aus.
Die bei Erd, Arbeitskampf, S. 13 angegebene Zahl von 145 000 ausgesperrten Arbeitnehmern kann nicht richtig sein. Diese Zahl entspricht allen in der

teiligten auch eine breite Öffentlichkeit von den Auswirkungen des Arbeitskampfes spürbar betroffen. Es erschienen praktisch keine Zeitungen mehr. Von der sonst in der Bundesrepublik täglich produzierten Stückzahl in Höhe von 21,5 Mio. Zeitungen erreichten nur noch einige Regionalzeitungen mit einer Gesamtauflage von 1,5 Mio. die Leser[22]. Am Sonntag, dem 2. Mai 1976, wurde von den normalerweise erscheinenden ca. 3,2 Mio. Sonntags-Zeitungen kein einziges Exemplar zum Verkauf angeboten[23].

Inzwischen zeigten beide Tarifparteien die Bereitschaft zu weiteren Verhandlungen. Bereits am 30. April 1976 hatten einige Verleger versucht, Vermittlungsgespräche in Gang zu bringen[24]. Die Gewerkschaft war ihrerseits bereit, von der ursprünglichen Forderung von 9 % herunterzugehen, ließ aber auch deutlich werden, daß ihre Kompromißbereitschaft bei der 6 vor dem Komma zu Ende sein würde. Unter der Voraussetzung, daß sowohl Streik wie Aussperrung ausgesetzt werden würden, einigten sich die Tarifparteien auf die Fortsetzung der Gespräche. Am Montag, dem 3. Mai 1976 wurde um 6.00 Uhr die Aussperrung aufgehoben und um 16.00 Uhr der Streik. Fast alle deutschen Tageszeitungen konnten am 4. Mai 1976 wieder erscheinen[25].

Nach einem Angebot der Arbeitgeberseite von 5,6 % schlug der Vermittler Hesselbach einen Kompromiß von 5,9 % zuzüglich Strukturverbesserungen von ca. 0,3 % vor, wodurch die von den Gewerkschaften angestrebte 6 vor dem Komma nicht nur erreicht, sondern auch überschritten worden wäre[26]. Dieses, insbesondere im Hinblick auf die in anderen Industriezweigen erfolgten Tarifabschlüsse akzeptable Ergebnis wurde jedoch von der IG Druck zurückgewiesen. Gewerkschaftsintern hatten sich starke Tendenzen entwickelt, die mit einer derartigen Reduzierung der ursprünglichen Forderung von 9 % nicht einverstan-

---

Druckindustrie Beschäftigten. Die Aussperrungsmaßnahmen der Arbeitgeber wurden jedoch nicht geschlossen durchgeführt. So sperrte z. B. der Auer-Verlag in Hamburg nicht aus, so daß die SPD-eigene Zeitung „Hamburger Morgenpost" weiter erscheinen konnte. Andere Verleger stellten zwar die Zeitungsproduktion ein, sperrten aber nicht aus, um das Betriebsklima nicht zu verschlechtern (so z. B. der Offenbacher Verleger Burda). Andere Verlage schlossen noch während des Arbeitskampfes eigene, über dem Angebot des Bundesverbandes Druck liegende Haustarife ab (so z. B. der Konstanzer „Südkurier", vgl. auch Rüthers, AfP 1977, 307 Fn. 4).

[22] Die Welt vom 4. Mai 1976: 7 % der sonstigen Gesamtauflage; Hartmann, Mobilmachung, S. 177.

[23] Genaue Angaben, welche Zeitungen nicht erschienen, bei Hartmann, Mobilmachung, S. 180 f.

[24] Himmelmann, Analysen, S. 76.

[25] Hartmann, Mobilmachung, S. 182.

[26] Vgl. Güther/Pickshaus, Arbeitskampf, S. 33; Himmelmann, Analysen, S. 77.

den waren und auf die Durchsetzung einer harten Linie gegenüber den Arbeitgebern bestanden[27]. Diese Diskussion „an der Basis“ wirkte sich auch auf die Meinungsbildung der großen Tarifkommission aus, die den Schlichtungsvorschlag ablehnte und erklärte, „nach 4 Tagen Aussperrung sei es unmöglich, mit einem Tarifabschluß zurückzukehren, der nicht mindestens um 1 Prozent höher liege als der Schiedsspruch“[28].

Damit waren die Verhandlungen gescheitert und die Gewerkschaft kündigte für den nächsten Tag eine Ausweitung der Streikmaßnahmen bis zum totalen, bundesweiten Vollstreik an[29]. Mit dieser neuen, für die Gewerkschaft allerdings sehr kostenintensiven Taktik sollte den Arbeitgebern die Möglichkeit der Aussperrung genommen werden[30]. Die übrigen im DGB vereinigten Gewerkschaften erklärten sich mit dieser Maßnahme solidarisch und leisteten Unterstützungszahlungen[31]. Auch der Bundesverband Druck blieb nicht ohne Unterstützung. Die Bundesvereinigung der Deutschen Arbeitgeberverbände kündigte Unterstützungszahlungen in Höhe von 90 % der in den Betrieben entstehenden, streikbedingten Ausfallkosten an.

Der neu ausgebrochene Arbeitskampf betraf wieder unmittelbar die Zeitungsleser. Am 9. Mai 1976 erschienen zum zweiten Mal keine Sonntagszeitungen. Dabei blieb es jedoch nicht. Obwohl es trotz des von der IG Druck und Papier vollständig durchgeführten Streikaufrufs gelungen war, eine große Zahl von Tageszeitungen als „Notzeitungen“ zu produzieren[32], erreichten nicht alle tatsächlich erschienenen Zeitungen den Leser. Schon bei der zeitweiligen Aussetzung der Arbeitskampfmaßnahmen zur zweiten Verhandlungsrunde war es zu Zwischenfällen gekommen. Drucker und Setzer hatten den Abdruck von gewerkschaftskritischen Kommentaren verhindert, so daß die Zeitungen teilweise mit „weißen Flecken“ erscheinen mußten[33]. Nunmehr kam es auch bei der Auslieferung der „Notzeitungen“ zu einigen Zwischenfällen. Am 6. Mai

[27] Güther/Pickshaus, Arbeitskampf, S. 32; Hartmann, Mobilmachung, S. 70.

[28] Mahlein, GewMH 1976, 398; Hartmann, Mobilmachung, S. 70 f. Die Vorstellungen der IG Druck und Papier bewegten sich demnach bei 6,5 %, der Schlichtungsvorschlag, der von der Arbeitgeberseite akzeptiert worden wäre, hätte eine Höhe von 6,2 % erreicht. Die Parteien lagen also durchaus nur wenige Zehntelprozente auseinander.

[29] Hartmann, Mobilmachung, S. 74.

[30] Himmelmann, Analysen, S. 77.

[31] Es beteiligten sich nach Angaben der Gewerkschaft 74 243 Arbeitnehmer in 1792 Betrieben am Streik, vgl. Güther/Pickshaus, Arbeitskampf, S. 34 sowie Hensche, Arbeitskämpfe in der Druckindustrie 1976 und 1978, in: Bieback u. a., Streikfreiheit und Aussperrungsverbot, 1979.

[32] Mehr als die Hälfte der Gesamtauflage von 21,5 Mio Exemplaren aller erscheinenden Tageszeitungen wurden produziert. In Baden-Württemberg erschienen 45 von 48 Tageszeitungen; Vgl. Hartmann, Mobilmachung, S. 185.

[33] Rüthers, AfP 1977, 307.

1976 wurde die Auslieferung von Exemplaren in Köln, Essen, München, Remscheid und Reutlingen von zum Teil betriebsfremden Demonstranten und Angehörigen der IG Druck und Papier verhindert[34]. Am 8. Mai 1976 unternahmen etwa 300 Demonstranten in Berlin den gewaltsamen Versuch, die Auslieferung des „Tagesspiegel" von der Mercator-Druckerei unmöglich zu machen. Sowohl am 6. wie auch am 8. Mai 1976 mußte die Polizei eingreifen[35].

Nach dieser Phase des totalen Streiks änderte die IG Druck und Papier ihre Kampftaktik wieder. Ab dem 11. Mai 1976 wurden Kleinbetriebe mit bis zu 50 Arbeitnehmern vom Streik ausgenommen und die Auseinandersetzung mit Schwerpunktstreiks gegen Großverlage weitergeführt. Trotzdem erschienen auch hier die Zeitungen in Notausgaben weiter[36].

Die Verhandlungen um einen Tarifabschluß zur Beendigung des Kampfes liefen weiter. Schon am 7. Mai 1976 hatten die Verleger ihre Verhandlungsbereitschaft kundgetan und sich um neue Verhandlungen bemüht. Die ersten Kontakte kamen am Abend des 11. Mai 1976 zustande. Unter dem Vorsitz des nordrhein-westfälischen Arbeits- und Sozialministers Farthmann wurde in lange andauernden und vom Schlichter als „ungewöhnlich schwierig" bezeichneten Verhandlungen[37] ein Kompromiß ausgearbeitet, der eine sechsprozentige Lohnerhöhung ab dem 1. 6. 1976 sowie zusätzliche Zahlungen von 275,— DM für die Monate April und Mai 1976 vorsah[38]. Der Vermittlungsvorschlag wurde allseits akzeptiert und der noch andauernde Streik ausgesetzt. Am 18. Mai 1976 stimmten 55,7 % der beteiligten Gewerkschaftsmitglieder für die Annahme der neuen Tarifvereinbarungen[39]. Am 21. Mai 1976 wurde die Kollektivvereinbarung wirksam. Damit war dieser Tarifkonflikt beigelegt.

---

34 Genaue Angaben bei Hartmann, Mobilmachung, S. 183.

35 Hartmann, Mobilmachung, S. 184.

36 Hartmann, Mobilmachung, S. 186.

37 Groß/Steinrücke/Tholfuß/Weber, Die Tarifbewegung 1976 in der Druckindustrie, 1976, S. 254.

38 Von Gewerkschaftsseite wurde dies als eine Erhöhung von 6,66 % im Durchschnitt bezeichnet, vgl. Mahlein, GewMH 1976, 399; dagegen war die Lohnerhöhung nach Ansicht des Bundesverbandes Druck zwischen 6,2 % und 6,3 % anzusiedeln, vgl. Hartmann, Mobilmachung, S. 89.

39 43,6 % stimmten dagegen; gewerkschaftsintern war auch eine starke Propaganda gegen den Abschluß zu vermerken. Stimmen wurden laut, die die 6 % Erhöhung als „Verrat" bezeichneten, vgl. Hartmann, Mobilmachung, S. 89 ff.

B. Die Tarifrunde 1978: „Rationalisierung und Arbeitsplatzsicherung"[40]

Daß mit dem Ende des Arbeitskampfes im Jahre 1976 die Probleme nicht beseitigt sein würden, hatte sich schon während dieser Auseinandersetzung abgezeichnet. Eine andere Problematik, die während dieser Tarifrunde nur als Spitze eines Eisberges sichtbar geworden war, trat im Frühjahr 1978 in voller Größe in den Vordergrund und verdrängte den Lohnaspekt als wesentlichen Inhalt der Tarifforderungen. Wie in kaum einer anderen Branche wurden in der Druckindustrie und im graphischen Gewerbe durch die Veränderung und Fortentwicklung der technologischen Grundlagen Arbeitsplätze in großer Zahl in Frage gestellt. Diese Entwicklung war keineswegs überraschend gekommen. Schon in den sechziger Jahren hatte sich die Tendenz weg vom herkömmlichen Bleisatz zur elektronisch gesteuerten Lichtsatzmaschine abgezeichnet. Erstmals im September 1975 hatte die IG Druck und Papier dem zuständigen Arbeitgeberverband ihre tariflich abzusichernden Forderungen zur Lösung dieses Problembereiches vorgelegt. Die damit angestrebten Verhandlungen sollten eine umfassende tarifliche Regelung über den Einsatz und die Bedienung von rechnergesteuerten Textsystemen sowie den dabei in bezug auf die Arbeitsplätze auftretenden Folgeerscheinungen bringen.

Inhaltlich sah der Forderungskatalog der IG Druck und Papier vor allem die Sicherung der durch die Rationalisierung gefährdeten Arbeitsplätze bei der Satzherstellung und die Verwendung von Facharbeitern in der graphischen Industrie bei der Besetzung dieser Stellen vor. Weiter sollte eine Tarifregelung gegen Abgruppierungen, d. h. gegen eine Verringerung von Löhnen und Gehältern bei Einsatz von einfacher zu bedienenden Satzcomputern im Vergleich zu den bisherigen Facharbeiterlöhnen in der Druckindustrie vereinbart werden. Damit verknüpft war auch die nächste Forderung, die Erhaltung des Arbeitsniveaus und damit der Schutz vor Dequalifizierung. Mit geregelt werden sollte auch die höchstzulässige Arbeitszeit an Bildschirmgeräten sowie die Verpflichtung, die Beschäftigten regelmäßig augenärztlich untersuchen zu lassen[41]. Aufgrund dieser, für Tarifverträge neuartigen

---

[40] Vgl. dazu die Darstellung von W. Müller-Jentsch, Der Arbeitskampf in der Druckindustrie 1978, in kritisches Gewerkschaftsjahrbuch 1978/79, S. 10 ff. sowie Hensche, Arbeitskämpfe in der Druckindustrie 1976 und 1978, in: Bieback u. a. Streikfreiheit und Aussperrungsverbot, 1979, S. 23 ff.

[41] Müller-Jentsch, Kritisches Gewerkschaftsjahrbuch 1978/79 S. 14 f.; Hensche, Arbeitskämpfe, S. 45. Die Forderungen wurden in einem gemeinsam von den Arbeitnehmerorganisationen erarbeiteten Tarifvertragsentwurf im Mai 1977 vorgelegt („Raster-Tarifvertrag"). Im Juli 1977 legte die Arbeitgeberseite einen eigenen Entwurf vor, der in den zentralen Fragen keine Annäherung der Standpunkte brachte.

Forderungen, deren Zulässigkeit zum Teil heftig umstritten ist[42], ließ der tatsächliche Verhandlungsbeginn auf sich warten[43]. Die erste Verhandlungsrunde über die Tarifforderungen kam erst im November 1976 auf Einladung des Bundesverbandes Deutscher Zeitungsverleger zustande. An dem Spitzengespräch beteiligt waren auf Unternehmerseite der Bundesverband Druck (BVD), der Bundesverband Deutscher Zeitungsverleger (BDZV) und der Verband Deutscher Zeitschriftenverleger (VDZ). Auf der Gewerkschaftsseite nahmen die IG Druck und Papier, der Deutsche Journalisten-Verband (DJV), die Gewerkschaft Handel, Banken und Versicherungen (HBV) und die Deutsche Angestellten Gewerkschaft (DAG) teil.

Die Schwierigkeit der zu regelnden Materie sowie die verschiedenartigen Interessen der beteiligten Verbände ließ die Verhandlungen schwierig und lang werden. In der 7. ergebnislosen Sitzung brach die Arbeitnehmerseite im September 1977 die Verhandlungen ab, weil sich eine Einigung nicht abzeichnete. Nach erfolglosen Schlichtungsversuchen entschloß sich die Gewerkschaftsleitung zu einer gegenüber 1976 anderen Taktik des Arbeitskampfes. Im Hinblick auf den enormen finanziellen Einsatz im Jahre 1976, der die Streikkassen der Gewerkschaften stark angegriffen hatte, wurde eine flexible „Strategie der Nadelstiche" praktiziert. Dies bedeutete, daß sofort nach dem Scheitern der Verhandlungen die IG Druck und Papier ihre Mitglieder zunächst dazu aufrief, keine Sonderschichten und Überstunden mehr zu machen. Auch wurde zu gewerkschaftlich gebilligten Warnstreiks aufgerufen, die bis Ende November in 34 Betrieben stattfanden[44].

Während die Verhandlungen im September 1977 wieder aufgenommen wurden, stieg die Zahl der kurzzeitigen Arbeitsniederlegungen an.

---

[42] Dabei geht es zum einen um die Frage, ob Besetzungsregeln gegen Grundrechte (Art. 12 GG) anderer Arbeitnehmer, insbesondere Arbeitsuchender, verstoßen; vgl. dazu bereits Biedenkopf, Grenzen der Tarifautonomie, 1964, S. 110 ff.; zum anderen geht es darum, ob der Tarifvertrag überhaupt solche bislang dem Unternehmer vorbehaltenen Entscheidungen treffen darf. Die tarifvertragliche Steuerung des Unternehmerhandels könnte einen Verstoß gegen Einzelgrundrechte des Arbeitgebers (Art. 14, 12 GG) darstellen. Sie könnte aber auch grundsätzlich einen Verstoß gegen die Prinzipien der Wettbewerbswirtschaft darstellen, wobei deren normative Verbindlichkeit allerdings erst begründet werden muß; vgl. Biedenkopf, Verhandlungen des 46. DJT, Bd. I, Teil 1, S. 97 ff., 156 ff.; Reuter, ZfA 1978, 1 ff.; Koller, ZfA 1978, S. 45; Vollmer, DB 1979, 308 ff., 355 ff. sowie Rieth, Die Steuerung unternehmerischen Handelns durch Tarifvertrag, 1980, m. w. N.

[43] Nach Darstellung der Gewerkschaftsseite soll die Verzögerung einzig auf die ablehnende Haltung des Bundesverbandes Druck zurückzuführen sein, der sich zunächst geweigert haben soll, Verhandlungen über Gegenstände eines Tarifvertrages aufzunehmen, über die noch keine ausreichenden Erfahrungen vorlägen. Vgl. Müller-Jentsch, Kritisches Gewerkschaftsjahrbuch 1978/79, S. 14; Hensche, Arbeitskämpfe, S. 46.

[44] Hensche, Arbeitskämpfe, S. 51.

Dadurch kam es auch schon in dieser Phase der Auseinandersetzung zu Produktionsausfällen[45]. Trotz dieser gewerkschaftlichen Aktionen wurden die Verhandlungen so weit fortgeführt, daß am 18. und 19. Januar 1978, dem letzten Verhandlungstermin ein von beiden Tarifparteien erarbeiteter Kompromißvorschlag zustande kam. Festgelegt wurden Leitsätze des zu erstellenden Tarifvertrages. Die große Tarifkommission der IG Druck und Papier stimmte diesem Kompromiß — dem sog. „Mayschoß-Papier" — am 20. 1. 1978 mit einer Mehrheit von 28 gegen 18 Stimmen zu[46]. Die Leitsätze der Mayschoß-Vereinbarung wurden aber von der IG Druck nicht endgültig akzeptiert. Innergewerkschaftlich wurde von der Basis her massiv gegen das für viele Mitglieder zu weit hinter den ursprünglichen gewerkschaftlichen Forderungen zurückbleibende Ergebnis protestiert, zum Teil auch mit Warnstreiks. Diese hatten zur Folge, daß am 19. 1. und 20. 1. 1978 in München, Frankfurt/M., Stuttgart und Düsseldorf keine Zeitungen erschienen und das Handelsblatt sowie zwei Drittel der „Bild"-Auflage in Höhe von 3,1 Mio. Exemplaren nicht gedruckt werden konnten[47]. Die Proteste weiteten sich aus, als der ausformulierte Tarifvertrag vorlag. Wenn sie einer internen Zerreißprobe ausweichen wollte, konnte die Gewerkschaftsleitung die Stimmen aus den Reihen der Mitglieder nicht außer acht lassen. Die Tarifkommission lehnte deshalb am 31. 1. 1978 den zuvor von ihr gebilligten Kompromiß nunmehr einstimmig ab[48].

Als die IG Druck und Papier danach einen neuen, gegenüber dem Mayschoß-Papier in vielen Positionen veränderten Tarifvertragsentwurf vorlegte, in dem sie zum Teil auch zu ihren ursprünglichen, vor dem Kompromiß gestellten Forderungen zurückkehrte[49], weigerten sich die Verleger erneut, in Verhandlungen einzutreten, erklärten vielmehr in einer Pressekonferenz, daß sie den auf dem Mayschoß-Papier basierenden Tarifvertrag annehmen würden. Noch am selben Tag, dem 8. Februar 1978, rief die IG Druck und Papier zu befristeten Proteststreiks gegen die Haltung der Verleger auf, die u. a. in Hamburg, Frankfurt/M., Stuttgart, Kassel, Mainz, Essen und München durchgeführt

---

[45] In München erschienen deshalb an einem Tag im Dezember 1977 keine Zeitungen, Müller-Jentsch, Kritisches Gewerkschaftsjahrbuch 1978/79, S. 16.

[46] Druck und Papier, Nr. 4 vom 13. 2. 1978, S. 9.

[47] Druck und Papier, Nr. 3 vom 30. 1. 1978, S. 4.

[48] Druck und Papier Nr. 4 vom 13. 2. 1978, S. 9. Vgl. aber auch Hensche in Druck und Papier Nr. 14 vom 13. 2. 1978, S. 3. Daß letztlich der von der Basis ausgehende Druck für die Ablehnung in der Tarifkommission entscheidend war, wird bestätigt durch Müller-Jentsch, Kritisches Gewerkschaftsjahrbuch 1978/79, S. 17. Die DAG akzeptierte den auf der Grundlage des „Mayschoß-Papiers" ausgehandelten Kompromiß und unterzeichnete den Tarifvertrag. Sie wurde für ihre „abtrünnige Haltung" auch hart kritisiert, vgl. Mahlein, in Druck und Papier Nr. 7/8 vom 10. 4. 1978, S. 6.

[49] Druck und Papier Nr. 4 vom 13. 2. 1978, S. 18 ff.

wurden. Am 9. 2. 1978 konnten insgesamt 21 Zeitungen mit einer Auflage von 4 Mio. Exemplaren nicht erscheinen[50]. Den Angaben der Arbeitgeberseite zufolge waren damit seit November 1977 19mal Zeitungen überhaupt nicht, 28mal nur in vermindertem Umfang und 17mal als „Notzeitungen" erschienen[51].

Nach Auffassung der Gewerkschaftsführung sollten die Warnstreiks das Erscheinen nicht verhindern, sondern nur erschweren[52]. Auch am 9. 2. 1978 wurden die gewerkschaftlichen Aktionen als ein- oder mehrstündiger Proteststreik weitergeführt. Gleichzeitig versuchte die IG Druck und Papier, mit ca. 120 Unternehmen Firmentarifverträge unter der Androhung von Kampfmaßnahmen im ablehnenden Falle abzuschließen. Die Verleger wurden auch aufgefordert, zu Verhandlungen auf der Basis des nachgeschobenen Gewerkschaftsentwurfs zurückzukehren.

Als die Verleger sich „nur" bereit erklärten, auf der Basis des gemeinsam formulierten Tariftextes zu verhandeln und bis zum 20. 2. 1978 einheitlich alle von der IG Druck und Papier angestrebten Firmentarifverträge abgelehnt waren, fanden Urabstimmungen in 5 Betrieben statt[53]. Dabei stimmten 84,6 % der Beteiligten für längerfristige Kampfmaßnahmen[54]. Vorher war die Satzung der IG Druck zu diesem Zweck einer neuen Strategie geändert worden. Damit begann die eigentliche Kernphase des Arbeitskampfes. Im Anschluß an einen 24stündigen Proteststreik am 27. 2. 1978 in 25 Druck- und Verlagshäusern setzte in 4 Zeitungsdruckereien[55] am 28. 2. 1978 ein unbefristeter Schwerpunktstreik ein.

Die Arbeitgeber antworteten zum ersten Mal in diesem seit November 1977 andauernden Tarifkonflikt mit eigenen — allerdings gegenüber der 1976 angewandten bundesweiten Aussperrung zunächst zurückhaltenden — Kampfmaßnahmen. Noch am selben Tag wurde in den in München bestreikten Betrieben ausgesperrt. Die Schwerpunkt-

---

[50] Müller-Jentsch, Kritisches Gewerkschaftsjahrbuch 1978/79, S. 18.

[51] Unveröffentlichte Dokumentation des Bundesverbandes Druck, 1978.

[52] Müller-Jentsch, Kritisches Gewerkschaftsjahrbuch 1978/79, S. 16.

[53] Im Süddeutschen Verlag München (Süddeutsche Zeitung, AZ), im Buchgewerbehaus München (Bild); bei Druck und Verlag in Kassel (Hessische Allgemeine); bei der Rheinisch-Bergischen Druckerei Düsseldorf (Rheinische Post) und beim Rheinisch Bergischen Druckereiverlag Giradet, Wuppertal (Westdeutsche Zeitung, Wuppertaler Generalanzeiger) stimmten 84,6 % der Organisierten für längerfristige Kampfmaßnahmen, vgl. D. Hensche, Arbeitskämpfe, S. 55.

[54] Befragt wurden ca. 1900 IG Druck und Papier Mitglieder. Das sind 2,4 % aller in der Druckbranche organisierten Arbeitnehmer.

[55] Süddeutsche Zeitung in München; Hessische Allgemeine in Kassel; Rheinische Post in Düsseldorf; Westdeutsche Zeitung in Wuppertal, vgl. Müller-Jentsch, Kritisches Gewerkschaftsjahrbuch 1978/79, S. 18.

streiks wurden fortgesetzt, ebenso die Aussperrung. Zugunsten des fortlaufend bestreikten Süddeutschen Verlages setzten die anderen Münchener Zeitungsverlage ihre Solidaritätsaussperrung fort.

Die IG Druck und Papier führte in der Folgezeit in 37 weiteren Betrieben Urabstimmungen durch, bei denen sich oft über 90 % der organisierten Arbeitnehmer für Kampfmaßnahmen aussprachen. Allerdings blieben auch in zwei Verlagen die Quoten unter der erforderlichen Mehrheit von 75 %[56].

Aus Solidarität zu den bestreikten Betrieben und um die Wettbewerbsgleichheit zur fortdauernd bestreikten „Süddeutschen Zeitung" zu wahren, verzichtete die Leitung der „Frankfurter Allgemeinen Zeitung" erneut freiwillig darauf, diese am 4. 3. 1978 erscheinen zu lassen. Gleichzeitig erging die Warnung an die Adresse der Gewerkschaften, bei Fortdauer des Streiks auszusperren. 30 Zeitungen mit einer Gesamtauflage von 8,3 Mio. Exemplaren erreichten an diesem 4. März den Leser nicht. Das Nichterscheinen war in 25 Betrieben auf Streik, in 3 Betrieben auf Aussperrung und in 2 auf Solidaritätsmaßnahmen der Arbeitgeber zu den bestreikten Betrieben zurückzuführen.

Erneute Warnstreiks und Urabstimmungen veranlaßten die Arbeitgeber zu einer bundesweiten befristeten Abwehraussperrung. Am 5. März 1978 sperrten über 100 Zeitungshäuser und Akzidenzdruckereien ihre gewerblichen Arbeitnehmer für 48 Stunden aus. Dieser Maßnahme schlossen sich am 6. 3. 1978 die Zeitschriftenverlage an[57]. Mehr als 100 Tageszeitungen mit einer Gesamtauflage von 15 Mio. Exemplaren blieben ungedruckt.

Die IG Druck und Papier weitete am 7. März 1978 den ursprünglich auf 4 Verlage beschränkten unbefristeten Schwerpunktstreik auf 7 Zeitungs- und Zeitschriftenverlage aus[58], die Verleger dagegen stellten ihre Aussperrungsmaßnahmen vorläufig ein. Inzwischen wurde die Notwendigkeit einer Vermittlung durch Unparteiische für immer dringender erforderlich gehalten. Die beiden Tarifparteien hatten sich schon frühzeitig während des Arbeitskampfes über die Möglichkeit dieser Maßnahme verständigt und sich auch bald auf den Präsidenten der Bundesanstalt für Arbeit, Josef Stingl, als Vermittler geeinigt. Jedoch erst am 13. März 1978 kam es in Nürnberg zu ersten Verhandlungen, die allerdings keine Einigung, sondern vielmehr eine Ausweitung des Kon-

56 Hensche, Arbeitskämpfe, S. 55.

57 Hensche, Arbeitskämpfe, S. 57 nennt andere Zahlen: am 5. 3. 1978 sperrten 42 Betriebe aus, am 6. und 7. 3. 1978 insgesamt 78 Betriebe.

58 Süddeutsche Zeitung in München; Hessische Allgemeine in Kassel; Rheinische Post in Düsseldorf; Westdeutsche Zeitung in Wuppertal; vgl. Müller-Jentsch, Kritisches Gewerkschaftsjahrbuch 1978/79, S. 18.

fliktes brachten. Die Forderung der Unternehmer, bis 16.00 Uhr den Streik auszusetzen, wurde von der Gewerkschaft nicht akzeptiert. Darauf brachen die Verleger die Verhandlungen ab und beschlossen eine bundesweite unbefristete Aussperrung der gewerblichen Arbeitnehmer. Unmittelbar betroffen waren diesmal zwischen 40 000 und 50 000 Arbeitnehmer in 589 Betrieben[59].

Damit erreichten auch die Beeinträchtigungen der Zeitungsleser einen neuen Höhepunkt: 18 Mio. Zeitungsexemplare kamen nicht auf den Markt. Erst nach pausenlosen Verhandlungen und einem Appell des Bundeskanzlers an die Tarifparteien, den Arbeitskampf zu beenden, gelang es am 19. März 1978 einen für beide Seiten akzeptablen Kompromiß zu finden[60]. Am 21. März 1978 konnten wieder alle Zeitungen in der Bundesrepublik Deutschland unbehindert erscheinen.

Zweiter Abschnitt

Die faktischen Auswirkungen der beiden Arbeitskämpfe in den Jahren 1976 und 1978

Beide Arbeitskämpfe weisen hinsichtlich der faktischen Auswirkungen Gemeinsamkeiten auf. Nicht nur die Arbeitgeberseite geriet „unter Druck durch die IG Druck und Papier“[1], sondern auch unbeteiligte Dritte, nämlich die Zeitungsleser, bekamen die Auswirkungen dieser harten Auseinandersetzungen wie in keiner anderen Tarifbranche unmittelbar zu spüren. Für die Mehrzahl der Bundesbürger gehört das tägliche Erscheinen der Zeitung zum festen, nicht wegzudenkenden Bestandteil des Tagesablaufs[2]. Dabei sind die Interessen der Bürger verschieden, seien sie nun informationsbedürftige Leser, kauf- oder verkaufsinteressierte Geschäftsleute oder Betriebsinhaber, publicitysuchende Persönlichkeiten des öffentlichen Lebens oder auch nur Unterhaltung und Zerstreuung anstrebende Gelangweilte. Das Zeitunglesen

---

59 Müller-Jentsch gibt 50 000 Arbeitnehmer an, Hensche spricht von 40 000 Arbeitnehmern.

60 Zu den wichtigsten Ergebnissen siehe Hensche, Arbeitskämpfe, S. 64.

1 Die Welt, vom 18. 4. 1973.

2 Eine Umfrage zum wöchentlichen Medienkonsum im Jahre 1973 ergab, daß die Bundesbürger im Durchschnitt 3 Stunden und 59 Minuten auf die Lektüre von Zeitungen und 2 Stunden und 23 Minuten auf die Lektüre von Zeitschriften verwendeten, vgl. Jarras, Die Freiheit der Massenmedien, 1978, S. 36 ff.

ist auch fest im Bewußtsein verankert, so daß das Nichterscheinen der Tageszeitung um so mehr negativ auffallen muß. Daß ein Leben ohne Tageszeitung schwer vorstellbar ist, mag folgende, fast wie ein Schildbürgerstreich anmutende Episode aus dem Arbeitskampf 1976 verdeutlichen. Auf dem Höhepunkt der Kampfmaßnahmen, als kaum eine Zeitung erscheinen konnte, übermittelte die Postgewerkschaft per Fernschreiber eine Solidaritätsbekundung für die streikenden Kollegen an die Zeitungsredaktionen und bat gleichzeitig um Veröffentlichung[3]. Fehlt die Zeitung, lassen sich auch andere Wirtschaftsgüter nur noch schwer absetzen. In den nach dem Streik wieder erscheinenden Zeitungen häuften sich die Nachrichten aus allen Branchen über zum Teil nicht unerhebliche wirtschaftliche Nachteile, die auch konkret beziffert wurden. Der Zentralausschuß der Werbewirtschaft in Bonn errechnete für den Druckerstreik einen durch wegfallende Werbung täglich entstehenden Schaden in Höhe von 200 Mio. DM; die übrigen Schäden, die der Streik Tag für Tag verursachte, wurden mit 100 Mio. DM angegeben[4].

Nicht allein wirtschaftliche Einbußen wurden durch den Wegfall der Zeitungen hervorgerufen. Auch im politischen Bereich mußten Informationseinbußen hingenommen werden, die nicht unmittelbar in Mark und Pfennig beziffert werden können, aber dennoch bedeutsam sind. Die Kommunikation und der Informationsfluß von der Staatsrepäsentation zum Volk war durch den Wegfall der Zeitungen nicht mehr gewährleistet. Zwar kam die politische Arbeit nicht vollständig zum Stillstand. Die Gewerkschaft hatte z. B. während der Phase des totalen Streiks den Druck des Bundesgesetzblattes und der Fahndungsblätter des Bundeskriminalamtes vom bundesweiten Streik ausgenommen[5]. So war wenigstens der technische Ablauf der Verwaltungstätigkeit garantiert. Aber dieser, auf eng begrenzte Ausnahmefälle beschränkte „Notdienst“ berührt das Problem nur am Rande. Das Informationsdefizit des Bürgers wurde in keiner Weise ausgeglichen.

---

[3] Michaels, in: „DIE ZEIT“ vom 7. 5. 1976.

[4] Vgl. Hartmann, Mobilmachung, S. 93 ff. Betroffen war insbesondere der Gebrauchtwagenhandel sowie die Wohnungsmaklerbranche. Von dort wurden Umsatzrückgänge bis zu 80 % gemeldet. Nicht dabei berücksichtigt sind die den streitenden Tarifparteien selbst entstandenen Vermögenseinbußen. Der BDZV beziffert den Gesamtverlust der Unternehmer allein bei den Tageszeitungen auf 95 Mio. DM im Arbeitskampf 1976.

Die Gewerkschaft mußte 1976 aus ihrer Kasse zur Finanzierung der Kampfmaßnahmen ungefähr 35 Mio. DM aufbringen, vgl. Hartmann, Mobilmachung, S. 93; Hensche, Arbeitskämpfe, S. 43, gibt 33 Mio. DM an. Für den Arbeitskampf 1978 brachte die Gewerkschaft „nur“ ca. 15 Mio. DM auf, vgl. Hensche, Arbeitskämpfe, S. 65. In der Papierindustrie betrug der Einnahmeverlust 1 Mio. DM/Tag.

[5] Groß u. a., Tarifbewegung, S. 214.

Die täglich anfallenden politischen Ereignisse, wenn z. B. der Bundeskanzler in einer Pressekonferenz das neueste Regierungsprogramm bekannt gibt, werden nirgends abgedruckt und die Öffentlichkeit wird davon nicht schwarz auf weiß unterrichtet[6].

So verwundert es dann weiter nicht, daß „der Zeitungsleser“, der auf „seine“ Zeitung verzichten muß, als „Unbeteiligter und doch Hauptgeschädigter“[7], diesem Arbeitskampf nichts abgewinnen konnte und wenig — wenn überhaupt — Verständnis für die langandauernde Auseinandersetzung aufbrachte[8]. Auch ein Wort des Bundeskanzlers, „daß es nichts schade, ein paar Tage ohne eine gewisse Boulevard-Zeitung auskommen zu müssen“, machte den Arbeitskampf nicht beliebter[9].

Dritter Abschnitt

Die rechtliche Problematik

A. Sonderstellung der Presse?

Es liegt auf der Hand, daß bei Arbeitskämpfen in Pressebetrieben außer den beiden Tarifparteien auch noch außenstehende Dritte stark in Mitleidenschaft gezogen werden. Daher drängt sich die Frage auf, die bereits lange vor den großen Auseinandersetzungen der Jahre 1976 und 1978 gestellt wurde: „Dürfen Pressebetriebe überhaupt bestreikt werden?“[1].

Heute besteht kein Zweifel mehr an der grundsätzlichen rechtlichen Zulässigkeit von Arbeitskämpfen in der Privatwirtschaft. Gleichwohl

[6] Vgl. Hoffmann, „Stuttgarter Zeitung“ vom 15. 5. 1976 und „DIE WELT“ vom 4. 5. 1976; Ein Bonner Regierungssprecher verglich das politische Leben in der Bundeshauptstadt unter den Bedingungen des Druckerstreiks mit einer „gestopften Trompete“.

[7] Zitat aus der Neuen Züricher Zeitung, in: „DIE WELT“ vom 14. 5. 1976.

[8] Eine Umfrage der Wickert-Institute zum Arbeitskampf 1976 ergab, daß 88 % der befragten Bürger keinerlei Verständnis für den Streik hatten und 76 % ihre Zeitung sehr vermißten und daß weiteren 14 % die Lektüre immerhin fehle, zitiert nach „Frankfurter Allgemeine Zeitung“ vom 4. 5. 1976.

[9] Frankfurter Allgemeine Zeitung vom 4. 5. 1976, vgl. auch Groß, u. a., Tarifbewegung, S. 66 und S. 229.

[1] So Löffler, NJW 1962, 1601. Die Fragestellung tauchte im Anschluß an den Arbeitskampf 1976 in den nach dem Streik wieder erscheinenden Tageszeitungen auf. Die ganz überwiegende Tendenz ging dahin, ein Verbot von Arbeitskämpfen in Pressebetrieben zu fordern. Vgl. dazu Groß u. a., Tarifbewegung, S. 129 ff. mit Zitaten aus verschiedenen Presseartikeln. Nur drei Zeitungen sprachen sich gegen eine Einschränkung des Arbeitskampfrechts in dieser Branche aus, vgl. Groß u. a., Tarifbewegung, S. 131.

ist die Fragestellung für den Bereich der Tagespresse[2] unvermindert aktuell geblieben und durch die oben dargestellten Tarifauseinandersetzungen in den Jahren 1976 und 1978 wieder in den Vordergrund gerückt[3]. Wenn in der übrigen privaten Wirtschaft Arbeitskämpfe nicht nur zulässig, sondern sogar im Grundgesetz mit Verfassungsrang garantiert sind[4], warum sollen sie dann im Pressewesen nicht auch erlaubt sein, zumal die Zeitung als Produkt am privatwirtschaftlichen Austausch der Wirtschaftsgüter zur Gewinnerzielung teilnimmt, die Presse also von ihrer wirtschaftlichen Struktur her voll in das marktwirtschaftliche Wirtschaftssystem der Bundesrepublik Deutschland eingeordnet ist[5].

B. Die besonderen Eigenschaften der „Ware" Zeitung

Daß die Frage nach einer Sonderstellung der Presse in Arbeitskämpfen trotzdem berechtigt ist, zeigt ein Blick auf die Eigenschaften der „Ware" Zeitung. Zu den wesentlichen Aufgaben der Tagespresse gehört die Verbreitung von „Nachrichten", sei es in Form von Information über aktuelles Gegenwartsgeschehen an den Leser oder sei es als Zurverfügungstellung von Anzeigenraum für Inserenten, die die Funktion der Zeitung als effektiver Werbeträger für eigene wirtschaftliche Tätigkeiten ausnutzen wollen[6]. Beide Funktionen dienen der Befriedigung des Informationsbedürfnisses der Zeitungsleser. Dabei steht die Aktuali-

---

[2] Die oben unter I. und II. geschilderten Vorgänge betrafen nicht nur die Tagespresse, sondern das gesamte Druckgewerbe. Die Problematik dieser Arbeit widmet sich jedoch nicht dem gesamten Bereich dieser Branche, sondern ist beschränkt auf periodische Presseerzeugnisse im eigentlichen Sprachgebrauch, die nicht ausschließlich Unterhaltungszwecken dienen. Vgl. Löffler/Ricker, Presserecht, 1978, Kap. I Rdnr. 9 zum Begriff des Presseerzeugnisses und Kap. 12 Rdnr. 15 ff. Der Interessenkonflikt tritt besonders bei politischen Tageszeitungen zutage. Zur Definition weiter: Löffler/Ricker, Presserecht, Kap. I Rdnr. 16 ff.

[3] Vgl. z. B. Ricker, in: Löffler/Ricker, Presserecht 1978, S. 181 ff.; Hernekamp, BB 1976, 1329 ff.; Rüthers, AfP 1977, 305 ff.; Badura, AöR 1979 (2), 246 ff. (261 ff.). Vgl. auch BGH in EZA Nr. 21 zu Art. 9 GG Arbeitskampf, mit Anmerkung von Seiter; Ricker, NJW 1980, 158.

[4] Einhellige Ansicht vgl. statt vieler Scholz, in: Maunz/Dürig/Herzog/Scholz, Art. 9 GG Rdnr. 112 ff.; Hueck/Nipperdey/Säcker, Lehrbuch des Arbeitsrechts II, 7. Aufl., S. 916; Brox/Rüthers, Arbeitskampfrecht, 1965, S. 41 ff. Däubler/Hege, Koalitionsfreiheit 1976, S. 110 ff.; Seiter, Streikrecht und Aussperrungsrecht 1975, S. 182 ff. m. w. N.; So auch die ständige Rechtsprechung des BAG vgl. nur grundlegend: AP Nr. 1 zu Art. 9 GG Arbeitskampf = BAGE 1, 291 und die Entscheidungen vom 10. 6. 1980 zur Aussperrung, BB 1980, Beilage 4.

[5] Vgl. dazu Scholz, Pressefreiheit und Arbeitsverfassung, 1978, S. 9; Stammler, Die Presse als soziale und verfassungsrechtliche Institution, 1971, S. 66. Ob die privatwirtschaftliche Struktur der Presseunternehmen vom Grundgesetz zwingend vorgegeben ist, kann an dieser Stelle noch dahinstehen.

[6] Stammler, Die Presse, S. 66.

tät der „Nachricht“ im Vordergrund, d. h. die Notwendigkeit und aus ihr folgend das Bestreben, „der breitesten Öffentlichkeit in kürzester, regelmäßiger Folge diese Information zukommen zu lassen“[7].

Damit wird der entscheidende Charakterzug der Zeitung als Produkt im volkswirtschaftlichen Austauschverkehr sichtbar: Die Zeitung ist eine „leicht verderbliche Ware“. Sie kann nicht auf Vorrat produziert werden, und der Bedarf kann nicht etwa aus vorhandenen Lagerbeständen wie bei anderen Verbrauchsgütern gedeckt werden, um einen arbeitskampfbedingten Produktionsausfall zu überwinden oder gegenüber den unbeteiligten Dritten zumindest abzumildern. Die Zeitung lebt von der Aktualität der Nachricht. Schon nach kurzer Zeit ist die Nachricht veraltet, die Anzeige hinfällig und die Zeitung damit wertlos[8]. Läßt sich eine Zeitung nicht verkaufen oder kann sie überhaupt nicht produziert werden, entstehen neben dem Wegfall des Verkaufserlöses noch erhebliche Einnahmeausfälle aus dem unmöglich gewordenen Anzeigengeschäft. Bei einem Arbeitskampf im Pressegewerbe besteht die Gefahr, daß schon früher als in anderen Wirtschaftsbranchen die Substanz des Unternehmens angegriffen und die Existenz der Zeitung in Frage gestellt wird[9].

C. Die staatspolitische Funktion der Presse

Die wirtschaftlich höhere Empfindlichkeit von Pressebetrieben kann jedoch nicht der entscheidende Gesichtspunkt bei der Frage nach der Sonderstellung von Pressebetrieben im Arbeitskampf sein. Allgemeine volkswirtschaftliche Einbußen entstehen bei jedem Arbeitskampf. Eine Schädigung des bestreikten Unternehmens ist sogar notwendige Folge der angewandten Kampfmittel, mit denen der Gegner getroffen und zum Tarifvertragsabschluß gebracht werden soll. Nicht nur in Pressebetrieben kann durch einen Arbeitskampf die wirtschaftliche Existenz des Unternehmens gefährdet werden. Das Arbeitskampfrecht beschränkt die Zulässigkeit von Kampfmaßnahmen dort, wo die wirtschaftliche Existenz des Kampfgegners auf dem Spiel steht[10]. Durch die Anwendung der allgemeinen Arbeitskampfregeln — insbesondere des Verhältnismäßigkeitsprinzips — läßt sich die Problematik der „Exi-

[7] Dovifat, Zeitungslehre 1931, Bd. 1, S. 10.

[8] Dovifat, Zeitungslehre 1931, Bd. 1, S. 20: „Veraltete Nachrichten sind nicht nur wertlos, sie sind auch lächerlich, wie es etwa ein Mensch ist, der Nachrichten von vorgestern erzählt oder Zeitungen von gestern verbreitet“; vgl. auch Hartmann, Mobilmachung, S. 48.

[9] Löffler, Presserecht, Bd I, 2. Aufl., § 13 Rdnr. 17; Hartmann, Mobilmachung, S. 48.

[10] Vgl. nur Seiter, Streikrecht und Aussperrungsrecht, 1975, S. 532 ff; sowie 3. Teil, 2. Abschnitt, III 4.

stenzvernichtung" lösen, ohne daß die Pressefreiheit besonders bemüht werden müßte. Hinter dem Begriff der Aktualität des Zeitungsinhalts verbirgt sich noch ein weiteres, staatspolitisch wichtigeres Problemfeld. Erscheinen arbeitskampfbedingt die Zeitungen nicht, erreichen die „Nachrichten" auch nicht den Bürger. Eine der wesentlichen Aufgaben der Presse kann nicht erfüllt werden. Der verfassungsrechtlich abgesicherten Arbeitskampffreiheit stellt sich hier die ebenfalls mit Verfassungsrang ausgestattete Pressefreiheit gegenüber.

Der unmittelbar dem Bürger gegenüber relevante Teilaspekt dieser Verfassungsgarantie soll ihm die Möglichkeit bewahren, sich die zur freien Meinungs- und Willensbildung erforderlichen Informationen ungehindert verschaffen zu können[11]. Nur dadurch wird er in die Lage versetzt, aktiv am Staats- und Wirtschaftsleben teilzunehmen. Das entspricht seiner von der Verfassung bestimmten Rolle als Souverän in einer Demokratie, in der sich die Willensbildung vom Volk zu den Staatsorganen und nicht umgekehrt vollzieht[12]. Jedem Bürger steht daher ein Recht zu, die politische Meinungsbildung zu beeinflussen. Die Zeitungen sind an der Bildung der öffentlichen Meinung unmittelbar beteiligt. Diese Beteiligung wiederum ist unerläßliche Voraussetzung der Einwirkung auf die Staatsorgane[13].

Die Presse erfüllt so im Verbund mit anderen Massenkommunikationsmitteln die Rolle des Mittlers zwischen dem Volk und den von diesem gewählten Repräsentanten. Zusammen mit Rundfunk, Fernsehen sowie den Verbänden und Parteien trägt die Presse der Führungsspitze des Staates die öffentliche Meinung zu. Gleichzeitig berichtet sie über die Vorgänge in Regierung, Parlament und Parteiausschüssen, diesmal in umgekehrter Richtung von der Spitze zur Basis zurück. Dadurch entsteht die für das wirkliche Funktionieren einer Demokratie wesentliche Rückkoppelung der Führungseliten mit der Basis. Das geschieht durch die veröffentlichte Meinung[14]. Ohne diese ständige Vermittlung von Vorgängen aus dem Parlaments- und Regierungsbereich an die breite Öffentlichkeit wäre die notwendige Transparenz der amtlichen Tätigkeiten nicht gewährleistet und damit die Öffentlichkeit nicht mehr in der Lage, ihre aus dem Demokratieprinzip folgende Kontrollfunktion gegenüber dem Staatsapparat auszuüben[15]. Andererseits voll-

---

[11] Herzog, in: Maunz/Dürig/Herzog/Scholz, GG Art. 5 Rdnr. 82 ff.

[12] Stein, Staatsrecht, 6. Aufl., § 9 I.

[13] Vgl. dazu BVerfGE 20, 56 ff., 98 f.; sowie Herzog, in: Maunz/Dürig/Herzog/Scholz, GG, Art. 5 Rdnr. 4 f.; 81 ff.; Ridder, in: Neumann/Nipperdey/Scheuner, Die Grundrechte, Bd. II/2, 2. Aufl., S. 243 ff.

[14] Stein, Staatsrecht, 6. Aufl., § 9 II.

[15] Stein, Staatsrecht, 6. Aufl., § 9 II; Löffler, Presserecht, Bd. I, 1969, Kap. 1, Rdnr. 26 ff.

zieht sich der Kontroll- und Meinungsbildungsmechanismus nicht nur zwischen dem Volk und der Staatsgewalt. In genauso gewichtigem Ausmaß findet er zwischen den einzelnen Bürgern, gewissermaßen auf horizontaler Ebene statt. Hier kommt den Leserbriefseiten einer Zeitung eine wichtige Funktion als Forum der öffentlichen Meinungsäußerung zu[16].

Diese geschilderten Funktionen der Tagespresse betreffen natürlich nicht nur das Verhältnis von Bürger und Staat in der sog. „hohen Politik", also auf Bundesebene. Das Informationsbedürfnis erstreckt sich genauso, ja eher noch intensiver, auf lokal- und kommunalpolitische Vorgänge. Es besteht zwar partiell die Möglichkeit, mit Hilfe der anderen Massenmedien, wie Rundfunk und Fernsehen, wichtige Informationen zu verbreiten; diese können die Zeitung aber nicht vollständig ersetzen[17]. Für viele Berufstätige, Schichtarbeiter etc. ist es einfacher, während des Arbeitstages „mal eben" in der Pause oder auf dem Weg zur Arbeit die Zeitung zu lesen, während sie die in den audiovisuellen Medien angebotenen Sendungen nicht so problemlos wahrnehmen können. Sicherlich können mit zusätzlichen Sendezeiten mehr Informationen geliefert werden, aber für den regionalen Bereich bleibt die regionale Presse in weitem Umfang der informativste und zuverlässigste Nachrichtenträger.

Dies gilt insbesondere für die „horizontale" Meinungsäußerung, etwa in Form von „Leserbriefen", also für den Meinungsaustausch unter Bürgern, der auch Wesentliches zur Bildung der öffentlichen Meinung beiträgt. Diese vielfältigen Funktionen der Tagespresse rechtfertigen die oben gestellte Frage nach einer rechtlichen Sonderstellung der Presse im Arbeitskampf.

D. Die Grundrechtskollision

Die besondere Problematik äußert sich zunächst in dem Spannungs- bzw. Kollisionsverhältnis zwischen der grundgesetzlich verbürgten Arbeitskampffreiheit und der ebenso mit Verfassungsrang ausgestatteten Pressefreiheit.

I. Die „verfassungsrechtliche" Lösung

Die Möglichkeit einer Lösung dieser Normenkollision ist auf der Ebene der Verfassung zu suchen. Es könnte sich nämlich zeigen, daß das

[16] Hernekamp, BB 1976, 1330; Groß u. a. Tarifbewegung, S. 237.

[17] Rüthers, AfP 1977, 319; vgl. auch „Neue Züricher Zeitung", zitiert nach „DIE WELT" vom 14. 5. 1976: „Es zeigte sich sehr schnell, daß weder Radio noch Fernsehen in der Lage sind, das Informationsbedürfnis der Öffentlichkeit umfassend und fundiert zu befriedigen. Die Angst der Zeitungsmacher vor den neuen Medien erwies sich als wenig begründet".

Grundgesetz dem einen oder dem anderen Rechtsgut eine Vorrangstellung eingeräumt hat. Daraus könnte ein generelles Verbot jeglicher Beeinträchtigung der Pressefreiheit durch Arbeitskampfmaßnahmen folgen. Ebenso wäre es denkbar, daß die Arbeitskampffreiheit Vorrang hat und durch die Pressefreiheit nicht eingeschränkt werden kann.

II. Die „arbeitskampfrechtliche" Lösung

Die Verfassung kann auch eine „gleichgewichtige" Lösung enthalten. Keinem der beiden Rechtsgüter wird dann ein Vorrang eingeräumt. Keines kann sich vollständig auf Kosten des anderen durchsetzen. In diesem Fall wird ein Ausgleich zwischen den beiden Rechtspositionen erforderlich. Es wäre anhand der allgemeinen Rechtmäßigkeitskriterien des Arbeitskampfes zu prüfen, ob es trotz des „Neben"- oder „Miteinander" von Arbeitskampf und Pressefreiheit zu einer Einschränkung einzelner Kampfmaßnahmen oder Kampfstrategien kommen kann. Ein solches vollständiges oder auch partielles Verbot wäre dann denkbar, wenn nur so verhindert werden könnte, daß die Verwirklichung der Pressefreiheit im Einzelfall durch den Arbeitskampf vollständig unmöglich werden würde. Die allgemeinen Rechtmäßigkeitskriterien wären dann durch die von Art. 5 Abs. 1 GG aufgestellten Erfordernisse zu konkretisieren.

III. Notzeitungen als Lösung der Grundrechtskollision

Eine dritte Möglichkeit, das Kollisionsverhältnis zwischen Arbeitskampf und Pressefreiheit aufzulösen, wäre die Produktion von „Notzeitungen" während eines Pressearbeitskampfes.

„Notzeitungen" wurden in den beiden Arbeitskämpfen der Jahre 1976 und 1978 auf freiwilliger Basis herausgebracht[18]. An den Arbeitskampf von 1976 schloß sich eine öffentliche Diskussion über die grundsätzliche Frage an, ob eine rechtliche Verpflichtung der Tarifparteien zur Herausgabe von Notzeitungen in Pressearbeitskämpfen bestehe[19]. Dabei wurden auch Vorschläge über Umfang und Inhalt von Notzeitungen gemacht[20]. Danach soll eine solche Notzeitung aus einem gegenüber der

---

[18] Vgl. 1. Teil, 1. Abschnitt A und B.

[19] Vgl. dazu zur Übersicht die unterschiedlichen Positionen z. B. Dierichs, Frankfurter Rundschau vom 7. 1. 1977; E. Stein, Frankfurter Rundschau vom 1. 3. 1977 und D. Hensche, Funk-Report 3/77 vom 4. 2. 1977, S. 9 ff.; R. Niemann, Funk-Report 3/77 vom 4. 2. 1977, S. 11 ff.; Richert, Frankfurter Rundschau vom 4. 12. 1976 sowie Rüthers AfP 1977, 328 f.; Seiter, Anm. zu BGH in EZA Nr. 21 zu Art. 9 GG Arbeitskampf, Hernekamp, BB 1976, 1330; Badura, AöR 1979, 2 ff. Dazu ausführlich noch unten in Teil 3, 3. Abschnitt.

[20] Dazu insbesondere E. Stein, Frankfurter Rundschau vom 1. 3. 1977 und Dierichs, Frankfurter Rundschau vom 7. 1. 1977 sowie Hernekamp, BB 1976, 1333.

Normalausgabe auf 15 % bis 20 % verringerten redaktionellen Teil bestehen. Die Seitenzahl soll dabei proportional zum sonstigen durchschnittlichen Umfang der Zeitung verringert werden, so daß bei einem üblicherweise erscheinenden Textteil von bis zu 12 Seiten die Notausgabe 2, und bei einem Textteil bis zu 24 Seiten, die Notzeitung 4 Seiten umfassen soll. Inhaltlich braucht die Notzeitung nicht auf die bloße Wiedergabe von Nachrichten beschränkt zu sein, sondern sie soll auch einen entsprechend eingeschränkten Kommentarteil und Raum für Leserbriefe enthalten[21]. Ungefähr 5 % einer jeden Ausgabe sollen auch einem Anzeigenteil vorbehalten bleiben. Dieser Teil müßte aber ebenso auf das Notwendigste, wie etwa Ankündigungen von Veranstaltungen oder über den Verkauf von leichtverderblichen Waren oder dringende Anzeigen aus dem Familienbereich — etwa Todesanzeigen — beschränkt sein[22]. Durch diese, gewissermaßen den Arbeitskampf begleitende Maßnahme könnten bei einem auch länger andauernden Nichterscheinen von Zeitungen das Informationsdefizit der Bevölkerung geringer gehalten oder in beschränktem Umfang ausgeglichen werden.

IV. Besteht eine Rechtspflicht zur Herausgabe von Notzeitungen?

Gegen die Zulässigkeit einer solchen Maßnahme auf freiwilliger Basis bestehen keine Bedenken. Doch die Frage nach einer Grundlage für eine zwingende rechtliche Verpflichtung beider Tarifparteien zur Herausgabe von Notzeitungen ist problematisch.

Werden, wenn auch in sehr beschränktem Umfang, Zeitungen produziert, so besteht die Gefahr, daß neben dem erwünschten Effekt der Information dem Arbeitskampf ein Teil seiner Durchschlagskraft genommen wird. Dadurch kann die Arbeitskampffreiheit unverhältnismäßig stark beeinträchtigt werden. Bejaht man eine rechtliche Verpflichtung der Tarifparteien zur Herausgabe einer Notzeitung, bedarf es daher auch noch einer genauen Festlegung ihres zulässigen Umfanges und Inhalts. Denn davon hängt in entscheidendem Ausmaß ab, ob die Notzeitung die an sie gestellten Ansprüche erfüllen kann, also einmal die Bevölkerung mit der „lebensnotwendigen" Information zu versorgen, gleichzeitig damit aber nicht dem Arbeitskampf die Spitze abzubrechen, sondern den Druck auf den Gegner in unvermindertem Umfang aufrechtzuerhalten. Damit ist auch die Frage angesprochen, ob die Produktion einer Notzeitung ein geeignetes Mittel ist, das Verhältnismäßigkeitsprinzip bezüglich der Auswirkungen des Arbeitskampfes auf Dritte zu verwirklichen.

---

[21] Dierichs, Frankfurter Rundschau vom 7. 1. 1977, S. 14.

[22] Dierichs, Frankfurter Rundschau vom 7. 1. 1977, S. 14; Richert, Der Journalist 2/77, S. 27.

E. Gang und Gegenstand der Untersuchung

Das eigentliche Problem bei Arbeitskämpfen in Pressebetrieben ist das Spannungsverhältnis zwischen der Arbeitskampffreiheit und der Pressefreiheit. Dadurch wird der Gang der Untersuchung bestimmt.

Zunächst muß geprüft werden, ob die Verfassung dem Arbeitskampf oder der Pressefreiheit den Vorrang gibt. Hat die Pressefreiheit den Vorrang, kann ein Arbeitskampf generell verboten werden. Der Informationsfluß wird dann nicht beeinträchtigt. Im umgekehrten Fall kann sich der Arbeitskampf uneingeschränkt auf Kosten der Zeitungsproduktion und der Information durchsetzen. Nur wenn sich eine „gleichgewichtige" Verfassungsrechtslage ergibt, sind die weiteren Lösungswege zu betrachten. Im folgenden werden daher als erstes Stellung, Rang und Grenzen der Arbeitskampffreiheit im Grundgesetz untersucht (2. Teil, 1. Abschnitt). Im Anschluß daran müssen dieselben Überlegungen zur Pressefreiheit gemacht werden (2. Teil, 2. Abschnitt).

Auf dieser Grundlage kann der Frage nachgegangen werden, wie das Grundgesetz die Kollision der beiden Verfassungsnormen löst (3. Teil, 1. Abschnitt).

Für den Fall einer „gleichgewichtigen" Verfassungsrechtslage soll geprüft werden, ob die allgemeinen Rechtmäßigkeitskriterien des Arbeitskampfes durch die Pressefreiheit eingeschränkt werden können (3. Teil, 2. Abschnitt).

Die Problematik der Notzeitungen wird aufgegriffen, wenn sich ergeben sollte, daß trotz eventuell bestehender Einschränkungsmöglichkeiten des Arbeitskampfes ein Informationsdefizit bestehen bleibt (3. Teil, 3. Abschnitt).

Zweiter Teil

Arbeitskampf und Pressefreiheit
Die Kollision von Verfassungsgarantien

Erster Abschnitt

Die grundgesetzliche Garantie des Arbeitskampfes

A. Arbeitskampf und die allgemeine Handlungsfreiheit des Art. 2 GG

Bis zur Einfügung der grundgesetzändernden Notstandsnovelle im Jahre 1968[1] war das Wort „Arbeitskampf" im Grundgesetz nicht erschienen. Aus dieser unterlassenen positivrechtlichen Regelung folgerte die früher herrschende Meinung, daß der Streik weder verboten noch gewährleistet sein sollte. Eine Änderung der Rechtslage gegenüber der Weimarer Verfassung[2] wurde verneint und der Streik allenfalls als Ausdruck „einer natürlichen, jedoch hoheitlich oder vertraglich einschränkbaren Handlungsfreiheit" dem Schutzbereich des Art. 2 Abs. 1 GG unterstellt. Das hatte die Folge, daß daraus kein subjektives Recht, sondern nur eine Streikfreiheit abgeleitet wurde. Diese war der generellen Disposition des einfachen Gesetzgebers unterstellt[3].

---

[1] BGBl. I 1968, S. 709.

[2] Zur Rechtslage unter der Weimarer RV: Anschütz, Die Verfassung des deutschen Reiches vom 11. 8. 1919, Kommentar, 14. Aufl., S. 733. Vgl. auch Seiter, Streikrecht und Aussperrungsrecht, 1975, S. 58 ff.

[3] Boos, Die verfassungsrechtlichen Grundlagen für das Recht des Streiks im Arbeitskampf, 1953, S. 87 ff. (91); v. Mangoldt/Klein, GG, Art. 9 Abs. 3 Ziff. 2; Frey, AuR 1957, 185; Dietz, JuS 1968, 3 ff.; weitere Nachweise bei Seiter, Streikrecht, S. 65 Fn 54 und Hueck/Nipperdey/ Säcker, Lehrbuch des Arbeitsrechts II/2, 7. Aufl., S. 915. Diese von Scholz, Koalitionsfreiheit als Verfassungsproblem, 1971, S. 61, Fn. 57, noch als „überwiegende Meinung" bezeichnete Ansicht dürfte dies schon damals nicht mehr gewesen sein, da sich auch Scholz auf die oben angeführten älteren Literaturquellen bezieht. Heute wird diese Ansicht nur noch vereinzelt vertreten, so z. B. von Löffler, Presserecht, Bd. I, 1969, Kap. 13 Rdnr. 6 ff.; Stein, NJW 1977, 2061; ders., Frankfurter Rundschau vom 1. 3. 1977, S. 14; zustimmend Löffler, NJW 1977, 2061 und dürfte gegenüber der ganz herrschenden Meinung auch nicht mehr haltbar sein. So ausdrücklich z. B. auch Auffahrt, RdA 1977, 129 ff., 130; Geff-

B. Arbeitskampf als Konnexgarantie der Koalitionsfreiheit aus Art. 9 Abs. 3 GG

Die heute ganz herrschende Meinung leitet die Verfassungsgarantie des Arbeitskampfes aus Art. 9 Abs. 3 GG her[4]. Sie versteht Art. 9 Abs. 3 GG als Doppelgrundrecht, das das individuelle Recht des Einzelnen auf Zusammenschluß wie auch das kollektive Recht der Koalitionen auf die koalitionsgemäße Betätigung umfaßt[5]. Erst durch die Erweiterung des verfassungsrechtlichen Schutzes auf die Tätigkeit der Koalition erhält die Freiheit der Koalitionsbildung ihren eigentlichen Sinn. Einen wesentlichen Teil dieser koalitionsspezifischen Tätigkeit stellt nach einhelliger Ansicht[6] die Wahrung der verfassungsrechtlich geschützten Tarifautonomie im dafür reservierten staatsfreien Raum dar. Wichtig ist das Verbot des staatlichen Eingriffs[7] in diesen Freiraum der Tarifautonomie durch eine Zwangsschlichtung. Sie würde den Erfolg von Tarifverhandlungen weitgehend in Frage stellen. Die Arbeitskampffreiheit wäre dann entscheidend beschnitten. Mithin bleibt der Arbeitskampf letztlich als einzige Möglichkeit, das Funktionieren der Tarifautonomie zu garantieren. Die Betätigungsfreiheit der Koalitionen des Art. 9 Abs. 3 GG umfaßt deshalb den Arbeitskampf i. S. eines Kernbereiches[8].

---

ken, Seeleutestreik und Hafenarbeiterboykott, 1979, S. 136 ff., 141 und Däubler ZfA 1973, 201 ff., S. 202 Fn. 7; vgl. dazu auch schon Brox/Rüthers, Arbeitskampfrecht, 1965, S. 42.

[4] Vgl. statt vieler nur Seiter, Streikrecht, S. 67 f., insbesondere die Nachweise in Fn. 62; zuerst Rüthers, Streik und Verfassung, 1960, S. 36 ff.; aus neuester Zeit etwa nur Bobrowski/Gaul, Das Arbeitsrecht im Betrieb, 7. Aufl., 1979, S. 130 f. Auch die Rspr. geht heute davon aus, vgl. bereits BAG AP Nr. 43 zu Art. 9 GG Arbeitskampf und ausdrücklich auch BAG in der Entscheidung vom 10. 6. 1980, BB 1980, Beilage 4.

[5] v. Mangoldt/Klein, GG, Art. 9 Anm. V 3; sowie die Darstellung der h. M. bei Scholz, in: Maunz/Dürig/Herzog/Scholz, GG, Art. 9 Rdnr. 169 f.; vgl. auch Lerche, Verfassungsrechtliche Zentralfragen des Arbeitskampfes, 1968, S. 25 f.; Raiser, Die Aussperrung nach dem Grundgesetz 1975, S. 20.

[6] Statt vieler: Hueck/Nipperdey/Säcker, Lehrbuch des Arbeitsrechts II/1, 7. Aufl., S. 37, 46, 231 f., 347, 370.

[7] Scholz, in: Maunz/Dürig/Herzog/Scholz, GG, Art. 9 Rdnr. 285; Rüthers, Tarifautonomie und gerichtliche Zwangsschlichtung 1973, S. 27, 29 ff.; vgl. auch Brox/Rüthers, S. 44; der Grundsatz ist auch vom Bundesverfassungsgericht bestätigt: BVerfGE 18, 18 (30) „Zulässigkeit der Zwangsschlichtung bis 1933 ...“; vgl. auch Zöllner, AöR 1973, 71 (97).

[8] Maunz, in: Maunz/Dürig/Herzog/Scholz, GG, Kommentierung von 1970, Art. 9 Rdnr. 109—112; Scholz, ebda., 1979, Art. 9 Rdnr. 278; Reuss, AuR 1965, 98; Raiser, Die Aussperrung nach dem Grundgesetz, 1975, S. 20; ders., in ZRP 1978, 201 (203); G. Müller, AuR 1972, 3; Lerche, Verfassungsrechtliche Zentralfragen des Arbeitskampfes, 1978, S. 45; v. Münch, JurA 1979, S. 30; Frowein, Zur völkerrechtlichen und verfassungsrechtlichen Gewährleistung der Aussperrung 1976, S. 20; Hueck/Nipperdey/Säcker, Lehrbuch des Arbeitsrechts II/2, 7. Aufl., S. 916, 918; Richardi, RdA 1971, 334 (335); ders., RdA 1970, 65; Auffahrth, RdA 1977, 129; Dütz, Beilage Nr. 14 zu DB 1979, S. 1; Rüthers, JZ 1970, 431; Brox/Rüthers, S. 41 ff.; Zweifel, Der wilde Streik, 1977, S. 46 ff.;

I. Die Arbeitskampffreiheit als institutionelle Garantie

Die h. M. verneint ein Grundrecht auf Arbeitskampf sowohl für den Einzelnen wie für Koalitionen. Vielmehr ist danach der Arbeitskampf als institutionelle Garantie gewährleistet[9].

II. Die Arbeitskampffreiheit als subjektiv-öffentliches Recht

Im Gegensatz zur institutionellen Betrachtungsweise wird auch die Ansicht vertreten, der Arbeitskampf sei in der Verfassung als Grundrecht im Sinne eines subjektiv-öffentlichen Rechts garantiert[10]. Dies wird so begründet[11], daß „eine Besonderheit des durch Art. 9 Abs. 3 GG geschützten Streikrechts darin liege, daß dieses Recht ein Gruppengrundrecht (Kommunikationsgrundrecht) darstelle, das ein Zusammenwirken mehrerer — eben eine kollektive Betätigung — voraussetze. Trotz dieses Kollektivcharakters blieben das Grundrecht der Koalitionsfreiheit und das in ihm enthaltene Streikrecht echte subjektiv-öffentliche Rechte des Einzelnen, und zwar sowohl der Koalition als Ganzes als auch der in ihr zusammengeschlossenen Mitglieder".

Ebenfalls für ein subjektiv-öffentliches Kampfrecht des Einzelnen, wenn auch mit anderer Begründung, tritt Seiter[12] ein. Nach der von der herrschenden Meinung vorgenommenen Ableitung des verfassungsrechtlichen Schutzes aus Art. 9 Abs. 3 GG allein ergäben sich im Arbeitskampf hinsichtlich des Schutzes von Außenseitern und Einzelunternehmern Lücken, da diese nicht vom kollektiven Schutzbereich umfaßt würden. Der verfassungsrechtliche Schutz der Koalitionen sei deshalb aus Art. 9 Abs. 3 GG abzuleiten, während der Schutz der subjektiv-individuellen Rechtsstellung vom einzelnen Arbeitnehmer und Arbeitgeber und damit auch der Außenseiter auf Art. 2 Abs. 1 GG zurückzuführen sei. Dabei werde allerdings Art. 2 Abs. 1 GG durch Art. 9 Abs. 3 GG „mitgeprägt", um den für Art. 2 Abs. 1 GG geltenden Eingriffsvorbehalt außer Kraft zu setzen.

Geffken, Seeleutestreik und Hafenarbeiterboykott, 1979, S. 141; Konzen, AcP 177, 473 ff. (494 ff.); weitere Nachweise bei Seiter, Streikrecht, S. 67 Fn. 62; Söllner, Arbeitsrecht, 6. Aufl, 1978; Zöllner, Arbeitsrecht, 2. Aufl., 1979, S. 295 f.

[9] Weber, Koalitionsfreiheit und Tarifautonomie als Verfassungsproblem, 1965, S. 36; Weitnauer, DB 1970, 1640; Brox/Rüthers, S. 41 ff.; Hueck/Nipperdey/Säcker, Lehrbuch des Arbeitsrechts, II/2, 7. Aufl., S. 918; Badura, RdA 1974, 131; Auffahrt, RdA 1977, 129; a. A. Scholz, in: Maunz/Dürig/Herzog/Scholz, GG, Art. 9 Rdnr. 25 ff., 29.

[10] Schnorr von Carolsfeld, Arbeitsrecht, 2. Aufl., S. 321: „Subjektiv-öffentliches Recht", allerdings ohne nähere Begründung; sowie v. Münch, JurA 1979, 25 (31).

[11] v. Münch, JurA 1979, 25 (31).

[12] Streikrecht, S. 85 ff., 92.

III. Stellungnahme

Zunächst kann festgehalten werden, daß sich allein durch die Hinzuziehung von Art. 2 GG — wie Seiter dies vorgeschlagen hat — keine von der h. M. abweichenden Konsequenzen im Hinblick auf die Fragestellung der Arbeit ergeben. Art. 9 Abs. 3 GG bleibt die dominierende Verfassungsvorschrift. Der weite Eingriffsvorbehalt des Art. 2 kommt nicht zur Anwendung. Die Position des Arbeitskampfes gegenüber der Pressefreiheit wird so nicht abgeschwächt. Allerdings sehen Seiter und von Münch den Arbeitskampf als Grundrecht. Ob sich daraus Konsequenzen für das Verhältnis der Arbeitskampffreiheit zur Pressefreiheit ergeben, könnte erst durch eine konkrete Gegenüberstellung der beiden Verfassungsnormen ermittelt werden. Eine solche abschließende Stellungnahme ist jedoch nicht erforderlich. Denn dem Standpunkt, der Arbeitskampf sei von der Verfassung als Grundrecht garantiert, kann nicht gefolgt werden. Der Arbeitskampf ist im Grundgesetz nicht als subjektiv-öffentliches Recht, sondern als Einrichtungsgarantie gewährleistet. Die Begründung für diese, mit der h. M. übereinstimmende Ansicht, folgt im Zusammenhang mit der Darstellung des eigenen Lösungsansatzes unter D II 2 im 1. Abschnitt des 2. Teils der Arbeit.

IV. Arbeitskampf als Summe individualer Kampfmaßnahmen

Einen von der herrschenden Meinung abweichenden Ansatz vertritt Scholz[13]. Er lehnt die Lehre vom „Doppelgrundrecht" ab und macht geltend, ein solches lasse sich nicht aus Art. 9 Abs. 3 GG ableiten. Aus der absoluten Freiheitsgarantie des Art. 9 Abs. 3 Satz 2 GG folge eine freiheitsbeschränkende Grundrechtsantinomie, da Satz 2 sowohl auf das individuale wie das kollektive Grundrecht angewendet werden müsse. Ein solches Doppelgrundrecht sei nicht existent. Die negative Koalitionsfreiheit des Individuums kollidiere mit der positiven Bestandsgarantie des Koalitionsverbandes.

Eine Kollision lasse sich nur vermeiden, wenn entweder der individuale oder der kollektive Aspekt Vorrang habe[14]. Dies sei aber gerade nicht der Fall, da beide Aspekte als Grundrechte — und damit gleichrangig — verstanden würden. Da Art. 9 Abs. 3 Satz 2 GG auch systematisch nicht einschränkbar sei, könne die Lehre vom Doppelgrundrecht nicht richtig sein[15]. Ein Kollektiv könne nicht Grundrechtsträger sein. Aus Art. 1 Abs. 1 GG folge, daß die Grundrechtsfähigkeit nur einer natürlichen Person zukommen könne[16].

---

[13] Koalitionsfreiheit als Verfassungsproblem, 1971, S. 62 ff., 121 ff.; vgl. auch Scholz, in: Maunz/Dürig/Herzog/Scholz, GG, Art. 9 Rdnr. 23 ff.

[14] Scholz, Koalitionsfreiheit als Verfassungsproblem, 1971, S. 63.

[15] Ebd., S. 66.

[16] Ebd., S. 127.

Erst über Art. 19 Abs. 3 GG erhielten die juristischen Personen ihre Grundrechtssubjektivität[17]. Art. 19 Abs. 3 GG gebe ein besonderes Grundrechtsausübungsrecht[18]. Zwar sei die Koalitionsbetätigung ein kollektiver Akt, jedoch beruhe das Koalitionswesen auf dem „freiheitlichen Verfahren ausgeübter Individualfreiheiten“[19]. Die Koalitionsaufgabe entspreche dem quantitativen Auftreten „gebündelter Individualinteressen“[20], der Arbeitskampf beruhe demzufolge auf der „Summe individualer Kampfmaßnahmen“[21] und sei für die Koalition über Art. 19 Abs. 3 GG in Art. 9 Abs. 3 GG garantiert, wobei das Individuum Grundrechtsträger bleibe[22].

V. Stellungnahme und Konsequenzen aus der Konzeption von Scholz

Diese Betrachtungsweise von Scholz baut auf der Ablehnung der rein kollektiven Betrachtungsweise des Arbeitskampfes auf[23]. Bleibt man dagegen — mit der hier vertretenen Ansicht — beim Vorrang des Kollektivaspekts, so umfaßt Art. 9 Abs. 3 GG auch den grundrechtlichen Schutz der Koalition nach deren Gründung und ihre Betätigung. Das Recht zur Koalitionsbildung beruht auf dem Individualgrundrecht. Wird von dem Grundrecht Gebrauch gemacht, d. h. eine Koalition gebildet, tritt eine Änderung ein. Die Koalition erlangt eine eigene Existenz; sie gewinnt eine eigenständige Schutzposition, unabhängig von den sie gründenden Individuen bzw. von deren Rechten. Die Koalition als solche kann daher Träger eigener Rechte, also auch Grundrechtsträger sein. Ein Ausweichen auf Art. 19 Abs. 3 GG im Sinne von Scholz ist deshalb nach dieser Ansicht nicht erforderlich.

Auch muß die Lehre vom Doppelgrundrecht des Art. 9 Abs. 3 GG nicht aufgegeben werden. Die von Scholz beschriebene Kollision der individuellen mit der kollektiven Rechtsposition läßt sich durch eine verfassungskonforme, einschränkende Auslegung auch so auflösen. Die Koexistenz von zwei verschiedenen Rechtspositionen in ein und derselben Verfassungsnorm läßt sich nach der h. L. so deuten, daß jeder einzelne Schutzbereich nur bis an die Grenzen des anderen wirksam werden kann. Konkret muß das so verstanden werden, daß das kollektive Grundrecht nur den Bestand der Koalition schützt, nicht aber als Zwang zum Beitritt ausgelegt werden kann, da genau dieser Zwang vom nega-

[17] Ebd., S. 128.

[18] Ebd., S. 131.

[19] Ebd., S. 136 (137).

[20] Ebd., S. 137.

[21] Ebd., S. 144.

[22] Ebd., S. 144 f. (Koalitionsverband als Organ der Grundrechtsausübenden Individuen).

[23] Vgl. 2. Teil, 1. Abschnitt B und 2. Teil, 1. Abschnitt D I.

tiven Individualgrundrecht (negative Koalitionsfreiheit) verhindert werden soll. In diesem Bereich stehen sich die Rechte nicht gegenüber und kollidieren, sondern sie ergänzen und begrenzen sich gegenseitig. Das eine trägt zur Inhaltsbestimmung des anderen bei. Aus der negativen Koalitionsfreiheit folgt umgekehrt auch kein Angriff auf die Bestandsgarantie der Koalition, da diese nicht im Sinne einer Verpflichtung an die einzelnen Mitglieder zum Austritt verstanden werden darf. Hat sich ein Individuum dagegen zum Beitritt entschlossen, muß ihm das Recht zum Austritt unbenommen bleiben. Daran kann auch die Koalitionsgarantie nichts ändern. Da im Ergebnis Scholz allerdings den verfassungsrechtlichen Schutz des Arbeitskampfes im wesentlichen auch im Bereich des Art. 9 Abs. 3 GG sieht, braucht für den Zweck der Untersuchung nicht weiter auf seine Konzeption eingegangen zu werden. In den Folgen sind jedenfalls keine Unterschiede zur hier vertretenen Ansicht festzustellen.

C. Garantie des Arbeitskampfes aus Art. 20 und 28 GG

Eine Mindermeinung geht dahin, der Arbeitskampf sei nicht in Art. 9 Abs. 3 GG verankert, sondern sei vielmehr in den Artikeln 20 und 28 GG und dem daraus folgenden Prinzip der sozialen Selbstverwaltung garantiert[24]. Gegen die Herleitung der Arbeitskampffreiheit aus Art. 9 Abs. 3 GG wird eingewandt, daß zu den Wesensmerkmalen einer Koalition nicht notwendig die Fähigkeit und die Bereitschaft, Arbeitskämpfe zu führen, gehöre und deshalb die Koalitionsfreiheit die Arbeitskampffreiheit nicht mit einschließe[25]. Garantiere aber das Koalitionsrecht das Streikrecht inzidenter mit, könne eine Vereinigung, die den Streik als Lösungsmittel sozialer Konflikte ablehne, den Schutz des Art. 9 Abs. 3 GG nicht für sich in Anspruch nehmen. Auch das Verbot des Arbeitskampfes im Beamtenrecht spreche gegen eine Garantie des Streikrechts durch Art. 9 Abs. 3 GG, da nicht in Frage gestellt sei, daß die Beamten Koalitionen bilden könnten, ungeachtet dessen aber keine Arbeitskämpfe führen dürften[26].

Gegen Art. 9 Abs. 3 GG als verfassungssystematischer Standort des Arbeitskampfes spreche weiter die Existenz des Art. 9 Abs. 3 Satz 2 GG, wonach alle Abreden, die die Koalitionsfreiheit beschränken, unwirksam sind. Enthalte die Koalitionsfreiheit auch die verfassungsrechtliche Garantie des Arbeitskampfes, so seien auch jede Abwehraussperrung[27] so-

---

[24] Lohse, Streik und Staatsnotstand, 1969, S. 64 ff., 79, 80; vgl. auch Daum, RdA 1968, 81 ff. (85).

[25] Lohse, Streik und Staatsnotstand, 1969, S. 60.

[26] Ebd., S. 61.

[27] Zachert/Metzke/Hamer, Die Aussperrung, 1978, S. 190.

wie jede den Arbeitskampf ausschließende tarifvertragliche Regelung oder freiwillige Schlichtungsvereinbarung verfassungswidrig[28]. Vielmehr garantiere die Sozialstaatsklausel die soziale Selbstverwaltung als Einrichtung. In diesem, den Sozialpartnern überlassenen Freiraum, sei der Arbeitskampf Bestandteil der sozialen Selbstverwaltung und damit wie diese von der Verfassung als Einrichtung garantiert[29].

Da sich aus diesem, von der h. M. abweichenden Ansatz, Folgen für die Stellung der Arbeitskampffreiheit zu anderen Verfassungsvorschriften, insbesondere zu der speziell interessierenden Pressefreiheit ergeben könnten, ist er näher zu prüfen. Das soll innerhalb des eigenen, im Anschluß versuchten Lösungsansatzes geschehen[30].

D. Eigene Lösung

I. Arbeitskampf und Art. 2 GG

Art. 2 Abs. 1 GG ist ein Hauptfreiheitsrecht[31] und damit ein gegenüber anderen, speziellen Freiheitsrechten subsidiäres Grundrecht. Schon das läßt die Verankerung des Verfassungsschutzes des Arbeitskampfes darin als zweifelhaft erscheinen. Ungeachtet dessen erfaßt Art. 2 Abs. 1 GG den Arbeitskampf nicht sachgerecht. Das Recht auf freie Entfaltung der Persönlichkeit ist ein Freiheitsrecht des Einzelnen, ein individuelles Grundrecht[32].

Dagegen ist die Erscheinung des Arbeitskampfes Ausdruck kollektiver Spannungen zwischen Gewerkschaften und Arbeitgebern/Verbänden, ein Zusammentreffen vieler einzelner, gleichgerichteter Interessen, das in eine gemeinsame Aktion mündet. Der kollektive Charakter der Aktion bleibt auch bei der Aussperrung durch einen einzelnen Arbeitgeber erhalten. Mithin handelt es sich beim Arbeitskampf um ein Mehr als die bloße Geltendmachung eines individuellen Rechts. Art. 2 Abs. 1 GG kann diese kollektive Erscheinung nicht erfassen. Dieses gegenüber dem individuellen Aspekt des Einzelarbeitsvertrages beim Arbeitskampf im Vordergrund stehende kollektive Element[33] schließt Art. 2 Abs. 1 als alleinige, selbständige Rechtsgrundlage aus[34].

---

[28] Lohse, Streik und Staatsnotstand, 1969, S. 61.

[29] Ebd., S. 79 f.

[30] Vgl. 2. Teil, 1. Abschnitt, D II 4.

[31] Dürig, in: Maunz/Dürig/Herzog/Scholz, GG, Art. 2 Rdnr. 6.

[32] Niemöhlmann, in: Grundgesetzkommentar, Hrsg. v. Münch, Art. 2 Rdnr. 3.

[33] Den Vorrang des Kollektivaspekts hat bereits Bulla, in: Festschrift für Nipperdey, 1955, S. 163 ff. (180 f.) betont und gefordert, daß eine getrennte Behandlung von Individualarbeitsvertrag und kollektivrechtlichem Arbeitskampf unterbleiben müsse. Dem hat sich das BAG angeschlossen, vgl.

II. Arbeitskampf als Teil der Koalitionsfreiheit

Der Arbeitskampf ist von seiner Hilfsfunktion für die Tarifautonomie geprägt. Dem entspricht es, die Rechtsgrundlage seiner Garantie in Art. 9 Abs. 3 GG zu sehen.

1. Grundlage: Art. 9 Abs. 3 Satz 3 GG

Auch aus der im Rahmen der Notstandsgesetzgebung erfolgten Einfügung des Satzes 3 in diesen Artikel ergibt sich, daß der Gesetzgeber bei den Beratungen zur Änderung des Grundgesetzes Art. 9 Abs. 3 GG als den systematisch richtigen Ort der Gewährleistung des Arbeitskampfes angesehen hatte[35]. Durch die Aufnahme des Satzes 3 in die Verfassung war vom Gesetzgeber eine inhaltliche Änderung oder ausdrückliche Garantie der bestehenden Verfassungsrechtslage im Normalfall nicht beabsichtigt[36].

Unmittelbar aus Satz 3 kann daher die verfassungsrechtliche Garantie des Arbeitskampfes außerhalb des Notstands nicht hergeleitet werden. In einer offiziellen Stellungnahme der Bundesregierung während der Beratungen im Parlament heißt es dazu[37]:

> „Im übrigen verbleibt es bei der derzeitigen Verfassungsrechtslage, die nach Auffassung der Bundesregierung in Art. 9 Abs. 3 GG grundsätzlich die Freiheit des Arbeitskampfes zur Wahrung und Förderung der Arbeits- und Wirtschaftsbedingungen mitgewährleistet."

Dieselbe Ansicht vertrat auch der Rechtsausschuß des Bundestages. Zur Begründung führte der Abgeordnete Dr. Lenz sowohl in einer

---

BAGE 1, 291 = AP Nr. 1 zu Art. 9 GG Arbeitskampf. Ebenso Hueck/Nipperdey/Säcker, Lehrbuch des Arbeitsrechts, II/2, 7. Aufl., S. 932 m. w. N. in Fn. 40 e.

[34] Ebenso Auffarth, RdA 1977, 129 ff., 130; Rüthers, Streik und Verfassung, 1960, S. 18 f.; Geffken, Seeleutestreik und Hafenarbeiterboykott, 1979, S. 136 ff., 141; Däubler, ZfA 73, 201; vgl. allerdings Seiter, Streikrecht, S. 92 Fn. 11: Kombination von Art. 9 Abs. 3 GG und Art. 2 Abs. 1 GG, was aber, wie oben ausgeführt, keinen praktischen Einfluß hat (vgl. dazu 2. Teil 1. Abschnitt, B III).

[35] BT-Drucksache V, 1879, S. 24; ebenso Hueck/Nipperdey/Säcker, Lehrbuch des Arbeitsrechts II/2, S 916; Raiser, Die Aussperrung nach dem Grundgesetz 1975, S. 21; vgl. dazu auch Rüthers, Rechtsprobleme der Aussperrung 1980 mit ausführlichen Nachweisen; Seiter, Streikrecht, S. 73 f. will dagegen aus der Zuordnung des Satzes 3 zur Koalitionsfreiheit keinen Schluß auf eine inhaltliche Aussage des Gesetzgebers zur systematischen Einordnung des Arbeitskampfes ziehen. Er vertritt die Ansicht, daß die Plazierung der Notstandsnovelle in Art. 9 Abs. 3 GG nur aus redaktionellen Zweckmäßigkeitserwägungen erfolgt sei.

[36] Abg. Dr. Lenz (CDU/CSU), BT-Protokoll, 5. Wahlperiode, 174. Sitzung vom 15. 5. 1968, S. 9316.

[37] BT-Drucksache V, 1879, S. 24.

schriftlichen Vorlage des Rechtsausschusses wie auch in der Debatte im Bundestag aus[38]:

> „Der Ausschuß verfolgt mit der Änderung nicht die Absicht, hinsichtlich der allgemeinen verfassungsrechtlichen Beurteilung der Zulässigkeit von Arbeitskämpfen an dem geltenden Rechtszustand irgend etwas zu ändern. ... Zweck der neu eingefügten Bestimmung des Art. 9 Abs. 3 Satz 3 GG ist die Gewährleistung des bisherigen Rechtszustandes auch im Rahmen der Notstandsverfassung. ..."

Die Materialien zu Art. 9 Abs. 3 Satz 3 GG bestätigen also die Auffassung, daß bereits vor Einfügung der Notstandsnovelle der Arbeitskampf verfassungsrechtlich als geschützt angesehen wurde[39]. Entscheidend für die Festlegung von Inhalt und Umfang der Verfassungsgarantie des Arbeitskampfes bleibt danach die bereits vor Einfügung der Notstandsnovelle geltende Fassung des Art. 9 Abs. 3 Satz 1 GG. Diese Verfassungsvorschrift ist daher auszulegen.

a) Der Wortlaut des Art. 9 Abs. 3 Satz 1 GG

Direkt aus dem ursprünglichen Wortlaut des Art. 9 Abs. 3 Satz 1 GG läßt sich eine verfassungsrechtliche Gewährleistung des Arbeitskampfes nicht folgern. Art. 9 Abs. 3 GG spricht nur von dem „Recht für jedermann und für alle Berufe, zur Wahrung und Förderung der Arbeits- und Wirtschaftsbedingungen Vereinigungen zu bilden". Diese Formulierung des Grundgesetzes ist der des Art. 159 Weimarer Reichsverfassung ähnlich[40] und somit ein Abweichen der heutigen Rechtslage zu der damals herrschenden Auffassung[41] bei einer Betrachtung des Wortlautes allein nicht feststellbar.

b) Historische Interpretation

Aus den Beratungen des Parlamentarischen Rates ergibt sich, daß zunächst die Absicht bestanden hatte, dem Koalitionsrecht ausdrücklich ein verfassungsrechtlich abgesichertes Recht auf Streik anzufügen. Für die Regelung war ein eigener Absatz vorgeschlagen worden. Dies wurde mit der Begründung gefordert, daß diesbezügliche Regelungen bereits in verschiedenen Länderverfassungen bestehen würden und somit die

---

[38] BT-Drucksache V, 2873, S. 3 sowie BT-Protokoll V, Bd. 67, 174. Sitzung vom 15. 5. 1968, S. 9316.

[39] Vgl. dazu nur Rüthers, Rechtsprobleme der Aussperrung, 1980, S. 28 m. w. N. auch zur Gegenansicht.

[40] Art. 159 WRV: „Die Vereinigungsfreiheit zur Wahrung und Förderung der Arbeits- und Wirtschaftsbedingungen ist für jedermann und für alle Berufe gewährleistet. Alle Abreden und Maßnahmen, welche diese Freiheit einzuschränken oder zu verhindern suchen, sind rechtswidrig."

[41] Vgl. 2. Teil, 1. Abschnitt, A.

Aufnahme eines entsprechenden Artikels in das Grundgesetz unvermeidbar sei[42].

Im Laufe der Debatte um diese in einem Abs. 4 zu Art. 9 GG anzufügende Streikgarantie, wurden verschiedene Formulierungen vorgeschlagen und erörtert[43]. Dabei kam klar zum Ausdruck, daß das Streikrecht auf den arbeitsrechtlichen Kampf beschränkt und der politische sowie der Streik der Beamten und Angestellten im Öffentlichen Dienst unzulässig sein sollten[44]. Trotz der im Parlamentarischen Rat grundsätzlich herrschenden Einigkeit, ein Streikrecht ausdrücklich in die Verfassung aufzunehmen, beschloß der Hauptausschuß in der 18. Sitzung vom 4. 12. 1948 auf Antrag des Abgeordneten Dr. Eberhard, den geplanten Abs. 4 zu streichen, allerdings unter dem Vorbehalt, in der zweiten Lesung noch einmal auf den Vorschlag der Gewerkschaften zum Streikrecht zurückzukommen. Eine erneute Diskussion erfolgte aber nicht[45].

Anlaß für die Streichung war wohl nicht die Befürchtung, die Garantie eines auf die Gewerkschaften beschränkten Arbeitskampfrechts lasse ein gewerkschaftliches Arbeitskampfmonopol entstehen[46]. Vielmehr waren Schwierigkeiten bei der Formulierung ausschlaggebend, insbesondere die Besorgnis, bei der erforderlichen Abgrenzung zum unerlaubten politischen und Beamtenstreik eine im Rahmen der Verfassung unangebrachte Kasuistik in den Grundrechtsartikel aufnehmen zu müssen[47].

Für die hier vertretene Interpretation der Entstehungsgeschichte spricht auch, daß sich der Abgeordnete Dr. Heuss[48] schon bei der Diskussion im Ausschuß für Grundsatzfragen gegen die von den Gewerkschaften vorgeschlagene Formulierung „das Streikrecht der Gewerkschaften wird gewährleistet" gewandt hatte und Bedenken geäußert

---

[42] Jahrbuch für öffentliches Recht (JöR) 1, S. 118, eine ausführliche Darstellung der Entstehungsgeschichte geben Rüthers, Rechtsprobleme der Aussperrung 1980, S. 22 ff. und Lohse, Streik und Staatsnotstand, 1969, S. 54 ff.

[43] JöR 1, S. 118 ff.

[44] Abgeordnete Zinn, JöR 1, S. 118; v. Mangoldt, JöR 1, S. 122; Kaufmann, JöR 1, S. 123

[45] JöR 1, 123; vgl. auch Seiter, Streikrecht, S. 54 Fn. 51.

[46] Diese Darstellung gibt v. Mangoldt, AöR 1949, 287; im Anschluß daran Bulla, in Festschrift für Nipperdey, 1955, S. 167; ebenso Söllner, Arbeitsrecht, 6. Aufl, S. 75 und Lohse, Streik und Staatsnotstand 1969, S. 58.

[47] Abgeordneter Zinn, JöR 1, 123; ebenso Rüthers, Rechtsprobleme der Aussperrung 1980, S. 25; Raiser, Die Aussperrung nach dem Grundgesetz, 1975, S. 25; Reuter, Die Arbeitskampffreiheit in der Verfassungs- und Rechtsordnung der Bundesrepublik Deutschland, in: Festschrift für Böhm, 1975, S. 523; abweichend Seiter, Streikrecht, S. 64 Fn. 53 mit Hinweis auf Eberhard, RdA 1949, S. 125 (127). Die Streichung sei deshalb erfolgt, weil dem Parlamentarischen Rat eine Verankerung des Streikrechts im Grundgesetz nicht notwendig erschienen sei.

[48] JöR 1, 120.

hatte, die Gewerkschaften auf diese Weise als Rechtsperson in die Verfassung einzuführen. Diese Fassung setzte sich dann auch im Ausschuß nicht durch und lag somit dem Hauptausschuß in der 18. Sitzung nicht vor[49]. Hintergrund der ablehnenden Haltung gegenüber der Festschreibung von Detailbestimmungen über zulässige Inhalte und Ziele des Streikrechts in der Verfassung war wohl letztlich die Einsicht, daß es besser sei, nicht ein für allemal ein fixes, unveränderliches Arbeitskampfsystem mit feststehenden Kampfmitteln zu schaffen. Vielmehr sollte den sozialen Gegebenheiten und Veränderungen im Wandel der Entwicklung Rechnung getragen werden[50].

Positiv läßt sich aus der Entstehungsgeschichte des Art. 9 Abs. 3 GG folgern, daß die Auffassung des Parlamentarischen Rates von der in der Weimarer Nationalversammlung herrschenden Ansicht, das Streikrecht nicht zu regeln[51], abwich. Das Bestehen eines verfassungsrechtlich garantierten Rechts zum Arbeitskampf sollte anerkannt werden. Der Parlamentarische Rat sah dieses Recht als zur Koalitionsfreiheit des Art. 9 Abs. 3 gehörig an. Durch diese spezielle Zuordnung kann trotz der fehlenden verfassungsgesetzlichen Regelung gesagt werden, daß auch nach dem Willen des Verfassungsgebers Art. 2 Abs. 1 GG als verfassungsrechtlicher Ansatzpunkt für die Garantie des Arbeitskampfes ausscheidet. Der Verfassungsgeber selbst hat Art. 9 Abs. 3 GG als die entscheidende Vorschrift angesehen. Darüber hinaus läßt sich eine genaue Bestimmung von Art, Inhalt und Grenzen der verfassungsrechtlichen Gewährleistung des Arbeitskampfes aus der Entstehungsgeschichte nicht treffen.

c) Teleologische Interpretation des Art. 9 Abs. 3 Satz 1 GG

Ausgangspunkt für die Frage, ob und wie der Arbeitskampf mit der Koalitionsfreiheit verknüpft und in den verfassungsrechtlichen Schutzbereich dieses Grundrechts fällt, ist die in Art. 9 Abs. 3 Satz 1 GG ge-

---

[49] Vgl. Rüthers, Streik und Verfassung, 1960, S. 22 ff.; ders., Rechtsprobleme der Aussperrung, 1980, S. 20 ff.; a. A. Lohse, Streik und Staatsnotstand, 1969, S. 58.

[50] Vgl. Carlo Schmidt, Soziale Autonomie und Staat, 1951, S. 34 f. sowie Reuter, in: Festschrift für Böhm, 1975, S. 523.

[51] Das Bestehen eines verfassungsmäßig abgesicherten Streikrechts wurde ausdrücklich verneint, vgl. Abg. Sinzheimer, Protokolle des 8. Ausschusses über den Entwurf einer Verfassung des Deutschen Reiches (1919, Nr. 21), S. 389/390.

Das ursprünglich für Art. 159 WRV vorgesehene Wort „Koalitionsfreiheit" wurde deshalb durch den Ausdruck „Vereinigungsfreiheit" ersetzt. Nach der damals im Verfassungsausschuß h. Auffassung schloß die „Vereinigungsfreiheit" nämlich ein Recht zu streiken nicht ein, während angenommen wurde, daß dem Begriff „Koalitionsfreiheit" ein solches immanent sei, vgl. Anschütz, Die Verfassung des Deutschen Reiches vom 11. 8. 1919 (Kommentar), 14. Aufl, S. 733.

regelte allgemeine Koalitionsfreiheit. Diese Verfassungsnorm garantiert für jeden einzelnen Arbeitnehmer und Arbeitgeber die Freiheit, sich zu Koalitionen, die der Wahrung und Förderung der Arbeits- und Wirtschaftsbedingungen dienen, zusammenzuschließen und diesen fernzubleiben[52]. Diese positive wie auch gleichzeitig negative Koalitionsfreiheit steht nach allgemeiner Meinung als selbständiges negatives Statusrecht neben der allgemeinen Vereinigungsfreiheit des Art. 9 Abs. 1 GG[53].

Damit ist jedoch die Bedeutung des Art. 9 Abs. 3 Satz 1 GG noch nicht erschöpft. Es folgt unmittelbar die Frage nach dem Zweck der Gründung und der zu erfüllenden Aufgabe. Daran schließt sich die Überlegung an, mit welchen Mitteln die Koalitionen ihre Ziele und ihre spezifischen Tätigkeiten verfolgen können.

In Art. 9. Abs. 3 S. 1 GG werden „die Förderung der Arbeits- und Wirtschaftsbedingungen" ausdrücklich als Aufgabenbereich genannt. Daher spielt auch der Zusammenhang der Aufgaben der Koalitionen mit dem wirtschaftsordnungsrechtlichen System des Grundgesetzes eine Rolle[54]. Die Koalitionsgarantie des Art. 9 Abs. 3 Satz 1 GG kann also nicht isoliert und ohne Beziehung zu den anderen Verfassungsvorschriften gesehen werden. Sie entfaltet ihre Wirkung innerhalb der wirtschaftspolitischen Grundkonzeption der Verfassung. Hier muß sie eine Aufgabe erfüllen. Das Grundgesetz schreibt kein bestimmtes Wirtschaftssystem fest. Es räumt als „offenes System"[55] dem Gesetzgeber einen weiten Ermessensspielraum ein[56]. Gleichwohl bedeutet die in diesem Zusammenhang oft gebrauchte Formulierung von der „wirtschaftspolitischen Neutralität des Grundgesetzes"[57] nicht die völlige Abstinenz der Verfassung in diesem Bereich und damit die völlige Freiheit des Staates bei der Ausgestaltung des Wirtschaftskonzepts[58]. Die Formulierung des

---

[52] So inzwischen ausdrücklich das BVerfG im „Mitbestimmungsurteil", NJW 1979, 699 (708); vgl. auch Maunz, in: Maunz/Dürig/Herzog/Scholz, GG Art. 9 GG, Rdnr. 104, 105.

[53] Maunz, in: Maunz/Dürig/Herzog/Scholz, GG, Art. 9 GG Rdnr. 90; vgl. auch Lerche, Verfassungsrechtliche Zentralfragen des Arbeitskampfrechts, 1968, S. 26.

[54] Reuter, in: Festschrift für Böhm, 1975, S. 525 ff., Der Gedanke der Interpretation der Verfassung als einer Einheit spielt hierbei eine Rolle, vgl. dazu Hesse, Grundzüge des Verfassungsrechts, 11. Aufl., 1978, S. 28.

[55] Scholz, Pressefreiheit und Arbeitsverfassung, 1978, S. 149 m. w. N. in Fn. 1.

[56] Dürig, in: Maunz/Dürig/Herzog/Scholz, GG, Art. 2 Rdnr. 44; Rittner, Wirtschaftsrecht, 1979, S. 30.

[57] Ursprünglich von Krüger, Staatsverfassung und Wirtschaftsverfassung, DVBl. 1951, 361 ff. (363) gebraucht in dem Sinne, daß der Gesetzgeber nur auf die Gefahrenabwehr und Förderung der öffentlichen Wohlfahrt beschränkt sei, aber keine wirtschaftspolitischen Programme konzipieren könne; vgl. dazu auch Rupp, Grundgesetz und Wirtschaftsverfassung, 1974, S. 5 f. sowie Rittner, Wirtschaftsrecht, 1979, S. 20 f.

Bundesverfassungsgerichts in der sog. „Investitionshilfeentscheidung“[59] bringt dies deutlich zum Ausdruck. Dort wird dem Gesetzgeber die Freiheit zu „der ihm jeweils sachgemäß erscheinenden Wirtschaftspolitik“ zugestanden, allerdings unter der ganz wesentlichen Einschränkung, „daß er dabei das Grundgesetz beachtet“[60]. Die wesentlichen Wertentscheidungen der Verfassung sind also zu beachten. Sie prägen die speziellen Teilbereiche mit und setzen so dem Ermessens- und Gestaltungsspielraum des Gesetzgebers Grenzen, die er bei seinen Dispositionen nicht überschreiten kann[61]. Nur so kann die konstruktive Koexistenz eines bestimmten Typs von Staatsverfassung mit einer Wirtschaftsverfassung überhaupt funktionieren[62]. Die Entscheidung des Grundgesetzes für eine freiheitlich-demokratische Verfassung[63] schließt also nicht nur eine Zentralverwaltungswirtschaft aus[64], sondern setzt als korrespondierenden Gegenpart einen Wirtschaftstypus voraus, dem in seinem Kern marktwirtschaftliche Elemente und damit auch Wettbewerb immanent sind[65]. Dies bedeutet nicht, daß damit konkret etwa die „soziale Marktwirtschaft“ im Grundgesetz festgeschrieben wäre, wie das von Nipperdey[66] aus der liberalen Staatskonzeption gefolgert wurde. Vielmehr bringt die Verwirklichung der anderen Grundrechte — insbesondere von Art. 12 und 14 GG — die marktwirtschaftlich-wettbewerbsorientierte Wirtschaftsstruktur als „optimale wirtschaftliche Freiheitsbetätigung“ mit sich[67].

---

[58] Rupp, Grundgesetz und Wirtschaftsverfassung, 1974, S. 5 ff.; Rittner, Wirtschaftsrecht, 1979, S. 30 f.

[59] BVerfGE 4, 7 (18).

[60] Vgl. auch Dürig, in: Maunz/Dürig/Herzog/Scholz, GG, Art. 2 Rdnr. 44.

[61] Scholz, Pressefreiheit und Arbeitsverfassung, 1978, 149 f.; Leisner, BB 1975, 1 ff. (2); Rüthers, DB 1973, 1650. Diese Bindung des Gesetzgebers an die Grundentscheidungen der Verfassung kommt auch noch im sog. „Apothekenurteil“ des Bundesverfassungsgerichts Band 7, 377 (400) zum Ausdruck.

[62] Rüthers, DB 1973, 1650.

[63] Insbesondere die Verfassungsentscheidungen für Privateigentum, Art. 14, Freizügigkeit, Art. 11 sowie freie Arbeitsplatzwahl Art. 12.

[64] Rittner, Wirtschaftsrecht, 1979, S. 27; a. A.: Abendroth, Das Grundgesetz, 1. Aufl. 1966 und 5. Aufl. 1975, S. 65 ff.

[65] Ebenso Scholz, Pressefreiheit und Arbeitsverfassung, 1978, S. 149, 150; Leisner, BB 1975, 1 ff.; Rittner, Wirtschaftsrecht, 1979, S. 30 f., der ebenso wie Rupp, Grundgesetz und Wirtschaftsverfassung, 1974, 5 ff., auf die konkret herrschenden faktischen Gegebenheiten des Wirtschaftslebens abstellt. Vgl. auch Reuter, in: Festschrift für Böhm, 1975, S. 527 m. w. N. sowie Badura, Wirtschaftsverfassung und Wirtschaftsverwaltung, 1971, 20 f.; zur Darstellung der abweichenden Ansichten: Rittner, Wirtschaftsrecht, 1979, S. 28 ff.

[66] Die soziale Marktwirtschaft in der Verfassung der Bundesrepublik, 1954 und Soziale Marktwirtschaft und Grundgesetz, 3. Aufl., 1965, insbes. S. 21 ff.

[67] Scholz, Pressefreiheit und Arbeitsverfassung, 1978, S. 150; ebenso Rupp, Grundgesetz und Wirtschaftsverfassung, 1974, 17 ff.; Leisner, BB 1975, 4 f.

Die Koalitionen nach Art. 9 Abs. 3 GG sind in diese Wirtschaftsstruktur des Grundgesetzes integriert. Entsprechend der „offenen" Wirtschaftsverfassung wird auch hier nur ein Rahmen von der Verfassung abgesteckt, innerhalb dessen sich das „Koalitionsverfahren" bzw. die spezifische Tätigkeit bei der Verfolgung des Koalitionszwecks abspielt. Die Verfassung ist bezüglich der Regelung dieses Teilbereichs ebenso „offen"[68]. Sie überläßt die konkrete Ausgestaltung dem Gesetzgeber, aber auch dem Verantwortungsbewußtsein der Sozialpartner[69]. Genauso wie in der Privatwirtschaft die individuelle wirtschaftliche Betätigung durch die Privatautonomie garantiert ist, vollzieht sich in entsprechender Weise die Betätigung der Koalitionen auf kollektiver Ebene[70]. Zur Verstärkung der individuellen Position bedienen sie sich hier der speziellen kollektiven Regelungsmechanismen. Die Koalitionen nehmen so die wesentliche Aufgabe der Preisbildung im wettbewerbsorientierten System von Angebot und Nachfrage der besonderen „Ware" Arbeitskraft am Arbeitsmarkt wahr[71]. In diesem von staatlicher Einflußnahme freigehaltenen Bereich der Tarifautonomie ist der Tarifvertrag das wichtigste Instrument der koalitionsspezifischen Betätigung. Dabei ist es für beide Tarifparteien und für das Gesamtsystem nicht nur erwünscht, sondern eine Notwendigkeit, zu einem Ergebnis, d. h. zum wirksamen Abschluß eines Tarifvertrages zu kommen. Da dabei der staatliche Eingriff in Form der Zwangsschlichtung zu untragbaren Widersprüchen mit dem freiheitlichen Staats- und Wirtschaftssystem führen würde[72], muß den Koalitionen neben der als selbstverständlich vorauszusetzenden freiwilligen Einigung ein Instrumentarium zur Verfügung stehen, mit dem bei Versagen der freiwilligen Schlichtung entsprechender Druck auf die Gegenseite ausgeübt werden kann. Diese Funktion erfüllt der Arbeitskampf. Er ist somit ein notwendiges Koalitionsmittel, nämlich ein Hilfsinstrument einer funktionsfähigen Tarifautonomie und fällt deshalb unter den Schutz des Art. 9 Abs. 3 GG.

---

[68] Vgl. etwa Lerche, Verfassungsrechtliche Zentralfragen des Arbeitskampfes, 1968, S. 26 ff. (32).

[69] Vgl. Säcker, Grundprobleme der kollektiven Koalitionsfreiheit, 1969, S. 20 ff., 81 ff.: „Das Grundgesetz hat durch Begrenzung der Staatsmacht eine offene Gesellschaftsordnung angestrebt. Von daher wird den Tarifparteien im Rahmen der Koalitionsgarantie eine Regelungsprärogative offengehalten. Dies gilt auch für den Arbeitskampf".

[70] „Tarifautonomie als Privatautonomie auf kollektiver Ebene", Rüthers, DB 1973, 1650, 1651; ders., AfP 1977, 307 ff.

[71] Rüthers, AfP 1977, 307 f.

[72] BVerfGE 18, 18 (30), vgl. auch Zöllner, AöR 1973, 71 (91); Rüthers, Tarifautonomie und gerichtliche Zwangsschlichtung, 1973, passim.

2. Die verfassungsrechtliche Deutung des Arbeitskampfes als Institutsgarantie

Aus der Zuordnung der Arbeitskampffreiheit zum Grundrecht der Koalitionsfreiheit des Art. 9 Abs. 3 GG folgt nicht zwingend, daß der Arbeitskampf auch als individuelle Rechtsposition (Grundrecht) in der Verfassung verankert ist. Als Gestaltungsmöglichkeit im System des Grundgesetzes bietet sich vielmehr die Form einer Einrichtungs- oder Institutsgarantie an[73]. Im Unterschied zum Grundrecht i. S. eines subjektiv-öffentlichen Rechts eines Individuums ist eine institutionelle Garantie als „Anspruch in Verfassungsvorschriften" zu verstehen, „die auf eine Gewährleistung bestimmter Einrichtungen, nicht auf eine Garantie individueller Rechte abzielt und die Einrichtung in der Weise garantiert, daß sie als solche in der Verfassung verankert ist, ohne sie in allen Einzelheiten festzulegen[74]. Zugleich ist unter einer Einrichtungsgarantie die Objektivierung individueller Freiheitsrechte zu verstehen[75], die das Grundrecht ergänzen und erweitern[76].

Wie oben ausgeführt[77], ist der Arbeitskampf innerhalb der vom Grundgesetz vorgegebenen Rahmenordnung der Ausgestaltung durch den Gesetzgeber und der Verantwortung der Sozialpartner überlassen. Art. 9 Abs. 3 GG ist insoweit eine ausfüllungsbedürftige Organisationsnorm zur Ordnung des sozialen Bereichs[78].

Wird der Arbeitskampf — wie hier — als Form der Koalitionsbetätigung und als notwendiges Mittel zur Erreichung des koalitionsspezi-

---

[73] Sowohl über die Terminologie als auch über die eigentliche Bedeutung der „Institutsgarantien" besteht in der Literatur Uneinigkeit. Ausführlich dazu Scholz, Koalitionsfreiheit als Verfassungsproblem, 1971, S. 222 ff., 233 ff. Von einer geradezu „babylonischen" Sprachverwirrung spricht Schmitt Gläser, AöR 1977, S. 97 ff. Diese Einrichtungs- oder Konnexgarantien gehen zurück auf die Verfassungslehre der Weimarer Republik, vgl. insbesondere Renner, Die Rechtsinstitute des Privatrechts und ihre soziale Funktion, 1929, S. 60, 175 sowie C. Schmitt, Freiheitsrechte und institutionelle Garantien der Reichsverfassung, 1931 (Aufsätze), S. 140 ff.; ders., Verfassungslehre 1931, S. 170 ff. Vgl. auch die Übersicht zu den institutionellen Garantien bei v. Mangoldt/Klein, GG, 2. Aufl., S. 83. Eine Klärung des Begriffs kann und braucht hier auch nicht zu erfolgen. Die Funktion einer Institutsgarantie wird aus dem folgenden deutlich und ist für die mit der hier vorgenommenen Untersuchung verfolgten Zwecke ausreichend, vgl. auch unten zur Pressefreiheit, 2. Teil, 2. Abschnitt, C.

[74] Maunz, Deutsches Staatsrecht, 22. Aufl. S. 108.

[75] Scholz, Koalitionsfreiheit als Verfassungsproblem 1971, S. 230.

[76] Rüthers, Streik und Verfassung, 1960, S. 29 ff.; ders.: AfP 1977, 311 ff., auch zu den Gefahren eines versteckten Verfassungswandels durch die Herausbildung von Institutsgarantien.

[77] 2. Teil, 1. Abschnitt, D II 1 c.

[78] Rüthers, Streik und Verfassung, 1960, S. 33 ff.; Lerche, Verfassungsrechtliche Zentralfragen des Arbeitskampfes, 1968, S. 26 ff. (32).

fischen Zweckes verstanden, muß die Verfassung im Bereich der den Koalitionen zugewiesenen sozialen Ordnungsfunktion[79] ein Instrumentarium zur kollektiven Regelung der Arbeits- und Wirtschaftsbedingungen bereitstellen. Der Arbeitskampf ist allerdings dann auch nur im Bereich dieser koalitionsspezifischen kollektiven Betätigung, also im Zusammenhang mit der Funktionsgarantie eines Tarifvertragssystems gewährleistet. Dies setzt einen von den individuell-subjektiven Rechten der einzelnen Koalitionsmitglieder abzutrennenden, objektivierbaren Regelungsbereich voraus, den ein in der Verfassung festgeschriebenes Grundrecht i. S. eines subjektiv-öffentlichen Rechts nicht mehr umfassen könnte, da hier viele gleichgelagerte Einzelinteressen zusammenkommen und gewissermaßen kollektiv befriedigt werden müssen. Der Arbeitskampf stellt sich somit als Annex zur doppelten Grundrechtsposition der individuellen Koalitionsbildungsfreiheit und kollektiven Koalitionsbetätigungsfreiheit dar[80].

3. *Die Rechtsprechung des Bundesverfassungsgerichts*

Diese Ansicht steht im Einklang mit der herrschenden Meinung[81]. Sie kann sich auch auf die Rechtsprechung des Bundesverfassungsgerichts stützen. Zwar hat sich das höchste deutsche Gericht noch nicht ausdrücklich zur grundgesetzlichen Garantie des Arbeitskampfes geäußert. Aber es hat in ständiger Rechtsprechung[82] zu den Fragen der koalitionsspezifischen Betätigung wesentliche Grundlagen zur „zweckorientierten" Auslegung des Art. 9 Abs. 3 GG geschaffen.

Am Anfang[83] steht die Feststellung des Gerichts, daß das Grundrecht der Koalitionsfreiheit nicht nur den Zusammenschluß einzelner Bürger, sondern auch die Koalition selbst und die damit verbundene Verfolgung eines bestimmten Gesamtzwecks im Bereich der koalitionsspezifischen Tätigkeit umfasse[84]. Durch Gesamtvereinbarungen könnten diese Koalitionen auf die Gestaltung der Löhne und Arbeitsbedingungen Einfluß

---

[79] Bereich der „sozialen Selbstverwaltung". Grundlegend dazu Meissinger, AuR 1954, 70 und AuR 1954, 136 sowie Rüthers, Streik und Verfassung, 1960, S. 37 ff.

[80] Ebenso Klein, Koalitionsfreiheit im pluralistischen Sozialstaat, 1969, S. 61: „Die Arbeitskampffreiheit als wesensmäßger Bestandteil des durch Art. 9 Abs. 3 GG institutionalisierten Verfahrens der Tarifauseinandersetzung und -einigung ..."; vgl. auch Auffahrt, RdA 1977, 129; Badura, RdA 1974, 130 (131).

[81] 2. Teil, 1. Abschnitt, B und B I.

[82] BVerfGE 4, 96; 17, 319; 18, 18; 19, 303; 20, 312; 28, 295; 38, 281; 44, 322; 50, 292.

[83] BVerfGE 4, 96 (106, 108).

[84] Ebenso dann weiter BVerfGE 17, 319 (333); 19, 303 (312); 28, 295 (304); 44, 322 (344).

nehmen. Daraus folge, daß die Koalitionsbildungsfreiheit auch den Anspruch an den Gesetzgeber einschließe, ein Tarifvertragssystem bereitzustellen[85] und daß Partner dieser Tarifverträge notwendig frei gebildete Koalitionen seien[86]. Der durch das Grundrecht geschützte Betätigungsbereich der Arbeitgeber- und Arbeitnehmervereinigungen könne nur nach der speziellen Vorschrift des Art. 9 Abs. 3 GG bestimmt werden; Art. 2 Abs. 1 GG müsse hierfür außer Betracht bleiben[87].

Die Zusammenhänge zwischen Koalitionseigenschaft, der daraus folgenden Tariffähigkeit und dem mit diesem Betätigungsfeld verknüpften Arbeitskampf werden ebenfalls angesprochen und dem Bereich des Art. 9 Abs. 3 GG zugeordnet[88]. Mindestens in der Erwerbswirtschaft könne der Arbeitskampf oder wenigstens die Möglichkeit, einen solchen zu führen, von entscheidender Bedeutung dafür sein, daß überhaupt ein Tarifvertrag zustande komme. Die Kampfwilligkeit verliere auch nicht durch die Erfahrungstatsache ihre Bedeutung, daß die ganz überwiegende Zahl der Tarifverträge durch eine friedliche Übereinkunft der Tarifpartner zustandekomme, denn auch hinter einer friedlichen Lösung stehe letztlich die Drohung mit dem Arbeitskampf. Noch deutlicher spricht das Gericht den Zusammenhang zwischen Arbeitskampf und Koalitionsfreiheit an, indem es ausführt[89], daß die Anerkennung der Tariffähigkeit auch der *nicht* kampfwilligen Organisationen nicht die Tariffähigkeit der kampfwilligen Koalitionen antaste. Das Recht zum Arbeitskampf schließe nicht die Pflicht zur Kampfbereitschaft ein. Wolle man die Tariffähigkeit von der Kampfwilligkeit abhängig machen, bedeute dieses eine Einschränkung der kampfunwilligen Koalitionen in der Wahl der Mittel zur Erreichung des Koalitionszwecks. Aus der Formulierung des Bundesverfassungsgerichts[90], „die Koalitionsfreiheit überlasse den Sozialpartnern grundsätzlich die Wahl der Mittel“, kann allerdings nicht auf eine unbegrenzte Freiheit bei der Gestaltung der koalitionsspezifischen Tätigkeiten und der Mechanismen, die zur Erreichung des Koalitionszwecks angewandt werden, geschlossen werden[91]. Diese nach dem Wortlaut der Entscheidung sich anbietende Folgerung wird an anderer Stelle durch das Bundesverfassungsgericht selber eingeschränkt. Das Gericht präzisiert dort die Aussage zur Koalitionsmittelgarantie dahingehend, daß Art. 9 Abs. 3 GG auf einen „Kernbereich koalitionsgemäßer Betätigung“ beschränkt sei und „den geschützten Personen und Vereinigun-

[85] BVerfGE 20, 312 (317); 28, 295 (304).
[86] BVerfGE 4, 96 (107).
[87] BVerfGE 19, 303 (314).
[88] BVerfGE 18, 18 (30).
[89] BVerfGE 18, 18 (32).
[90] BVerfGE 18, 18 (32).
[91] Vgl. auch Zöllner, AöR 1973, 71 (98).

gen nicht mit Verfassungsrang einen inhaltlich unbegrenzten und gesetzlich unbegrenzbaren Handlungsspielraum einräume"[92].

Als Schlußfolgerung aus der Rechtsprechung des Bundesverfassungsgerichts läßt sich folgendes festhalten: Zwar hat sich das Gericht noch nicht ausdrücklich zur Frage „Grundgesetz und Arbeitskampf" geäußert. Insbesondere sind auch Stellungnahmen zum verfassungsrechtlichen Schutz der einzelnen Kampfmittel, insbesondere der Aussperrung, bisher unterblieben. Wesentlich ist aber, daß das Gericht den Arbeitskampf als Teil der Koalitionsbetätigung ansieht und damit dem Schutzbereich des Art. 9 Abs. 3 GG zuordnet. Es scheint damit von einer Gewährleistung der Arbeitskampffreiheit der Koalitionen durch das GG nicht weit entfernt zu sein[93].

Die Aussage des Gerichts, die Koalitionsbetätigung sei auf einen verfassungsrechtlich geschützten Kernbereich beschränkt, im übrigen aber der Disposition des Gesetzgebers überlassen, deutet ebenso auf ein institutionelles Verständnis dieser Verfassungsgarantie hin. Das Bundesverfassungsgericht sieht den Arbeitskampf als Hilfsinstrument der Tarifautonomie an, nicht dagegen als individuelles subjektives Recht des Einzelnen.

4. Arbeitskampf und Art. 20 und 28 GG

Die Ansicht, der Arbeitskampf sei nicht in Art. 9 Abs. 3 GG, sondern in den Art. 20, 28 GG und dem daraus folgenden Sozialstaatsprinzip verankert, vermag nicht zu überzeugen.

a) Der Koalitionsbegriff und die Bereitschaft zum Arbeitskampf

Zur Begründung dieser Ansicht wird vorgebracht[94], der Arbeitskampf sei nicht in Art. 9 Abs. 3 GG garantiert, weil die Bereitschaft zum Arbeitskampf nicht notwendig zu den Merkmalen des Koalitionsbegriffs gehöre. Deshalb könne eine Koalition, die den Arbeitskampf ablehne, auch nicht den Schutz des Art. 9 Abs. 3 GG für sich in Anspruch nehmen.

Zutreffend daran ist, daß die Fähigkeit und Bereitschaft, Arbeitskämpfe zu führen, nicht zu den konstitutiven Tatbestandsvoraussetzun-

---

[92] BVerfG, DB 1975, 792; DB 1979, 593 ff. (602).

[93] Zöllner, AöR 1973, 71 (98); Klein, Koalitionsfreiheit im pluralistischen Sozialstaat, 1979, S. 60; Seiter, Streikrecht, 1975, 83 f. Zu weit gehen dürfte beim gegenwärtigen Stand der Rechtsprechung der Schluß von Evers, Arbeitskampffreiheit, Neutralität und Aussperrung, 1969, S. 16, das BVerfG leite mit teleologischer Begründung die Arbeitskampffreiheit aus Art. 9 Abs. 3 GG ab.

[94] 2. Teil, 1. Abschnitt, C.

gen einer Koalition gehören[95]. In verfassungsrechtlicher Sicht muß aber zwischen den Tatbestandsmerkmalen, die den Koalitionsbegriff bilden, und der Koalitionsbetätigung unterschieden werden. Der Bereich der Koalitionsbetätigung hat keinen Einfluß auf das Vorliegen der Tatbestandsmerkmale einer Koalition[96]. Auch eine solche Koalition genießt den Schutz des Art. 9 Abs. 3 GG, die sich nicht zum Arbeitskampf (als einer der Koalitionsbetätigungsmöglichkeiten) als Lösungsinstrument sozialer Konflikte bekennt. Daraus folgt aber nicht, daß die Betätigung einer Koalition nicht verfassungsrechtlichem Schutz unterfallen kann, nur weil sie (die Tätigkeit) nicht zu den notwendigen Tatbestandsmerkmalen des Koalitionsbegriffes gehört. Auch wenn der Arbeitskampf nur eine von vielen möglichen koalitionsspezifischen Betätigungsformen ist, kann er dem Schutzbereich des Art. 9 Abs. 3 GG unterfallen, genauso wie „friedliche" Lösungsinstrumente einer den Arbeitskampf ablehnenden Koalition dem spezifischen Tätigkeitsbereich angehören und damit auch verfassungsrechtlichen Schutz genießen.

b) Das Verbot des Arbeitskampfes für Beamte und die Art. 20, 28 GG

Weiter wird geltend gemacht[97], Beamte könnten zwar Koalitionen bilden, dürften aber nicht streiken. Deshalb könne der Arbeitskampf nicht in Art. 9 Abs. 3 GG garantiert sein.

Das Verbot des Arbeitskampfes für Beamte[98] spricht nicht gegen eine Einordnung des Arbeitskampfes beim Grundrecht der Koalitionsfreiheit. Zum einen bleibt auch — wie oben ausgeführt — nach Ausklammerung eines bestimmten Betätigungsfeldes (Arbeitskampf) die Koalitionseigenschaft erhalten, zum anderen folgt aus der systematischen Zuordnung des Arbeitskampfes zu Art. 9 Abs. 3 GG keine unbeschränkte Garantie dieses Koalitionsmittels. Die Arbeitskampffreiheit als Bestandteil der Koalitionsbetätigung ist vielmehr weitgehenden Beschränkungsmöglich-

---

[95] Insoweit steht die Ansicht auch in Einklang mit der Rspr. des Bundesverfassungsgerichts, vgl. BVerfGE 18, 18 ff.

[96] BAGE 12, 184 (193) für den Fall einer Ärztevereinigung: „Der Gewerkschaftsbegriff setzt Arbeitskampfbereitschaft nicht voraus, wenn das Fehlen der Kampfbereitschaft auf gesetzlicher Vorschrift oder auf dem Wesen des betreffenden Berufs beruht. Beamtenverbände, für die Kraft Gesetzes der Arbeitskampf ausscheidet, sind Gewerkschaften, wenn sie die übrigen Voraussetzungen des Koalitionsbegriffes erfüllen. Wenn ein Verband abhängiger Ärzte aus dem ethischen Wesen des Arztberufes heraus den Streik ablehnt oder weitestgehende Vorsorge während eines Streiks für die ärztliche Versorgung organisiert, so bleibt er doch Koalition".

[97] Vgl. 2. Teil, 1. Abschnitt, C.

[98] Auf die spezielle Problematik der Zulässigkeit braucht hier nicht ausführlich eingegangen zu werden, da auch die Ansicht, die den Arbeitskampf bei Beamten für zulässig hält, Art. 9 Abs. 3 GG als Grundlage ansieht.

keiten unterworfen, die ihre Grenzen erst am Kernbereich der Betätigungsgarantie finden. Art. 9 Abs. 3 GG läßt einen weiten Bereich offen, für den dem Gesetzgeber die Regelungsbefugnis zukommt[99]. Im Rahmen dieser Gestaltungsmöglichkeiten ergibt sich für die Beamten eine Sonderstellung aus dem Einwirken anderer Verfassungsnormen. Durch die hergebrachten Grundsätze des Berufsbeamtentums aus Art. 33 Abs. 5 GG kommt den Beamten ein Sonderstatus zu, der sie von der tariflichen Lohngestaltung ausschließt[100]. Somit ist es durchaus mit Art. 9 Abs. 3 GG zu vereinbaren, wenn den Beamten der spezielle Koalitionsbetätigungsbereich des Arbeitskampfes verschlossen bleibt[101]. Denn Arbeitskampf ist ein Hilfsinstrument der Tarifautonomie.

c) Das Abredeverbot des Art. 9 Abs. 3 Satz 2 GG

Als drittes Argument wird angeführt, wenn der Arbeitskampf in Art. 9 Abs. 3 enthalten sei, müsse jede Abwehraussperrung sowie jede den Arbeitskampf ausschließende tarifvertragliche Regelung oder freiwillige Schlichtungssvereinbarung aufgrund des Abredeverbots des Art. 9 Abs. 3 Satz 2 GG verfassungswidrig sein[102]. Diese Argumentation ist nicht zutreffend. Selbst wenn man der teilweise vertretenen Ansicht nicht folgt, wonach Art. 9 Abs. 3 Satz 2 GG nur für die individuelle Koalitionsfreiheit gelte[103] und Satz 2 auch im Bereich der kollektiven Betätigungsgarantie anwendet[104], bleibt die Arbeitskampfgarantie des Art. 9 Abs. 3 Satz 1 GG davon unberührt. So ist eine Abwehraussperrung keine Abrede oder Maßnahme im Sinne des Art. 9 Abs. 3 Satz 2 GG. Sie muß vielmehr vom Zweck der Koalitionsgarantie her beurteilt werden. Der mit den Koalitionsmitteln verfolgte Zweck setzt gerade im Bereich der koalitionsgemäßen Tätigkeit die Auseinandersetzung zwischen den Tarifparteien voraus, schließt also von vornherein notwendig Kampfmittel beider Seiten mit ein[105]. Wäre dies nicht der Fall, würde die Beurteilung der Verfassungsmäßigkeit und damit auch der Rechtmäßigkeit der Kampfmaßnahmen entscheidend von der Frage abhängen, welche Maß-

---

[99] BVerfG (Mitbestimmungsurteil), NJW 1979, 699 (709); vgl. auch Säcker, Grundprobleme der kollektiven Koalitionsfreiheit, 1969, S. 81 ff. (91 ff.).

[100] Vgl. z. B. Wiedemann/Stumpf, Kommentar zum Tarifvertragsgesetz, § 1 Rdnr. 42.

[101] Vgl. dazu auch Scholz, Pressefreiheit und Arbeitsverfassung, 1978, S. 159 m. w. N. in Fn. 40: „Art. 33 GG als verfassungssystematischer Schrankenvorbehalt zu Art. 9 Abs. 3 GG"; vgl. aber auch Hanau, JuS 1971, 120 ff.

[102] Vgl. 2. Teil, 1. Abschnitt, C.

[103] Lerche, Verfassungsrechtliche Fragen des Arbeitskampfes, 1968, S. 44; Wohlgemuth, Staat und Arbeitskampf, 1975, S. 51.

[104] So BAGE 19, 217 (223); Scholz, Koalitionsfreiheit als Verfassungsproblem, 1971, S. 63 (65).

[105] Seiter, Streikrecht, S. 96.

nahme (und damit welche Seite) die Auseinandersetzung begonnen hat. Denn nur diese eröffnende Kampftätigkeit wäre von der Betätigungsgarantie erfaßt, während jede Reaktion darauf als eine den Arbeitskampf einschränkende Maßnahme oder Abrede unter das Verbot des Art. 9 Abs. 3 Satz 2 GG fallen müßte. Daß die Frage nach dem verfassungsrechtlichen Schutz des Arbeitskampfes nicht von einem rein zeitlichen Unterscheidungskriterium abhängen kann, steht außer Frage. Es ist deshalb davon auszugehen, daß die Abwehraussperrung nicht als Maßnahme (oder Abrede) i. S. des Art. 9 Abs. 3 Satz 2 GG gesehen werden kann, sondern in den Bereich der für beide Seiten unabhängig von Satz 2 zulässigen Kampfmittel fallen muß[106].

Nicht in den Regelungsbereich des Art. 9 Abs. 3 Satz 2 GG fallen ebenso die den Arbeitskampf ausschließenden tarifvertraglichen Regelungen oder freiwilligen Schlichtungsvereinbarungen. Der Arbeitskampf selber ist nicht von der Verfassung vorgeschriebenes Auseinandersetzungsmittel zwischen den Koalitionen, sondern soll nur als ultima-ratio bereitstehen, wenn friedliche Lösungsmittel versagt haben[107]. Zudem soll der Arbeitskampf nicht um seiner selbst willen eine verfassungsrechtliche Absicherung erfahren, er soll vielmehr dem „höherrangigen" Prinzip der in Art. 9 Abs. 3 Satz 1 GG zum Ausdruck kommenden „Wahrung und Förderung der Arbeits- und Wirtschaftsbedingungen" dienen. Der Arbeitskampf steht daher unter dem Vorbehalt der tariflichen Friedenspflicht[108].

E. Schranken der Verfassungsgarantie des Arbeitskampfes

I. Verfassungsschranken

Der Wortlaut des Art. 9 Abs. 3 GG enthält keine ausdrückliche Einschränkungsmöglichkeit der Koalitionsfreiheit bzw. des Arbeitskampfes.

1. Art. 9 Abs. 2 GG als Schranke

Jedoch gilt Art. 9 Abs. 2 GG als eine die Koalitionsfreiheit einschränkende Vorschrift[109]. Diese Grundrechtsschranke muß auch für die aus der Koalitionsfreiheit abgeleitete Einrichtungsgarantie des Arbeitskamp-

---

106 So ausdrücklich das BAG im Urteil vom 10. 6. 1980 BB 1980, Beilage 4, S. 6 f.

107 Auffahrt, RdA 1977, 129 (130).

108 Ebenso Seiter, Streikrecht, S. 96.

109 So auch die ganz h. M. vgl. von Münch, Grundgesetz, Art. 9 Rdnr. 55; Maunz, in: Maunz/Dürig/Herzg/Scholz, GG, Kommentierung von 1970, Art. 9 Rdnr. 123; Scholz, in: Maunz/Dürig/Herzog/ Scholz, GG, 1979, Art. 9 Rdnr. 336 f. m. w. N. Fn. 1.

fes gelten. Die Koalitionsbetätigung und insbesondere der Arbeitskampf darf sich also nicht gegen die Strafgesetze, die verfassungsmäßige Ordnung oder gegen den Gedanken der Völkerverständigung richten[110].

2. *Die „allgemeinen Gesetze" i. S. v. Art. 5 Abs. 2 GG als Schranken der Arbeitskampffreiheit?*

Die Suche nach Grenzen der Arbeitskampffreiheit im Grundgesetz muß nicht auf Art. 9 beschränkt bleiben. Auch andere Verfassungsvorschriften können als Schranken in Betracht kommen.

a) Art. 9 Abs. 3 GG als „Kommunikationsgrundrecht"

Nach einer Meinung in der Literatur[111] steht Art. 9 Abs. 3 unter dem Vorbehalt der „allgemeinen Gesetze" i. S. d. Art. 5 Abs. 2 GG. Diese „allgemeinen Gesetze" müssen nach herkömmlichem Verständnis auf die Beschränkung anderer Rechtsgüter gerichtet sein und dürfen nur als Reflex die Koalitions- bzw. Arbeitskampffreiheit treffen[112].

Die entsprechende Anwendung dieser eigentlich nur für Art. 5 Abs. 1 GG geltenden Verfassungsschranke wird damit begründet, daß Art. 9 Abs. 3 GG, wie Art. 5 Abs. 1 GG selbst, ein sog. „Kommunikationsgrundrecht" sei. Als „kommunikativ" werden von dieser Lehre diejenigen Grundrechte bezeichnet, die der Gemeinschaftsbezogenheit der Menschen Rechnung tragen[113]. Ihre spezifische Funktion bestehe in der Sicherung eines freien gesellschaftlichen Meinungs-, Willensbildungs- und Selbstorganisationsprozesses[114]. Art. 9 Abs. 3 GG diene den arbeits- und wirtschaftsrechtlichen Kommunikationsprozessen. Die speziell für Art. 5 Abs. 1 GG konzipierten Schranken seien daher auch auf die Koalitionsfreiheit und die damit verknüpften Konnexgarantien anwendbar[115].

---

[110] Seiter, Streikrecht, S. 115, äußert Zweifel an der generellen Anwendbarkeit des Abs. 2, bezeichnet aber diese drei Prinzipien des Art. 9 Abs. 2 als die „äußersten Grenzen" der Arbeitskampffreiheit.

[111] Lerche, Verfassungsrechtliche Zentralfragen des Arbeitskampfes, 1968, S. 35 ff.; Bettermann, Grenzen der Grundrechte, 1968, S. 21 (26 f.); Scholz, Koalitionsfreiheit als Verfassungsproblem, 1971, S. 295 ff.

[112] Zum Begriff der allgemeinen Gesetze: BVerfGE 7, 198, (209 f.); 21, 271 (280); 26, 186 (205); 28, 175 (185 f.) und 50, 234 (240 f.).

[113] Herzog, in: Maunz/Dürig/Herzog/Scholz, GG, Art. 5 Rdnr. 58.

[114] Scholz, in: Maunz/Dürig/Herzog/Scholz, GG, Art. 9, Rdnr. 8.

[115] Scholz, in: Maunz/Dürig/Herzog/Scholz, GG, Art. 9 Rdnr. 348; ders.: Koalitionsfreiheit als Verfassungsproblem. 1971, S. 295 ff.; Lerche, Verfassungsrechtliche Zentralfragen des Arbeitskampfes 1968, S. 35 ff.

b) Die Gegenmeinung

Gegen diese Ansicht hat Seiter[116] Bedenken geltend gemacht. Es sei fraglich, ob der Arbeitskampf systematisch überhaupt zu den Kommunikationsgrundrechten gehöre. Er habe nicht die Aufgabe, die öffentliche Meinung zu beeinflussen. Dies zeige sich darin, daß die h. M. Protest-, Demonstrations- und politische Streiks für unzulässig halte. Gerade aber die Einwirkung auf die Öffentlichkeit sei Voraussetzung für die Charakterisierung als „Kommunikationsgrundrecht".

c) Eigene Stellungnahme

Gegen die Argumentation Seiters läßt sich einwenden, daß er den Begriff der Kommunikation einseitig öffentlichkeitsbezogen und damit zu eng versteht. Art. 9 Abs. 3 GG regelt die Beziehungen von Individuen untereinander, soweit sie sich zum Zwecke der Koalitionsbildung zusammenfinden. Diese Koalitionsbildung selber setzt Kommunikation zwischen den Beteiligten voraus. Auch die Betätigung der Koalitionen untereinander zur Erreichung des Koalitionszweckes ist kommunikativ. Dasselbe gilt für den Arbeitskampf, denn diese Tätigkeit setzt gewissermaßen die Darstellung und den Austausch der gegenseitigen Standpunkte sowohl koalitionsintern als auch dem Sozialpartner gegenüber voraus[117]. Art. 9 Abs. 3 GG ist demnach ein „Kommunikationsgrundrecht". Die Schranke der „allgemeinen Gesetze" i. S. d. Art. 5 Abs. 2 GG gilt auch für den Arbeitskampf. Dabei muß aber beachtet werden, daß die Einschränkung wiederum nicht vorbehaltlos angewendet werden kann. Die allgemeinen Gesetze werden von der in Art. 9 Abs. 3 GG garantierten Einrichtungsgarantie des Arbeitskampfes mitgeprägt und ihrerseits dadurch wieder begrenzt. Unerläßlich ist deshalb in diesem Bereich eine Abwägung der im Einzelfall betroffenen Rechtsgüter[118].

3. Die „Schrankentrias" des Art. 2 Abs. 1 GG

Inwieweit die Arbeitskampfgarantie durch die sogenannte „Schrankentrias" des Art. 2 Abs. 1 GG eingeschränkt wird, ist umstritten[119]. Nach der Rechtsprechung des BVerfG[120] besteht diese Schranke aus der

---

[116] Streikrecht, S. 115 f.

[117] Ebenso Scholz, Koalitionsfreiheit als Verfassungsproblem, 1971, S. 286 ff. (295 f.).

[118] Vgl. BVerfGE 7, 198 (208) und ständig; zuletzt BVerfGE 47, 130 (143) und 50, 234 (241); ebenso Maunz, in: Maunz/Dürig/Herzog/Scholz, GG, Art. 9 Rdnr. 126; Lerche, Verfassungsrechtliche Zentralfragen des Arbeitskampfes, 1968, S. 46 f.

[119] Zur Übersicht: Seiter, Streikrecht, S. 117.

[120] BVerfGE 6, 32 (37 f.).

„Gesamtheit aller formell und materiell verfassungsmäßigen Rechtsnormen“. Dieser weite Vorbehalt würde die Arbeitskampffreiheit auf ein Minimum reduzieren.

Das BVerfG hat die Anwendung von Art. 2 Abs. 1 im Bereich der Koalitionsfreiheit ausgeschlossen[121]:

> „Der durch das Grundrecht der Koalitionsfreiheit geschützte Betätigungsbereich der Koalition kann nur nach der speziellen Vorschrift des Art. 9 Abs. 3 GG bestimmt werden; Art. 2 Abs. 1 GG muß hierfür außer Betracht bleiben.“

Auch auf die Arbeitskampffreiheit selbst ist deshalb die Schrankentrias des Art. 2 Abs. 1 GG nicht anwendbar. Die Arbeitskampffreiheit ist in Art. 9 Abs. 3 GG garantiert. Diese Verfassungsnorm ist gegenüber Art. 2 Abs. 1 GG die speziellere. Die Spezialvorschrift geht der allgemeinen Norm vor. Auch bei der Bestimmung der Schranken haben die speziellen Vorschriften den Vorrang. Soweit Art. 2 Abs. 1 GG dennoch auch im Bereich der Arbeitskampfgarantie für anwendbar gehalten wird[122], kann seine einschränkende Wirkung nicht über die der speziellen Schranken des Art. 9 Abs. 2 und 5 Abs. 2 GG[123] hinausgehen[124].

II. Schrankenziehung durch den Gesetzgeber

Entscheidend für die Ausgestaltung und auch die Einschränkung der Einrichtungsgarantie des Arbeitskampfes ist die Regelungsbefugnis des einfachen Gesetzgebers in diesem Bereich[125]. Er kann regelnd und gestaltend tätig werden, weil die Arbeitskampfgarantie in Art. 9 Abs. 3 GG eine „offene“ Verfassungsvorschrift[126] ist.

Das Bundesverfassungsgericht hat in fortgesetzter Rechtsprechung den Begriff des „Kernbereichs der Koalitionsbetätigungsfreiheit“[127] gebildet. Es zieht die Grenze für die Regelungsbefugnis des Gesetzgebers bzw. für die an dessen Stelle tretende Rechtsprechung. Allerdings sind auch im Vorfeld des Kernbereichs dem gesetzgeberischen Ermessen insofern

---

[121] BVerfGE 19, 303 (314); ebenso Scholz, Koalitionsfreiheit als Verfassungsproblem, 1971, S. 325; inzwischen auch das BAG nach den „Aussperrungsurteilen“ vom 10. 6. 1980, BB 1980, Beilage 4 zu Heft 18; Vgl. auch Scholz/Konzen, DB 1980, 1595.

[122] Vgl. die Nachweise bei Seiter, Streikrecht, S. 117 Fn. 51.

[123] Vgl. 2. Teil, 1. Abschnitt E I 1 und 2.

[124] Ebenso Seiter, Streikrecht, S. 117.

[125] An dessen Stelle bisher überwiegend die Rechtsprechung tätig war; vgl. z. B. nur BAG, AP Nr. 1 zu Art. 9 GG Arbeitskampf; AP Nr. 43 zu Art. 9 Arbeitskampf.

[126] 2. Teil, 1. Abschnitt, D II 2.

[127] 2. Teil, 1. Abschnitt, D II 3.

Grenzen gesetzt, als eine Einschränkung nur unter dem Vorbehalt der Sachlichkeit und der Erforderlichkeit erfolgen darf[128]. Wie weit diese Regelungsbefugnis des Gesetzgebers geht, kann an dieser Stelle nicht abstrakt bestimmt werden. Das soll erst im konkreten Fall, also in der Gegenüberstellung mit der Verfassungsgarantie der Pressefreiheit erfolgen.

Zweiter Abschnitt

Pressefreiheit und Grundgesetz

A. Der systematische Standort der Pressefreiheit

Die Pressefreiheit hat ihren systematischen Standort unter den sieben verschiedenen, zusammengefaßt als „Meinungsfreiheiten" bezeichneten Grundrechten[1] des Art. 5 Abs. 1 GG. Sie wurde ausdrücklich in diese Verfassungsnorm aufgenommen[2]. Damit sind noch keine konkreten Aussagen über Inhalt und Umfang dieser Verfassungsgarantie[3] und über ihr Verhältnis zu anderen Verfassungsvorschriften, insbesondere den Grundrechten gemacht. Die Auslegung des Art. 5 Abs. 1 GG hat Literatur und Rechtsprechung anhand von ganz konkreten Problemstellungen[4] seit langem beschäftigt und verschiedene unterschiedliche Lösungsansätze und Deutungen erbracht. Die gesamte Problematik des Art. 5 GG kann in diesem Zusammenhang nicht umfassend untersucht werden. Nur soweit die grundsätzliche, verfassungstechnische Ausgestaltung der Pressefreiheit berührt ist, wird hier darauf eingegangen.

---

[128] BVerfGE 4, 96 (108 f.); 18, 18 (27) und 19, 303 (322).

[1] Neben der Pressefreiheit sind enthalten: die freie Meinungsäußerung, freie Meinungsverbreitung, ungehinderte Unterrichtung aus allgemein zugänglichen Quellen, freie Rundfunkberichterstattung, freie Filmberichterstattung sowie die freie Berichterstattung durch das Fernsehen (vgl. dazu Schmitt Glaeser, AöR 97, 62; Löffler, Presserecht I Kap. 5, Rdnr. 15.

[2] Zur Entstehungsgeschichte, JöR 1, 80 ff.

[3] Eine Legaldefinition der Pressefreiheit im Grundgesetz fehlt. Im Parlamentarischen Rat wurde der Begriff so übernommen, wie er sich historisch entwickelt hatte; vgl. dazu Abg. von Mangoldt, Parl. Rat, Ausschuß für Grundsatzfragen, Sten. Prot. der 25. Sitzung, S. 23; vgl. auch Löffler, I, Kap. 5 Rdnr. 16; sowie exemplarisch für Definitionsbestrebungen, BGH St 5, 22: „Die Freiheit der Berichterstattung und der Meinungsäußerung der Presse".

[4] Genannt seien hier nur die Stichworte „Pressekonzentration" und „innere Pressefreiheit"; Die Literatur zu diesen Themenbereichen ist fast unüberschaubar. Vgl. z. B. die Literaturübersicht bei Herzog, in: Maunz/Dürig/Herzog, GG, Art. 5 sowie bei Friesenhahn, Die Pressefreiheit im Grundrechtssystem des Grundgesetzes, in: Festschrift für Otto Kunze, 1969, S. 21 Fn. 1; sowie Scholz, Pressefreiheit und Arbeitsverfassung, 1978, S. 38 Fn. 1, 2.

I. Das Verhältnis der Pressefreiheit zur allgemeinen Meinungsfreiheit

Einen ersten Einstieg in die hier interessierende Auslegungsproblematik des Art. 5 Abs. 1 GG bringt die Klärung des Verhältnisses der Pressefreiheit nach Art. 5 Abs. 1 S. 2 GG zur allgemeinen Meinungsäußerungsfreiheit des Art. 5 Abs. 1 S. 1 GG. Hierüber herrscht in der Literatur Streit.

1. Pressefreiheit als Unterfall der allgemeinen Meinungsfreiheit

Manche Autoren sehen die Pressefreiheit als bloßen Unterfall der in Art. 5 Abs. 1 S. 1 garantierten allgemeinen Meinungsäußerungsfreiheit[5]. Dies folge aus Art. 18 GG, weil unter den dort genannten (verwirkbaren) Grundrechten die Pressefreiheit als exemplarischer Unterfall der Freiheit der Meinungsäußerung genannt sei. Deshalb sei die Pressefreiheit bereits vollständig in Art. 5 Abs. 1 Satz 1 GG enthalten[6].

2. Pressefreiheit als eigenständiges Grundrecht

Die heute ganz herrschende Meinung[7] sieht dagegen die Pressefreiheit als ein selbständiges Grundrecht und nicht als bloßen Unterfall des Art. 5 Abs. 1 Satz 1 GG.

II. Eigene Stellungnahme

Für die h. M. spricht, daß die „Pressefreiheit" als selbständiger Verfassungsbegriff ausdrücklich in das Grundgesetz neben das Recht auf freie Meinungsäußerung aufgenommen wurde[8], obwohl sie in Art. 118 WRV nicht enthalten war.

Dagegen ist das Argument aus Art. 18 GG nicht stichhaltig. Wäre die Pressefreiheit dort wirklich nur als exemplarischer Unterfall der allgemeinen Meinungsäußerungsfreiheit erwähnt, so ist nicht zu erklären,

---

[5] v. Mangoldt, Das Bonner Grundgesetz, 1953, Art. 5 Anm. 4 (S. 63); Czajka, Pressefreiheit, S. 135; Friesenhahn, Die Pressefreiheit, S. 21 (24); Arndt/Ebsen, AuR 1977, 162; Schnur, VV DStRL 22, 101; Kull, AfP 1970, 906 (909).

[6] Friesenhahn, Die Pressefreiheit, S. 25.

[7] Herzog, in: Maunz/Dürig/Herzog, GG Art. 5, Rdnr. 118; Hamman/Lenz, Grundgesetz, 1970, 3. Aufl., Art. 5 B 6; v. Münch, Grundgesetz 1974, Art. 5 Rdnr. 1; Schmidt/Bleibtreu/Klein, GG, 5. Aufl., 1980, Art. 5 Rdnr. 7 f.; Löffler, Presserecht I, Kap. 5 Rdnr. 25; ders., NJW 1962, 1601; Lerche, Pressefreiheit, in: Ev. Staatslexikon, 2. Aufl., 1975, Spalte 1912; Stammler, Die Presse als soziale und verfassungsrechtliche Institution, 1971, S. 229 ff. F. Schneider, Presse und Meinungsfreiheit nach dem Grundgesetz, 1961, S. 90 f.; Gerhardt, AfP 1978, 132; Jagusch, NJW 1963, 177; Koebel, NJW 1964, 1108; Mallmann, JZ 1966, 629 f.; Scheuner, VVDStRL 22, 65.

[8] Vgl. JöR 1, S. 80 ff.

weshalb dann nur die Pressefreiheit und nicht auch die Rundfunk- und Filmfreiheit an dieser Stelle besonders hervorgehoben wurde[9]. Ebenso folgt aus Art. 17 a GG[10], daß die Pressefreiheit ein selbständiges Grundrecht sein muß. In Art. 17 a GG ist die Einschränkung der Meinungsäußerung im besonderen Gewaltverhältnis auf die in Art. 5 Abs. 1 GG erster Halbsatz erwähnten Möglichkeiten der Äußerung durch Wort, Schrift und Bild beschränkt. Dort nicht aufgeführt, und damit auch nicht einschränkbar, ist die Freiheit der Meinungsäußerung durch die Presse[11]. Aus dieser Norm wird deutlich, daß die Pressefreiheit nicht als Unterfall der allgemeinen Meinungsäußerungsfreiheit angesehen werden kann. Sie ist vielmehr selbständig gewährleistet[12].

Das Argument, es gebe keinen plausiblen Grund, die Meinungs- und Tatsachenäußerung durch ein Massenmedium stärker zu schützen als sonstige Formen der Meinungs- und Tatsachenäußerung[13], kann die hier vertretene Ansicht nicht entkräften. Durch diese Betrachtungsweise wird nicht berücksichtigt, daß sich die Meinungsäußerung mittels Presse nicht in der individuellen Kundgebung erschöpft, sondern daß auch noch die Presse in ihrem gesamten Tätigkeitsbereich „von der Beschaffung der Informationen bis zur Verbreitung der Nachricht und Meinung“[14] durch die pressespezifischen Massenvervielfältigungsmethoden verfassungsrechtlich geschützt sein muß.

Diese Überlegungen zeigen, daß sich die Fragestellung nicht in dem Verhältnis von Satz 1 zu Satz 2 des Art. 5 GG erschöpft. Sie zielt letztlich dahin, ob die Pressefreiheit sich auf ein individuelles Abwehrrecht beschränkt oder ob sie daneben auch noch objektiv-rechtliche institutionelle Gewährleistungsgehalte besitzt. Dazu gehen denn auch die Ansichten weit auseinander[15]. Die einzelnen Positionen können im folgenden nur in ihren grundsätzlichen Unterschieden angedeutet werden soweit es für die Fragestellung erforderlich ist, ob sich daraus unterschiedliche Folgen für das Verhältnis zu Art. 9 Abs. 3 GG ergeben.

---

[9] F. Schneider, Presse- und Meinungsfreiheit, S. 89.

[10] Eingefügt am 19. 3. 1956, BGBl. I, 111.

[11] Rauball, in: v. Münch (Hrsg.), GG, Kommentar, Art. 17 a Rdnr 7.

[12] a. A. Friesenhahn, Die Pressefreiheit, S. 25. Allerdings läßt er die Frage nach dem Sinn der Ausklammerung der Pressefreiheit ausdrücklich offen.

[13] Arndt/Ebsen, AuR 1977, 162.

[14] Vgl. dazu auch Scholz, Pressefreiheit und Arbeitsverfassung, 1978, S. 81 f. und Herzog, in: Maunz/Dürig/Herzog/Scholz, GG, Art. 5 Rdnr. 152.

[15] Eine ausführliche Darstellung der einzelnen theoretischen Standpunkte gibt Stammler, Die Presse, S. 148 ff.

B. Die verfassungsrechtlichen Gewährleistungsgehalte der Pressefreiheit

I. Die individualrechtliche Deutung

Art. 5 Abs. 1 Satz 2 GG enthält mindestens ein gegen die staatliche Gewalt gerichtetes, individuelles Abwehrrecht. Das ist allseits anerkannt[16]. Für einige Autoren erschöpft sich der Gehalt der grundrechtlichen Garantie auch in der Anerkennung des „status negativus“[17]. Nach dieser Auffassung ist die Annahme einer institutionellen Garantie neben dem Freiheitsrecht überflüssig, da eine entsprechende Auslegung des subjektiven Rechts einen umfassenden Schutzbereich schaffen könne.

II. Der Vorrang des institutionellen Inhalts von Art. 5 Abs. 1 Satz 2 GG

Eine Gegenposition zu der rein individualrechtlichen Betrachtungsweise geht von einer objektiv-rechtlichen Einrichtungsgarantie der Pressefreiheit aus. Wesentlicher Inhalt des Art. 5 Abs. 1 Satz 2 GG sei die institutionelle Garantie der Pressefreiheit. Subjektive Rechte Einzelner entstünden nur auf der Grundlage der objektiven Gewährleistungen als Rechtsreflexe[18]. Die Pressefreiheit werde nicht mehr um des Einzelnen willen, sondern nur in bezug auf die Allgemeinheit in Erfüllung einer öffentlichen Aufgabe gewährleistet[19].

III. Institutioneller Gehalt der Pressefreiheit aus Art. 21 GG

Für Ridder[20] ist neben Art. 5 Abs. 1 Satz 2 GG auch Art. 21 GG die Grundlage eines rein institutionellen Verständnisses der Pressefreiheit. Art. 21 GG gewähre nicht nur den politischen Parteien einen Sonderstatus, sondern richte im modernen Parteienstaat für alle an der Bildung der öffentlichen Meinung Beteiligten einen institutionellen Freiraum ein. Dies gelte insbesondere für die politische Presse.

---

[16] Vgl. statt vieler: Scholz: Pressefreiheit und Arbeitsverfassung, 1978, S. 81; m. w. N., S. 46 Fn. 20 und S. 48 Fn. 31.

[17] Forsthoff, Der Verfassungsschutz der Zeitungspresse, 1969, S. 17 f.; Schnur, VVDStRL 22, 101 f.; Kull, AfP 1970, 906 ff. (908, 911).

[18] Stammler, Die Presse, S. 178 ff., S. 221 ff.: „Institutionelle Garantie als Quelle subjektiver Reflexrechte“, auch S. 227. Vgl. auch Stein, Staatsrecht, 6. Aufl., § 10 IV 7 (S. 117) sowie die Nachweise bei Scholz, Pressefreiheit und Arbeitsverfassung, 1978, S. 47 Fn. 28.

[19] Stammler, Die Presse, S. 218.

[20] So jedenfalls der ursprüngliche Ansatz Ridders, Meinungsfreiheit, in: Neumann/Nipperdey/Scheuner, Die Grundrechte Bd. II/2, 2. unveränderte Auflage, 1968, S. 254 ff.

IV. Art. 5 Abs. 1 Satz 2 GG als „Doppelgrundrecht"

Die in der Literatur ganz überwiegende Auffassung[21] sieht die Pressefreiheit als „Doppelgrundrecht". Danach wird in Art. 5 Abs. 1 Satz 2 GG die Pressefreiheit als ein dem Einzelnen zustehendes Individualgrundrecht gewährleistet. Daneben hat der Schutzgehalt der Pressefreiheit auch noch einen objektiven Regelungsinhalt i. S. einer institutionellen Garantie[22]. Dabei wird die Bedeutung des institutionellen Teils der Pressefreiheit gegenüber dem Individualrecht unterschiedlich beurteilt. Die Ansichten reichen vom Vorrang der subjektiven Rechtsposition[23] über Gleichrangigkeit[24] bis zu der These, daß das Schwergewicht auf dem institutionellen Aspekt liege[25].

V. Eigene Stellungnahme

Mit der h. M.[26] ist im Grundsätzlichen davon auszugehen, daß die Pressefreiheit sowohl als Individualgrundrecht als auch in institutioneller Ausprägung allein in Art. 5 Abs. 1 Satz 2 GG verankert ist. Die

[21] H. M. Scheuner, VVDStRL 22, S. 33, 62 ff., 69: „Schwergewicht auf der institutionellen Deutung ohne die subjektiven Elemente zu verdrängen", vgl. auch S. 70, 76, 91; ders., AfP 1968, 725 ff. (727); Schneider, Presse- und Meinungsfreiheit, S. 108 ff., 117; v. Münch, Öffnungsklauseln, S. 28 f.; Scholz, Pressefreiheit und Arbeitsverfassung, 1978, S. 48 und 89; Lerche, Pressekonzentration, S. 25 ff., 30; ders., Innere Pressefreiheit, 1974, S. 15 ff., 31; Schmitt Glaeser, AöR 97 (1972), S. 97; Löffler, Presserecht I, Kap. 5 Rdnr. 15 ff.; Papier, der Staat 13 (1974), S. 409; Kübler, Gutachten D zum 49. Deutschen Juristentag, 1972, S. D. 40 ff.; Mallmann, Referat N zum 49. Deutschen Juristentag, S. N 15 ff.; W. Weber, Innere Pressefreiheit als Verfassungsproblem, 1973, S. 61 ff.

[22] Zum hier vertretenen institutionellen Grundrechtsverständnis, vgl. 2. Teil, 1. Abschnitt, D II 2 und Stammler, Die Presse, S. 226: „... Pressefreiheit enthält einen Verfassungsauftrag an den Gesetzgeber, die Voraussetzungen für ein freiheitliches Pressewesen zu schaffen ... und Maßnahmen zu ihrer Erhaltung oder Wiederherstellung zu treffen. Richtlinie und zugleich Grenze der Freiheit des Gesetzgebers bilden allein die Prinzipien eines freiheitlich-demokratischen Kommunikationssystems einerseits, der ‚öffentlichen Aufgabe' der Presse andererseits".

[23] Vgl. Schneider, Pressefreiheit und Staatssicherheit, 1968, S. 46, 64: institutionelle Garantie als „Umgehung" der Freiheit des einzelnen, die eine „Ergänzungsfunktion" zum individuellen Teil des Grundrechts ausübt; ähnlich Leisner, Werbefernsehen und öffentliches Recht, 1967, S. 201.

[24] v. Münch, Öffnungsklauseln, S. 45; Scholz, Pressefreiheit und Arbeitsverfassung, 1978, S. 88 ff.: „zwar folgen die objektiven Grundrechtsgehalte aus dem subjektiven Recht, dieses ist insofern primär, aber funktional betrachtet sind beide Garantien gleichrangig".

[25] Scheuner, VVDStRL 22, S. 33, 62 ff., 69: „Schwergewicht auf der institutionellen Deutung ohne die subjektiven Elemente zu verdrängen", vgl. auch S. 70, 76, 91; sowie Dagtoglou, Wesen und Grenzen der Pressefreiheit, 1963, S. 12 ff. Löffler, Presserecht I, Kap. 5 Rdnr. 79 ff., der die institutionelle Seite so stark betont, daß sie den Rang einer 4. Gewalt im Gewaltenteilungsschema einnehmen soll (Kap. 1 Rdnr. 57 ff.).

[26] Vgl. oben Fn. 21.

historische Entwicklung der Pressefreiheit spricht gegen den Vorrang des objektiven Regelungsgehalts, der die individuelle Rechtsposition weitestgehend verdrängt. Die Pressefreiheit hat sich als gegen den Staat gerichtetes, liberales Abwehrrecht entwickelt[27] und diese Funktion hat sich im Laufe der Zeit nicht etwa verflüchtigt; sie hat auch heute noch einen wesentlichen Anteil am Inhalt des Grundrechts. Daneben zeigt aber auch die tatsächliche Entwicklung des Pressewesens in der Bundesrepublik, daß die Pressefreiheit nicht nur von der staatlichen Obrigkeit bedroht werden kann[28], sondern daß aus dem privaten Bereich die Pressefreiheit tangierende und u. U. einschränkende Entwicklungen entstehen können[29]. Hier würde es nicht mehr ausreichen, wäre die Pressefreiheit als reines Abwehrrecht zu verstehen, da auch ein Tätigwerden der staatlichen Macht zum Schutze der Pressefreiheit erforderlich werden kann.

Die Existenz der überindividuellen Komponente der Pressefreiheit wird auch durch den Wortlaut des Art. 5 Abs. 1 Satz 2 GG sowie durch die Eigenständigkeit der Pressefreiheit gegenüber der allgemeinen Meinungsäußerungsfreiheit aus Art. 5 Abs. 1 Satz 1 GG[30] bestätigt. Ein Vergleich der Formulierungen von Art. 5 Abs. 1 S. 1 mit Art. 5 Abs. 1 S. 2 zeigt, daß in Satz 2 mehr als eine individuelle Garantie enthalten sein kann: Nach Art. 5 Abs. 1 S. 1 hat „*jeder* ... das Recht, seine Meinung frei zu äußern und zu verbreiten". Dagegen lautet Satz 2: „Die Pressefreiheit und ... *werden* gewährleistet." Der Wortlaut von Satz 1 richtet sich direkt an jeden Einzelnen; er ist also vorrangig als individuelle Garantie zu verstehen. Satz 2 ist vom Wortlaut her nicht an den Einzelnen gerichtet. Er garantiert die „Pressefreiheit". Diese Formulierung läßt den Schluß auf eine objektivierbare, institutionalisierte Garantie zu, die neben dem Individualgrundrecht besteht.

Gegen die rein institutionelle Verbürgung der Pressefreiheit wiederum spricht, daß eine institutionelle Garantie ohne die ihr zugeordneten Rechte Einzelner als Grundrechtsträger wenig sinnvoll zu sein scheint[31] und auch keinen umfassenden effektiven Grundrechtsschutz zu bieten vermag[32].

---

[27] Zur geschichtlichen Entwicklung der Presse und der Pressefreiheit ausführlich: Löffler, Presserecht I, Kap. 3; Stammler, Die Presse, S. 19 ff.; Groth, Die Zeitung, Bd. 1, S. 71 ff.; Schmitt, in: Handbuch der Publizistik, Bd. III., S. 70.

[28] z. B. durch Zensur, Druck- bzw. Verkaufsverbot, Lizenzzwang, Sondersteuer etc.

[29] z. B. durch Pressekonzentration, ruinösen Wettbewerb, vgl. auch Löffler, Presserecht I, Kap. 5 Rdnr. 67 ff.; v. Münch, Öffnungsklauseln, S. 29.

[30] Vgl. 2. Teil, 2. Abschnitt A I 2.

[31] Schneider, Presse- und Meinungsfreiheit nach dem Grundgesetz, 1961, S. 90.

Diese doppelte (subjektiv/objektive) Verbürgung folgt allein aus Art. 5 Abs. 1 Satz 2 GG. Zur Begründung — insbesondere des institutionellen Gehaltes — bedarf es keines Ausweichens auf Art. 21 GG und damit einer Gleichstellung der Presse mit den politischen Parteien[33]. Entgegen der von Ridder vertretenen Ansicht[34] ist davon auszugehen, daß Art. 5 Abs. 1 Satz 2 GG eine spezielle, abschließende Regelung über die Pressefreiheit enthält[35]. Zweifellos kommt der Presse in einem demokratischen Staat eine herausragend wichtige Funktion bei der Bildung der öffentlichen Meinung zu. Insofern ist sie mit den politischen Parteien wohl vergleichbar. Jedoch würde das Heranziehen des Art. 21 GG als Grundlage für die Pressefreiheit zwangsläufig eine Aufspaltung der Presseprodukte in „politische" und „nicht politische" mit sich bringen. Diese Spaltung wäre auch dann kaum vermeidbar, wenn der Bereich der „politischen Presse" wie bei Ridder sehr weit gezogen wird und sich auf fast die gesamte periodische Zeitungs- und Zeitschriftenpresse erstreckt[36]. Die „politische Presse" würde unter den Schutzbereich der Verfassung fallen, die „unpolitische" bliebe dagegen außerhalb stehen. Die Folge dieser Betrachtungsweise wäre eine nicht tolerierbare, einseitige Privilegierung einzelner Presseprodukte auf der Grundlage von nicht genau bestimmbaren Auswahlkriterien[37]. Angesichts dieser Schwierigkeiten zeigt sich die Richtigkeit der heute herrschenden Auffassung vom umfassenden Schutzbereich der Pressefreiheit. Danach wird — abweichend vom allgemeinen Sprachgebrauch — Presse praktisch mit „Druckwerken jeder Art mit geistigem Sinngehalt" verstanden[38], gleichgültig, ob sie reine Unterhaltungszwecke verfolgen oder vorrangig zur Bildung der politischen öffentlichen Meinung bestimmt sind.

VI. Gleichberechtigung der beiden Komponenten des Doppelgrundrechts

Wie die vorstehenden Ausführungen zeigen, läßt sich innerhalb des „Doppelgrundrechts" weder ein Vorrang des individuellen noch des institutionellen Grundrechtsaspektes feststellen. Beide Garantiebereiche sind für einen umfassenden, wirksamen Grundrechtsschutz gleich wich-

[32] Dazu insbesondere Lerche, Innere Pressefreiheit, S. 15 ff., 22 ff.

[33] i. E. ebenso Stammler, Die Presse, S. 205.

[34] Meinungsfreiheit, in: Neumann/Nipperdey/Scheuner, Die Grundrechte, Bd. II/2, 2. unveränderte Auflage, 1968, S. 254 ff.

[35] Ebenso v. Münch, Öffnungsklauseln, S. 28.

[36] Ridder, Meinungsfreiheit, S. 269; Stammler, Die Presse, S. 171.

[37] Vgl. dazu auch Forsthoff, Zeitungspresse, S. 12 und Leisner, Pressegleichheit, 1976, passim.

[38] Löffler, Presserecht I, Kap. 5 Rdnr. 85 ff.; Forsthoff, Zeitungspresse, S. 13.

tig. Daher kann keine der beiden Grundrechtsausgestaltungen die andere wesentlich — geschweige denn vollständig — verdrängen. Darin sind sich alle zur h. M. gehörenden Ansichten einig. Der Schwerpunkt kann im Einzelfall einmal auf der institutionellen oder der individuellen Seite des Grundrechts liegen. Davon wird aber das Verhältnis der Pressefreiheit zu anderen Grundrechten nicht beeinflußt.

C. Der institutionelle Aspekt der Pressefreiheit

Der individuelle Aspekt des in Art. 5 Abs. 1 Satz 2 GG enthaltenen Doppelgrundrechts der Pressefreiheit ist deckungsgleich mit dem ebenfalls individuellen Grundrecht der allgemeinen Meinungsäußerungsfreiheit des Art. 5 Abs. 1 Satz 1 GG. Der darüber hinausgehende „institutionelle Bereich" der Pressefreiheit stellt sich in gleicher Weise wie die Einrichtungsgarantie Arbeitskampf dar[39]. Ausgangspunkt für die Festlegung von Inhalt und Umfang der Einrichtungsgarantie ist die Struktur der Verfassung, die sich im Grundrechtsbereich als „ausfüllungsbedürftige Rahmenordnung"[40] darstellt. Feststehender Teil dieser Grundrechtsstruktur ist die gegen den Staat gerichtete Freiheitsgarantie für das Individuum, in der sich aber der Gehalt des Grundrechts nicht erschöpft[41]. In der daneben garantierten institutionellen Struktur[42] ist dem einfachen Gesetzgeber[43] die Möglichkeit eingeräumt, diesen Grundrechtsbereich gestaltend auszufüllen[44]. Dem Grundrecht kommt so nicht nur abwehrende und schützende, sondern auch „ordnende"[45] und „sozialgestaltende"[46] Funktion zu.

---

[39] Vgl. 2. Teil, 1. Abschnitt, D II 2; zu den Möglichkeiten der institutionellen Deutung der Verfassungsgarantie: Lerche, Pressekonzentration, S. 21 ff.

[40] Böckenförde, NJW 1976, 2091; im Zusammenhang mit Art. 9 Abs. 3 GG grundsätzlich Lerche, Verfassungsrechtliche Zentralfragen des Arbeitskampfes, 1968, S. 26, 32 ff. (aber auch für Art. 5 Abs. 1 S 2 GG zutreffend).

[41] BVerfGE 50, 234 (240); vgl. auch Ehmke, Verfassungsrechtliche Fragen einer Reform des Pressewesens, in: Festschrift für Adolf Arndt 1969, S. 77 ff. (84) und Rüthers, AfP 1977, 312.

[42] Als „freiheitlich geordnete und ausgestaltete Lebensbereiche" zu verstehen; so: Häberle, Die Wesensgehaltsgarantie des Art. 19 Abs. 2 GG, 1962, S. 70, 96.

[43] Bzw. im Zusammenhang mit der Garantie des Arbeitskampfes in Art. 9 Abs. 3 GG der Rechtsprechung.

[44] Häberle, Die Wesensgehaltsgarantie des Art. 19 Abs. 2 GG, 1962, S. 213: „Die Gesetzgebung gibt der Verfassung ihre Struktur und leistet Beiträge zur Verwirklichung der Verfassung. Die generalklauselartige Weite vieler Grundrechtssätze verlangt eine derartige Konkretisierungstätigkeit des Gesetzgebers (vgl. auch S. 182: Gebot an den Gesetzgeber, die Verfassung auszufüllen).

[45] Ehmke, Verfassungsrechtliche Fragen einer Reform des Pressewesens, in: Festschrift für Adolf Arndt, 1969, S. 84.

[46] Rüthers, AfP 1977, 312.

Auch das BVerfG geht von der Notwendigkeit eines objektiven Regelungsbereichs der Grundrechte aus[47]. Die objektive Garantie soll einerseits die Geltungskraft der Grundrechte verstärken, andererseits darf aber durch sie die ursprüngliche Funktion der Grundrechte als individuelle Abwehrrechte nicht beeinträchtigt werden[48]. Daher kann das gestaltende Ermessen des Gesetzgebers nicht schrankenlos sein. Es muß seine Grenzen am „Kernbereich" der grundrechtlichen Gewährleistung finden[49]. Dieser „Kernbereich" ist der Regelungsbefugnis des Gesetzgebers entzogen.

Bei der Umschreibung des institutionellen Gehalts ist Vorsicht geboten. Der Pressefreiheit darf nicht nur ein absolutes Minimum an „grundrechtlicher Substanz" zugeschrieben werden, etwa im Sinne eines „Grundrechtsrestes", der „Randerscheinungen und Details" verbürgt[50] und die Pressefreiheit letztlich doch nicht vor dem „aushöhlenden Zugriff des Gesetzgebers"[51] schützen kann. Gemeint ist damit vielmehr der „echte Wesensgehalt" oder „Kernbereich". Dieser ist durch Auslegung zu ermitteln. Es gilt dabei das Prinzip der „Interpretation der Verfassung als einer Einheit"[52]. Im Zusammenhang der Grundrechte und der Gesamtverfassung garantiert der institutionelle Gehalt der Pressefreiheit das Funktionieren des öffentlichen Meinungsaustausches. Dies bedeutet, daß ein freiheitlich funktionierender Meinungsbildungs- und Kommunikationsprozeß erhalten bleiben muß[53]. Ohne diese Kommunikation geraten andere, eventuell höherrangige Verfassungsgrundsätze wie beispielsweise das Rechtsstaatsprinzip und das Demokratieprinzip in Gefahr.

Für den Inhalt des „Kernbereichs" läßt sich zunächst daraus folgendes ableiten: Die Presse muß soweit funktionsfähig bleiben, daß der öffentliche Meinungsaustausch erhalten bleibt. Der institutionelle Teil des Grundrechts der Pressefreiheit schützt die Presse somit in ihrer realen, gewachsenen, gegenwärtigen Existenz und Organisationsform[54].

---

[47] BVerfGE im „Mitbestimmungsurteil", NJW 1979, 699 (702).

[48] BVerfG NJW 1979, 702.

[49] BVerfG NJW 1979, 709.

[50] Davor warnt auch Lerche, Innere Pressefreiheit, S. 38, 41.

[51] Scholz, Pressefreiheit und Arbeitsverfassung, 1978, S. 88.

[52] Hesse, Grundzüge des Verfassungsrechts, 11. Aufl., 1978, S. 12 und 28; Scheuner, VVDStRL 22, 53; Rüthers, AfP 1977, 310; Kübler, Gutachten D zum 49. DJT, S. D 40; Stammler, Die Presse, S. 225 und durchgehend Ossenbühl, NJW 1976, 2100 (2105 ff.).

[53] Lerche, Pressekonzentration, S. 50; Kübler, Gutachten D zum 49. DJT, S. D 47.

[54] Lerche, Innere Pressefreiheit, S. 35 ff., 38; zustimmend Scholz, Pressefreiheit und Arbeitsverfassung, 1978, S. 88, 91; darauf wird noch im folgenden ausführlich eingegangen, vgl. 2. Teil, 2. Abschnitt, D I—IV.

Dies bedeutet allerdings nicht, daß damit die faktisch im Augenblick existente Struktur der Presse auch für die Zukunft unveränderlich festgeschrieben wäre[55]. Als Einrichtungsgarantie ist die Pressefreiheit eine „offene“ Verfassungsvorschrift. Sie bleibt anpassungsfähig an die sich ändernden faktischen Gegebenheiten.

Manche sehen Gefahren dahin, daß durch die Schaffung des institutionellen Bereiches bestimmte Berufsgruppen (eben die Presseangehörigen, insbesondere Journalisten, Redakteure) in eine bevorzugte Stellung kommen könnten[56]. Diese Gefahren müssen hingenommen werden. Dies läßt sich so begründen: Die „Institution freie Presse“ ist für die Funktionsfähigkeit einer modernen Demokratie unentbehrlich[57]. Die Pressefreiheit existiert nicht um der Presse selbst willen, sondern um die Meinungspluralität im Staate zu erhalten. Wird dieser Gesichtspunkt beachtet, so zeigt sich, daß die Furcht vor einer uferlosen Ausweitung der Sonderstellung von Presseangehörigen unbegründet ist. Denn die bevorzugte Stellung der Presseangehörigen findet ihre Grenzen in der Aufgabe der Presse selbst. Sie ist verpflichtet, der Funktion anderer übergeordneter Verfassungsgrundsätze zu dienen[58].

Diese Überlegungen sind nicht nur theoretischer Natur. Von diesen Grundsätzen wird nämlich nicht nur die interne Struktur der Pressefreiheit und die Auswirkung auf die Stellung der Presseangehörigen betroffen, sondern auch das Verhältnis der Pressefreiheit zu anderen Verfassungsvorschriften mitbestimmt. So zeigt sich, daß die Pressefreiheit nicht als „isoliertes“ Grundrecht außerhalb des Staatsaufbaus steht, sondern in den funktionalen Ablauf des Staatswesens als ganzem eingebettet ist[59]. Deshalb wirkt sich die Pressefreiheit nicht nur einschränkend auf andere Verfassungsgarantien aus, sondern muß ihrer-

---

[55] Vgl. Rüthers, AfP 1977, 312, der vor den Gefahren der „Zementierung vorgegebener Strukturen“ warnt und Lerche, Verfassungsrechtliche Fragen der Pressekonzentration, 1971, S. 22 m. w. N.; ders., Verfassungsrechtliche Aspekte der inneren Pressefreiheit, 1974, S. 42 f., 53.

[56] Forsthoff, Zeitungspresse, S. 25 ff.; Rüthers, AfP 1977, 312.

[57] So das BVerfG in ständiger Rechtsprechung, zuletzt BVerfGE 50, 234 (239 f.).

[58] Das Bundesverfassungsgericht hat dies in einem etwas anderen Zusammenhang ganz deutlich ausgedrückt. In der Entscheidung im 20. Band, Seite 221 f. anerkennt das Gericht eine Sonderstellung der Presseangehörigen bezüglich des Redaktionsgeheimnisses und des Informantenschutzes an, definiert diese als Teil einer „öffentlichen Aufgabe“ der Presse und legt dann aber auch gleichzeitig selbst den Bewegungsspielraum eindeutig fest: „... Sie (die Privilegien) sollen ihr die Erfüllung ihrer öffentlichen Aufgabe erleichtern. Eine öffentliche Aufgabe der Presse kann es aber nur in den Grenzen der Verfassungsordnung und des Staatswohls geben. Abseits und außerhalb dieses Bereiches würde die Anerkennung des Informationsschutzes zu einer reinen Privilegierung der Presse führen“.

[59] BVerfGE 20, 162 (174); 50, 234 (239).

seits auch einschränkbar und begrenzbar sein[60]. Wie sich das im Verhältnis zur Arbeitskampffreiheit auswirkt, kann erst in der konkreten Gegenüberstellung festgestellt werden. Hier genügt die Feststellung dieser grundsätzlichen Beschränkbarkeit der Pressefreiheit durch andere Grundrechte.

D. Die Inhalte der institutionellen Garantie

I. Die Rechtsprechung des Bundesverfassungsgerichts

Das Bundesverfassungsgericht hat in mehreren Entscheidungen[61] einen objektiv-rechtlichen Gehalt der Pressefreiheit (neben dem subjektiv-öffentlichen Recht des Einzelnen) bestätigt. Es hat den Inhalt der institutionellen Garantie der Pressefreiheit konkretisiert. Die allgemeine Meinungsäußerungsfreiheit bezeichnet das Gericht als für eine „freiheitliche-demokratische Staatsordnung schlechthin konstituierend, da sie erst die ständige geistige Auseinandersetzung, den Kampf der Meinungen, der ihr Lebenselement ist“, ermögliche[62]. In den folgenden Entscheidungen wird speziell die Pressefreiheit behandelt.

In der „Nordrhein-Westfalen Entscheidung“[63] hebt das Gericht hervor, daß die Pressefreiheit sich nicht in der bereits in Art. 5 Abs. 1 Satz 1 GG enthaltenen Garantie der freien Meinungsäußerung und Meinungsverbreitung mittels der Presse erschöpfe. Die Pressefreiheit sei mehr als nur ein Unterfall der Meinungsfreiheit, da darüber hinaus die institutionelle Eigenständigkeit der Presse von der Beschaffung der Information bis zur Verbreitung der Nachricht und der Meinung gewährleistet sei. Diese institutionelle Sicherung der Presse schließe das subjektiv-öffentliche Recht der im Pressewesen tätigen Personen ein, ihre Meinung in der ihnen geeignet erscheinenden Form ebenso frei und ungehindert zu äußern wie jeder andere Bürger. Denn die Presse sei einer der Träger und Verbreiter der öffentlichen Meinung im Interesse einer freien Demokratie. Der Pressefreiheit als wesentlichem Element der politischen Meinungsbildung komme daher der gleiche Rang wie dem Grundrecht der Meinungsäußerung zu[64]. Damit wird vom Bundesverfassungsgericht nicht nur der eigenständige Charakter der Pressefreiheit

[60] BVerfGE 50, 234 (240 f.).

[61] Die wesentlichen Entscheidungen sind BVerfGE 5, 85 ff. (KPD); 7, 198 ff. (Lüth); 10, 118 ff. (Nordrhein-Westfalen); 12, 113 ff. (Schmid ./. Spiegel); 12, 205 ff. (Fernsehurteil); 20, 162 ff. (Spiegel); 21, 271 ff. (Südkurier); 25, 256 ff. (Blinkfuer). 36, 193 (204); und zuletzt 50, 234 (239).

[62] BVerfGE 7, 198 (208); vgl. auch schon BVerfGE 5, 85 (134 f., 199, 205, 206 f.) vgl. auch BVerfGE 25, 256 (265).

[63] BVerfGE 10, 118 (121).

[64] BVerfGE 10, 121.

betont[65], sondern zum ersten Mal auch der überindividuelle, institutionelle Aspekt des Grundrechts angesprochen.

Im „Fernseh-Urteil"[66] werden die Ausführungen zur institutionellen Eigenständigkeit der Presse zunächst fast gleichlautend wiederholt. Daraus wird dann abgeleitet, daß ein Versuch des Staates, die Presse unmittelbar oder mittelbar zu steuern, grundsätzlich unzulässig, weil verfassungswidrig sei. Nur unter ganz engen Voraussetzungen sei eine Einflußnahme ausnahmsweise denkbar[67]. Die Aussagen über die fundamentale Bedeutung der Presse für die Funktion eines demokratischen Staates werden im „Spiegel-Urteil" noch einmal zusammengefaßt wiedergegeben[68] und als eine „der Presse zufallende öffentliche Aufgabe" bezeichnet[69]. Gleichzeitig wird das Nebeneinander von subjektivem Abwehrrecht und objektiver Garantie des „Instituts Freie Presse" bestätigt[70]. Erstmals finden sich Aussagen des Bundesverfassungsgerichts zur Struktur und Funktionsweise der institutionellen Seite der Pressefreiheit sowie zu deren Verhältnis zur staatlichen Gewalt[71]:

> „So wichtig die damit[72] der Presse zufallende ‚öffentliche Aufgabe' ist, so wenig kann diese von der organisierten staatlichen Gewalt erfüllt werden. Presseunternehmen müssen sich im gesellschaftlichen Raum frei bilden können. Sie arbeiten nach privatwirtschaftlichen Grundsätzen und in privatrechtlichen Organisationsformen. Sie stehen miteinander in geistiger und wirtschaftlicher Konkurrenz, in die die öffentliche Gewalt grundsätzlich nicht eingreifen darf. ... Der Staat ist — unabhängig von subjektiven Berechtigungen Einzelner — verpflichtet, in seiner Rechtsordnung überall, wo der Geltungsbereich einer Norm die Presse berührt, dem Postulat ihrer Freiheit Rechnung zu tragen."

---

[65] Diese Aussage wird in der folgenden Entscheidung des BVerfG im wesentlichen wiederholt (BVerfGE 12, 131 [125]): „Die Presse ist neben Rundfunk und Fernsehen das wichtigste Instrument der Bildung der öffentlichen Meinung, die Pressefreiheit genießt deshalb gem. Art. 5 Abs. 1 Satz 2 GG spezifischen Grundrechtsschutz". Gleichzeitig verbindet das Gericht aber damit auch Pflichten für die Presse, die sie in Wahrnehmung ihrer „Aufgaben bei der öffentlichen Meinungsbildung" beachten muß (BVerfGE 12, 130).

[66] BVerfGE 12, 205 (259 f.).

[67] BVerfGE 12, 205: „Eine Einflußnahme des Staates wäre mit dieser verfassungsmäßigen Garantie der Pressefreiheit nur vereinbar, wenn sie wegen der Konkurrenz mit der Fülle der vom Staat unabhängigen Zeitungen und Zeitschriften an dem Bild der freien Presse nichts ändern würde".

[68] BVerfGE 20, 162 ff. (174 ff.).

[69] BVerfGE 20, 175 sowie 213, 221.

[70] BVerfGE 20, 175.

[71] BVerfGE 20, 175.

[72] Zur Erläuterung: Das BVerfG nimmt Bezug auf die vorhergehenden Ausführungen zur „konstituierenden" Bedeutung der Presse für die Demokratie.

II. Folgerungen aus der Rechtsprechung des Bundesverfassungsgerichts

1. Bestätigung der h. M. zum Doppelgrundrecht

Die Anerkennung sowohl der individual-rechtlichen als auch der institutionellen Seite des Grundrechts durch das Bundesverfassungsgericht bestätigt die von der herrschenden Meinung vertretene Auffassung von der „Doppelnatur" der Pressefreiheit. Die Auslegung des Art. 5 Abs. 1 Satz 2 GG durch das Bundesverfassungsgericht trifft sich jedenfalls mit der h. M. auf dem „kleinsten gemeinsamen Nenner"[73], da aus den Entscheidungen nicht hervorgeht, daß das Schwergewicht auf einem der beiden Aspekte der Grundrechtsverwirklichung liegen soll[74]. Die von Entscheidung zu Entscheidung wechselnden Formulierungen lassen, einzeln betrachtet, bisweilen Zweifel zu. Die Widersprüche heben sich aber in der Gesamtschau wieder auf. Das Grundrechtsverständnis des Gerichts geht dahin, daß innerhalb des „Doppelgrundrechts" zwei Rechtspositionen gleichberechtigt nebeneinanderstehen[75]. Es handelt sich um „zwei Seiten ein und desselben Grundrechts, die sich gegenseitig ergänzen und durchdringen"[76].

2. Die „öffentliche Aufgabe" der Presse

Aus dem institutionellen Gehalt des Art. 5 Abs. 1 Satz 2 GG leitet das Gericht eine „öffentliche Aufgabe" ab, ohne diese allerdings zu definieren oder gar ihren rechtlichen Hintergrund oder Verfassungs-

---

[73] Vgl. 2. Teil, 2. Abschnitt, B IV.

[74] Ein Vorrang der individuellen Grundrechtsgewährleistung ließe sich aus der Lüth-Entscheidung" (BVerfGE 7, 198 (204) folgern: „Ohne Zweifel sind die Grundrechte *in erster Linie* (Hervorhebung vom Verf.) dazu bestimmt, die Freiheit des Einzelnen vor Eingriffen der öffentlichen Gewalt zu sichern...". Allerdings folgen noch in derselben Entscheidung auf Seite 205 Ausführungen zum institutionellen Charakter des Grundrechts: „... daß das Grundgesetz ... in seinem Grundrechtsabschnitt auch eine objektive Wertordnung aufgerichtet hat und daß gerade hier eine prinzipielle Verstärkung der Geltungskraft der Grundrechte zum Ausdruck kommt ...". Besonders hervorgehoben wird der institutionelle Aspekt dann in der Nordrhein-Westfalen-Entscheidung (BVerfGE 10, 118 [121]): „... die institutionelle Sicherung der Presse ... schließe ... das subjektiv-öffentliche Recht der im Pressewesen tätigen Personen ein ...". Ein gleichrangiges Nebeneinander zeichnet sich schließlich im „Spiegel-Urteil" (BVerfGE 20, 162, [175]) ab: „Das Grundgesetz gewährleistet in Art. 5 GG die Pressefreiheit. Wird damit zunächst ... ein subjektives Grundrecht ... gewährt, das seinen Trägern Freiheit gegenüber staatlichem Zwang verbürgt ..., so hat die Bestimmung zugleich auch eine objektiv-rechtliche Seite. Sie garantiert das Institut „Freie Presse"."

[75] So auch BVerfGE 50, 234 (240): „Die in Art. 5 Abs. 1 S. 2 GG verbürgte Pressefreiheit gewährleistet sowohl als Grundrecht des Einzelnen wie als Garantie des Instituts „Freie Presse" nicht nur die Freiheit der Verbreitung von Nachrichten und Meinungen".

[76] Schmitt Glaeser, AöR 97, 82.

bezug näher zu erläutern. Die Ausführungen, die das Gericht im Zusammenhang mit der Erwähnung der „öffentlichen Aufgabe“ macht[77], lassen aber den Schluß zu, daß die Presse bei der Bildung der „politischen öffentlichen Meinung“ mitwirken soll. Sie soll nicht nur „als orientierende Kraft in der öffentlichen Auseinandersetzung“[78], sondern darüber hinaus — was im Verhältnis Staat ·/. Bürger von entscheidender Bedeutung ist — „als ständiges Verbindungs- und Kontrollorgan zwischen dem Volk und seinen gewählten Vertretern in Parlament und Regierung“[79] tätig sein.

3. *Die privatwirtschaftliche Struktur der Presse*

Der Schutzbereich, der der Pressefreiheit zur vollständigen Entfaltung und zur Erfüllung der „öffentlichen Aufgabe“ verhelfen soll, muß besonderen Anforderungen genügen. Das ist eine unausweichliche Konsequenz der herausragenden Stellung, die der Presse vom Bundesverfassungsgericht eingeräumt wird. Das höchste deutsche Gericht trägt dem auch Rechnung, indem es alle im Pressewesen anfallenden Arbeiten „von der Beschaffung der Nachrichten bis zur pressemäßigen Verbreitung“[80] — ausdrücklich also auch die besonderen technischen Erfordernisse dieses gesamten Gewerbezweiges — dem besonderen Grundrechtsschutz unterstellt. Es läge nun nahe, von dieser starken Grundrechtsausgestaltung und den damit verknüpften Erwartungen im Hinblick auf die Funktion des gesamten Staatswesens die vom Bundesverfassungsgericht angesprochene „öffentliche Aufgabe“ mit „öffentlich-rechtlich“ gleichzusetzen und so zu interpretieren, daß das Gericht dies als Normkomplex im Sinne eines staatlichen Auftrages verstanden wissen wollte. Das Gegenteil ist der Fall. Um einer „Verstaatlichung“ vorzubeugen, betont das Gericht das Erfordernis der völligen Unabhängigkeit der Presse von staatlicher Einwirkung und Kontrolle[81]. Um ihrer Aufgabe gerecht zu werden, sollen sich Presseunternehmen im gesellschaftlichen Raum frei bilden können und dann in publizistischer und wirtschaftlicher Konkurrenz ihrer Betätigung (u. a. eben auch Aufgabe) nachgehen. Dafür ist eine privatrechtliche und privatwirtschaftliche Organisationsform erforderlich. Diese Struktur allein kann nach den eindeutigen Ausführungen des Bundesverfassungsgerichts den Anforderungen gerecht werden. Nur so ist garantiert, daß die staatliche Gewalt keinen unmittelbaren Einfluß auf die Publikationsvorgänge und ihre

---

[77] Vgl. BVerfGE 20, 221 f. (oben in Fn. 58) und BVerfGE 20, 175.

[78] BVerfGE 20, 174 f.

[79] BVerfGE 20, 175.

[80] BVerfGE 21, 271 (279); 36, 193 (204); 50, 234 (240).

[81] BVerfGE 20, 175; neuestens auch BVerfG NJW 1980, 1093.

Auswirkungen auf die öffentliche Meinung nehmen kann und so zum Mittel staatlicher Machtausübung werden kann.

III. Die Literaturmeinungen

1. Die öffentliche Aufgabe der Presse

Die Mehrzahl der Stimmen in der Literatur trifft sich nicht nur in der Anerkennung der „Doppelnatur" der Pressefreiheit[82] mit der Auffassung des Bundesverfassungsgerichts. Auch die Konkretisierungsversuche des Grundrechtsinhalts durch das BVerfG haben vielfach Anerkennung gefunden[83]. So wird in fast allen Ausführungen zu diesem Problemfeld der Begriff der „öffentlichen Aufgabe" der Presse aufgenommen und näher bestimmt. Dabei wird die besondere Bedeutung für das Funktionieren einer demokratischen Staatsform hervorgehoben, ähnlich wie dies auch in den Pressegesetzen der Länder ausdrücklich festgelegt ist[84]. Jedoch wird eine normative Bedeutung der „öffentlichen Aufgabe" ganz überwiegend[85] abgelehnt. Sie wird nur als Beschreibung einer tatsächlichen — wenn auch wichtigen politischen — Funktion verstanden. Die in den Pressegesetzen der Länder gebrauchte Formulierung[86] hat Kritik hervorgerufen. Mit der Aufnahme des Ausdrucks „öffentliche Aufgabe" in gesetzliche Vorschriften könnten Mißverständnisse entstehen, die zu der Vorstellung führen könnten, die Presse sei in den Aufbau des Staates eingebunden als ein integrierter Teil des Staatsapparates[87]. Die

---

[82] Vgl. 2. Teil, 2. Abschnitt, D II 1.

[83] Vgl. Ricker, NJW 1980, 157 ff.; Hennemann, Pressefreiheit und Zeugnisverweigerungsrecht, 1978, S. 110 ff.; Leisner, Pressegleichheit, 1976, S. 35 ff.; Lerche, Ev. Staatslexikon, 2. Aufl., 1975, Sp. 1911 ff.; Scheuner, VVDStRL 22, 74 ff.; ders., AfP 1968, 725 ff.; Rüthers, AfP 1977, 311; ders., AfP 1974, 542 f.; Weber, Innere Pressefreiheit als Verfassungsproblem, 1973, S. 61 ff.; Weber, AfP 1974, 586; Rehbinder, NJW 1963, 1387 ff.; Kaiser, Presseplanung, 1972, S. 38 ff.; Löffler, Presserecht I, Kap. 1 Rdnr. 23 ff.; Evers, AfP 1974, 584.

[84] Z. B. §§ 1 und 3 LPresseG von Baden-Württemberg: „Die Presse ist frei. Sie dient der freiheitlich-demokratischen Grundordnung. Die Presse erfüllt eine öffentliche Aufgabe, wenn sie in Angelegenheiten von öffentlichem Interesse Nachrichten beschafft und verbreitet, Stellung nimmt, Kritik übt oder auf andere Weise an der Meinungsbildung mitwirkt".

[85] Anders z. B. nur Ridder, der der Presse einen Verfassungsauftrag aus Art. 21 GG wie den politischen Parteien zuschreibt, der aber später diese Auffassung einschränkt (vgl. unten, Fn. 87) oder Löffler, der von der Presse als „vierter Gewalt" im demokratischen Gewaltenteilungssystem spricht (Presserecht I, Kap. 1 Rdnr. 57 ff.).

[86] Vgl. oben, Fn. 84.

[87] Am deutlichsten dazu selbst Ridder, Die soziale Ordnung des Grundgesetzes, 1975, S. 89: „So haben die Gesetzgeber die politisch richtige Feststellung, daß die Presse eine öffentliche Aufgabe von höchster Wichtigkeit wahrnimmt, zu einer Gesetzesnorm pervertiert. Alles, was in der Presse und durch die Presse an Beiträgen zum politischen Meinungs- und Willensprozeß beigetragen wird, verliert danach seine rechtliche Qualität als Wahrnehmung

Anerkennung der „öffentlichen Aufgabe" im Sinne von „staatlicher Aufgabe" würde der Obrigkeit gewissermaßen nicht nur eine Pflicht zuschreiben, für Information zur Bildung der öffentlichen Meinung zu sorgen, sondern auch gleichzeitig die Kompetenz einräumen, in den Publikationsvorgang nach Belieben einzugreifen. Von einer freien Presse, die aus vom Staat unabhängiger Position mit kritischer Distanz berichten kann, bliebe nicht mehr viel übrig[88]. Die Pressefreiheit wäre dann eine Freiheit des Staates zur unkontrollierten und unkontrollierbaren Machtausübung.

2. *Eigene Stellungnahme*

Mit der herrschenden Meinung ist davon auszugehen, daß die „öffentliche Aufgabe" der Presse weder als ein „Verfassungsauftrag"[89] noch als eine „Rechtspflicht" zur Verbreitung von Nachrichten und Meinungen verstanden werden kann. Der Begriff dient vielmehr der Umschreibung einer sozialen Funktion[90] und ist nicht mit einem „institutionalisierten Amtsauftrag"[91] gleichzusetzen. Die Presse nimmt im demokratischen Staatsaufbau eine unentbehrliche Funktion wahr. Die heutige Massengesellschaft ist aber ohne Arbeitsteilung nicht mehr existenzfähig. Auch andere Berufszweige sind für Bürger und Staat nützlich oder sogar unentbehrlich. Die Presse ist unter diese Berufsgruppen einzuordnen. Ihnen gegenüber kommt ihr keine Sonderstellung zu[92]. Der

---

grundrechtlicher Freiheit und wird Ausübung von Kompetenz, ein Fall von staatlicher Belehnung mit einem Mandat"; vgl. auch Scheuner, VVDStRL 22, 75; Mallmann, JZ 1966, 625 ff. (629); ders., AfP 1968, 725 ff.

[88] So insbesondere Löffler, Presserecht I, Kap. 1 Rndr. 24; Ridder, Diskussionsbeitrag in VVDStRL 22, 176; Hennemann, Pressefreiheit und Zeugnisverweigerungsrecht, 1978, S. 116 f.; insoweit auch zustimmend Arndt/Ebsen, AuR 1977, 161 ff. (163); vgl. dazu auch Rehbinder, NJW 1963, 1387, der den historischen Hintergrund des Begriffs der „öffentlichen Aufgabe" beleuchtet. Der Begriff stammt aus § 1 des nationalsozialistischen Schriftleitergesetzes vom 4. 10. 1933 und wurde dort als ein öffentlich-rechtliches Pflichtverhältnis aufgefaßt, das den Redakteur in ein beamtenähnliches Abhängigkeitsverhältnis zum Staat brachte. Zweck der Regelung war die Schaffung eines vom Verleger nahezu unabhängigen Schriftleiters, der aber wiederum der Überprüfung durch den Staat unterlag.

[89] Vgl. dazu Löffler, Verfassungsauftrag der Presse, 1963.

[90] Hennemann, Pressefreiheit und Zeugnisverweigerungsrecht, 1978, S. 41; Kaiser, Presseplanung, 1972, S. 41; Scheuner, VVDStRL 22, 74.

[91] Weber, Innere Pressefreiheit als Verfassungsproblem, 1973, S. 64 f.; Evers, AfP 1974, 584; ebenso Löffler, Presserecht I, Kap. 8 Rdnr. 14; der allerdings die „öffentliche Aufgabe" als einen Rechtsbegriff bezeichnet, gleichzeitig aber auch die Freiheit der Presse von der „Indienststellung" der Presse durch den Staat betont; Forsthoff, Verfassungsschutz der Zeitungspresse, 1969, S. 20 f.; Schnur, VVDStRL 22, 116 f.

[92] Rehbinder, NJW 1963, 1388 f.; ders., Die öffentliche Aufgabe und die rechtliche Verantwortlichkeit der Presse, 1962, passim; vgl. auch Dagtoglou, Wesen und Grenzen der Pressefreiheit, in: Res Publica, Band 11, 1963, S. 27.

Presse soll damit nicht ihre Bedeutung als ein funktionelles Element einer Demokratie abgesprochen werden. Sie bleibt aber unabhängig von der „öffentlichen" Gewalt. Sie kann die Nachrichten und Meinungen frei auswählen und bleibt auch in ihrer Entscheidung, ob sie diese überhaupt veröffentlichen will, frei[93].

3. *Die privatwirtschaftliche Struktur der Presse*

Die Aufgabe der Presse läßt sich also nur in ausreichender Distanz zur Staatsgewalt[94] — im Vorfeld des „Staatlich-institutionellen"[95] — effektiv verwirklichen. Das muß sich auch in der Organisationsstruktur der Presseunternehmen ausdrücken[96]. Die Presse muß, damit die Vielfalt und die staatsunabhängige freie Berichterstattung gewährleistet ist, auch in ihrem wirtschaftlichen und rechtlichen Aufbau unabhängig von der staatlichen Gewalt sein. Verwirklicht werden können diese Anforderungen nur durch die verfassungsrechtliche Absicherung einer privatwirtschaftlichen und privatrechtlichen Pressestruktur[97]. Art. 5 Abs. 1 Satz 2 GG enthält also auch die Garantie der freien Gründung von Presseunternehmen und des ungehinderten wirtschaftlichen und publizistischen Wettbewerbs der Presseunternehmen untereinander[98]. Diese Auffassung stimmt mit den Aussagen des Bundesverfassungsgerichts[99] über den Inhalt von Art. 5 Abs. 1 Satz 2 GG

---

[93] BVerfGE 37, 84 (91) und NJW 1976, 1627; vgl. auch Stammler, Die Presse, S. 125 ff. zu den Landespressegesetzen; Hennemann, Pressefreiheit und Zeugnisverweigerungsrecht, 1978, S. 117; Jerschke, Öffentlichkeitspflicht der Exekutive und Informationsrecht der Presse, 1971, S. 233 m. w. N.; unklar Ricker, NJW 1980, 157.

[94] Löffler, Presserecht I, Kap. 1 Rdnr. 53.

[95] Scheuner, VVDStRL 22, 74.

[96] „Private Struktur macht frei", Kaiser, Presseplanung, 1972, S. 31.

[97] Kaiser, Presseplanung, 1972, insbes. S. 31 ff., S. 38 und passim; Weber, Innere Pressefreiheit als Verfassungsproblem, 1973, 64 f.; Papier, in: der Staat, Band 13 (1974, 409 ff.); Rehbinder, DöV 1972, 450 (452); Löffler, Presserecht I, Kap. 1, Rdnr. 55 ff., 67 ff.; Lerche, Innere Pressefreiheit, 35 ff. (38); Rüthers, AfP 1974, 542 f.; ders., DB 1972, 2475 f.; AfP 1977, 311 und Diskussionsbeitrag zum 49. DJT S. N 53 ff.; Ricker, NJW 1980, 158; Badura, AöR 1979 (2), 246 ff., (261 f.); Herzog, in: Maunz/Dürig/Herzog/Scholz, GG, Art. 5 Rdnr. 124 f.; Hanau, Pressefreiheit und paritätische Mitbestimmung, 1975, S. 48 ff.; Möschel, Pressekonzentration und Wettbewerbsgesetz, 1978, S. 34; Badura, Jura 1980, Heft 6, 335.

[98] Kaiser, Presseplanung, 1972, S. 62; Rüthers, AfP 1977, 311; Möschel, Pressekonzentration und Wettbewerbsgesetz, 1978, S. 34; vgl. dazu auch die Ausführungen des Abg. Dr. Heuß bei den Beratungen des Parlamentarischen Rates, JöR 1, 80: „von einer Bestimmungsänderung über die Lizensierung der Presse habe man trotz entsprechender Anregung Abstand genommen; ein gesunder Wettbewerb innerhalb der Presse sei angebracht. Lizensierung bringe die Möglichkeit der Abdrosselung freier Meinungsäußerung mit sich, auch sei eine Gefährdung von Minderheiten nicht ausgeschlossen".

[99] BVerfGE 20, 175.

überein. Die privatwirtschaftliche und privatrechtliche Struktur der Presse gehört in den „Kernbereich" der Verfassungsgarantie des Art. 5 Abs. 1 Satz 2 GG. Festgeschrieben sind damit die freiheitlichen Grundbedingungen, von denen der grundsätzliche, typbestimmende Einfluß auf die Formung und Erhaltung der freien privatwirtschaftlichen Presseorganisation ausgeht[100]. Die Ausgestaltung des Pressewesens im Einzelnen ist nicht auf das gegenwärtige Erscheinungsbild fixiert, sondern ist auf dieser Grundlage Veränderungen oder Verbesserungen gegenüber offen[101]. Selbst unter denjenigen Ansichten, die die privatwirtschaftliche Grundstruktur der Presseunternehmen nicht als dem Kernbereich des Art. 5 Abs. 1 Satz 2 GG immanente Größe ansehen[102], gehen einige doch von einer Betrachtungsweise aus, die im praktischen Ergebnis wenigstens mit der vorstehenden These weitgehend übereinstimmt. Danach ist die Presse zumindest in ihrem gegenwärtigen Bestand und in ihrer jetzigen Struktur von Art. 5 GG garantiert[103]. Eingriffsmöglichkeiten des einfachen Gesetzgebers zur Änderung der privatwirtschaftlichen Struktur werden für möglich gehalten, sollen aber auf die Ausnahmefälle beschränkt sein, in denen der Allgemeinheit offensichtlich schwere Gefahren drohen[104].

a) Die Gegenansichten

Die verfassungsrechtliche Absicherung der privaten Organisationsform der Presse wird von verschiedenen Autoren im Grundsätzlichen in Frage gestellt[105]. Weder aus dem Verfassungstext noch aus gesellschaftstheoretischen Grundsätzen lasse sich die privatrechtliche und privatwirtschaftliche Struktur des Pressewesens ableiten[106]. Zur Begründung werde einfach auf die Rechtsprechung des Bundesverfassungsgerichts[107]

---

[100] Hanau, Pressefreiheit und paritätische Mitbestimmung, 1975, S. 51 f.; Lerche, Innere Pressefreiheit, S. 38.

[101] Hanau, Pressefreiheit und paritätische Mitbestimmung, 1975, S. 51 f.; Nach Scholz, Pressefreiheit und Arbeitsverfassung, 1978, S. 124 kann sich die private Struktur der Presse auch auf die Grundrechte der Art. 14 und 12 GG stützen. Davon geht auch Rüthers, DB 1972, 2477 aus. Nach der hier vertretenen Ansicht folgt die private Struktur der Presse aus Art. 5 Abs. 1 Satz 2 GG. Durch das Prinzip der Auslegung der Verfassung als einer Einheit wird Art. 5 jedoch durch die anderen Grundentscheidungen der Verfassung mitgestaltet, so daß die Auffassungen im Ergebnis übereinstimmen.

[102] Kübler, Gutachten zum 49. DJT, S. D 48; Mallmann, Referat zum 49. DJT, S. N. 16, 19; Stammler, Die Presse, S. 224; Arndt/Ebsen, AuR 1977, 161 ff.; Branahl, Pressefreiheit und redaktionelle Mitbestimmung, 1979, 34 ff.

[103] „Status quo Garantie", Mallmann, Referat zum 49. DJT, N 16.

[104] So insbesondere Kübler, Gutachten D zum 49. DJT, D 47 ff.

[105] Arndt/Ebsen, AuR 1977, 163 ff.; Branahl, Pressefreiheit und redaktionelle Mitbestimmung, 1979, S. 34 ff.; Hensche/Kittner, ZRP 1972, 177 ff.

[106] Branahl, Pressefreiheit und redaktionelle Mitbestimmung, 1979, S. 34.

[107] Die entscheidende Stelle ist BVerfGE 20, 175.

verwiesen[108]. Nicht alle diese Aussagen seien jedoch normativ-zwingend gemeint, sondern bezüglich der privatwirtschaftlichen Grundform von Presseunternehmen nur als Beschreibung des gegenwärtig bestehenden Zustandes der Presse zu verstehen[109]. Privatwirtschaftlichkeit sei daher nicht die einzige zulässige Organisationsform[110]. Gefolgert wird dies aus der unterschiedlichen grammatikalischen Ausgestaltung der auf Struktur und Funktionsweise von Pressebetrieben Bezug nehmenden Passagen des „Spiegel-Urteils"[111]. Neben eindeutig imperativen Formulierungen[112] stünden Indikativsätze[113]. Aus der Verwendung dieser unterschiedlichen sprachlichen Hilfsmittel lasse sich der Wille des Bundesverfassungsgerichts ermitteln, die im Indikativ stehenden Aussagen von den in zwingender Form abgefaßten Passagen abzugrenzen und ihnen damit jeden normativen Aussagegehalt zu nehmen. Jede andere Deutung dieser sprachlichen Differenzierung sei „der klassische Fehlschluß vom Sein auf das Sollen"[114]. Daß die privatwirtschaftliche Organisationsform der Presse nur eine von verschiedenen Möglichkeiten sei, folge auch aus den Ausführungen des Bundesverfassungsgerichts im sog. „Fernsehurteil"[115]:

> „Der Unterschied zwischen Presse und Rundfunk besteht aber darin, daß innerhalb des deutschen Pressewesens eine relativ große Zahl von selbständigen und nach ihrer Tendenz, politischen Färbung oder weltanschaulichen Grundhaltung miteinander konkurrierenden Presseerzeugnissen existiert, während im Bereich des Rundfunks sowohl aus technischen Gründen als auch mit Rücksicht auf den außergewöhnlich großen finanziellen Aufwand für die Veranstaltung von Rundfunkdarbietungen die Zahl der Träger solcher Veranstaltungen verhältnismäßig klein bleiben muß. Diese Sondersituation im Bereich des Rundfunkwesens erfordert beson-

---

[108] So auch Arndt/Ebsen, AuR 1977, 163.

[109] Arndt/Ebsen, AuR 1977, 163 f.; Branahl, Pressefreiheit und redaktionelle Mitbestimmung, 1979, S. 34 ff. vgl. auch: Groß DVBl. 1975, 244 und Hoffmann-Riem, in: Hoffmann-Riem/Plander, Rechtsfragen der Pressereform, 1977, S. 70.

[110] Vgl. auch Mallmann, Referat zum 49. DJT, N 17 im Hinblick auf die „innere" Pressefreiheit: „Seine (des BVerfG) bisherige Rechtsprechung zu Art. 5 GG bietet aber keinerlei Anhaltspunkt dafür, daß es die derzeitige pressewirtschaftliche Struktur für sakrosankt hielte. Im Gegenteil, die Linie dieser Rechtsprechung ... weist eindeutig in eine andere Richtung".

[111] BVerfGE 20, 175, dazu ausführlich Branahl, Pressefreiheit und redaktionelle Mitbestimmung, 1979, S. 34 ff.

[112] „Presseunternehmen *müssen* sich im gesellschaftlichen Raum frei bilden können" und „in die die öffentliche Gewalt grundsätzlich nicht eingreifen darf".

[113] „Sie arbeiten nach privatwirtschaftlichen Grundsätzen und in privatrechtlichen Organisationsformen" und „sie stehen miteinander in geistiger und wirtschaftlicher Konkurrenz".

[114] Branahl, Pressefreiheit und redaktionelle Mitbestimmung, 1979, S. 34 ff.

[115] BVerfGE 12, 205 (261).

dere Vorkehrungen zur Verwirklichung und Aufrechterhaltung der in Art. 5 GG gewährleisteten Freiheit des Rundfunks."

Aus den hier vom Gericht aufgezeigten — auf technischen und finanziellen Gründen beruhenden — Unterschieden zwischen Presse und Rundfunk folge, daß „auch" die Beibehaltung der privaten Struktur der Presse ihre pluralistische Erscheinungsform nicht gefährde. Deshalb bedürfe es — im Gegensatz zu den öffentlich-rechtlich organisierten Rundfunkanstalten — keiner „besonderen Schutzmaßnahmen", um das verfassungsrechtlich gebotene, gemeinsame Ziel beider Medien der Verbreitung von vielfältigen Meinungen zu erreichen[116].

b) Eigene Stellungnahme

Diese Argumentation vermag nicht zu überzeugen. Es fällt schwer, die dem Bundesverfassungsgericht unterstellte Willensbildung, die sich in der alternativen Verwendung von imperativen und indikativen Verbformen ausdrücken soll, nachzuvollziehen. Es kann nicht behauptet werden, die interne Willensbildung der an der Entscheidung beteiligten Richter ließe sich offen aus dem Text der Entscheidung ablesen. Jedoch liegt bei Beachtung des Zusammenhanges der konkreten Aussagen im „Spiegel-Urteil" der Schluß näher, das Bundesverfassungsgericht habe den gesamten Inhalt der oft zitierten Passage — und damit auch die im Indikativ stehenden Aussagen — als zwingende Voraussetzung für die Funktion der Presse in einer freiheitlichen Demokratie angesehen. Daß die Verwendung einer beschreibenden Indikativform an anderen Stellen auch in Gesetzestexten imperative Bedeutung haben kann und soll, ist nichts Unübliches. Niemand wird ernsthaft behaupten wollen, die in Art. 1 Satz 1 GG[117] oder Art. 3 GG stehenden indikativen „Zustandsbeschreibungen" wären vom Verfassungsgeber nicht normativ zwingend gemeint und damit jederzeit einer „besseren Einsicht" des einfachen Gesetzgebers preisgegeben. Ebenso wie die zwingende Wirkung dieser Indikativsätze durch die in imperativer Form abgefaßten folgenden Sätze oder Absätze[118] nur noch unterstrichen wird, kann das auch für die Entscheidung des Bundesverfassungsgerichts[119] gelten.

Eine Stütze findet diese Interpretation in anderen Entscheidungen des Bundesverfassungsgerichts. Neben der wiederholt geäußerten Forderung, die Presse von staatlichen Einflußnahmen oder Reglementierungen frei zu halten[120], stellt das Gericht in einer späteren Entschei-

---

116 Arndt/Ebsen, AuR 1977, 164.

117 Von Rüthers, AfP 1977, 311 als treffendes Beispiel angeführt.

118 Art. 1 Abs. 1 Satz 2 und Art. 3 Abs. 3 GG.

119 Rüthers, AfP 1977, 311.

dung die Presseunternehmen ausdrücklich in den freien wirtschaftlichen Wettbewerb. In dieser privatwirtschaftlichen Auseinandersetzung darf die Staatsgewalt nur dann und nur zum Schutze der Pressefreiheit eingreifen, wenn mit „unangemessenen wirtschaftlichen Druckmitteln" um Marktanteile gekämpft wird und dadurch der Wettbewerb der Meinungen ausgeschaltet werden würde[121].

Auch die vom Bundesverfassungsgericht und anderen viel zitierte Funktion der Pressefreiheit in einer freiheitlichen Demokratie führt zur privatwirtschaftlichen Struktur der Presse zurück. Ziel der Verfassungsgarantie sei es, die Grundbedingungen für eine möglichst vielfältige Meinungslandschaft bereitzustellen und auch am Leben zu erhalten. Dieser im „Fernseh-Urteil"[122] des Bundesverfassungsgerichts beschriebene Zustand wird nicht „trotz" der gegenwärtig existenten privatwirtschaftlichen Struktur der Presse erreicht[123], sondern im Gegenteil: Durch sie wird die Meinungspluralität gefördert und erleichtert. Die Aussagen des Bundesverfassungsgerichts an dieser Stelle können daher auch so verstanden werden, daß im Gegensatz zum öffentlich-rechtlich organisierten Rundfunk wegen der privaten Struktur der Presse zum Schutz der Meinungspluralität keine besonderen Vorkehrungen erforderlich sind. Nur: Die private Presse ist nicht zur Ausgewogenheit bei der Berichterstattung verpflichtet, sondern „bei der Auswahl der Nachrichten und in der Verbreitung von Meinungen frei"[124].

Diese Aussage wird vom Bundesverfassungsgericht sogar aufrechterhalten für den Fall, daß die von privater Hand betriebene Presse eine regionale Monopolstellung besitzt und im Wahlkampf die Verbreitung von Stellungnahmen nur einer politischen Richtung oder Partei vorgenommen wird[125]. Man kann sich zu Recht fragen, ob die vom Bundesverfassungsgericht auch hier gewählte Indikativform eine bloße Zustandsbeschreibung oder Feststellung der privaten Form ist, oder ob

[120] Vgl. nur BVerfGE 12, 205 (295 f).

[121] BVerfGE 12, 205 (295 f.); Scholz, Pressefreiheit und Arbeitsverfassung, 1978, S. 151: „Die Aussage des Bundesverfassungsgerichts ist nicht dahingehend zu verstehen, daß damit die gewinnorientierte Presse nicht verfassungsrechtlich geschützt sein soll".

[122] BVerfGE 12, 205 (295 f.).

[123] So Arndt/Ebsen, AuR 1977, 164.

[124] BVerfGE 37, 84 (91); vgl. dazu auch Scholz, Pressefreiheit und Arbeitsverfassung, 1978, S. 117: „falls sich die technischen Möglichkeiten beim Rundfunk ändern, d. h. mehr Frequenzen geschaffen werden können, kann auch die die Rundfunkorganisation regelnde Struktur verfassungswidrig werden"; vgl. auch Scholz, ebd., S. 143 ff.; sowie Kaiser, Presseplanung, 1972, S. 31 ff.

[125] BVerfG, NJW 1976, 1627: „Anders als die öffentlich-rechtlichen Rundfunk- und Fernsehanstalten ist die von privater Hand betriebene Presse nicht zur Neutralität im Wahlwettbewerb der politischen Parteien verpflichtet".

nicht auch darin durch die Abgrenzung zum Rundfunk der „Kernbereich" der Pressefreiheit angesprochen ist[126].

Dagegen kann auch nicht geltend gemacht werden, empirische Untersuchungen hätten ergeben, daß der durchschnittliche Staatsbürger das vorhandene Angebot der vielfältigen, verschiedenartigen Presseprodukte ohnehin nicht wahrnehmen könne oder wolle[127]. Daraus zu folgern, das Grundgesetz ließe auch eine „ausgewogene Presse" zu, oder fordere sie sogar, wäre verfehlt. Entscheidender Gesichtspunkt ist die faktische Existenz von möglichst vielfältigen, auch extrem gegensätzliche Standpunkte vertretenden Presseerzeugnissen. Die Meinungsvielfalt muß nicht im einzelnen Presseprodukt vorhanden sein. Vielmehr muß die gesamte Presselandschaft vielfältig sein. Dem Leser muß die Möglichkeit geboten und erhalten werden, diese in der Tendenz unterschiedlichen Informationsquellen in Anspruch zu nehmen. Ob er es tut, muß seinen Interessen und seinem politischen Verantwortungsbewußtsein als Staatsbürger überlassen bleiben.

IV. Die Rechtsprechung des Bundesarbeitsgerichts

1. *„Öffentliche Aufgabe" und privatwirtschaftliche Struktur der Presse*

„Die ungehinderte Information der Bürger durch eine freie Presse ist für die moderne Demokratie unentbehrlich. Art. 5 Abs. 1 GG gewährleistet aber darüber hinaus, daß die Presse nach privatwirtschaftlichen Grundsätzen und in privatrechtlichen Organisationsformen arbeiten kann. Insoweit unterliegt die Presse dem durch Art. 9 Abs. 3 GG garantierten tarifautonomen Lohnfindungsprozeß[128]."

Diese kurze, auch auf das Bundesverfassungsgericht[129] verweisende Passage aus dem Aussperrungsurteil vom 10. 6. 1980 läßt an Deutlichkeit nichts zu wünschen übrig. Wie das Bundesverfassungsgericht und die hier vertretene Auffassung[130] sieht das BAG die privatwirtschaftliche Struktur der Presse als wesentlichen Bestandteil der Verfassungsgarantie des Art. 5 Abs. 2 GG an. Hierin liegt die wohl entscheidende Weichenstellung für das Verhältnis der Pressefreiheit zu anderen Verfassungsnormen und insbesondere zur hier interessierenden Arbeitskampffrei-

---

[126] Vgl. dazu auch Leisner, Pressegleichheit, 1976, S. 43 f.

[127] Arndt/Ebsen, AuR 1977, 65 ff.: Die dort genannten empirischen Untersuchungen werden von den Autoren selbst als ungenügend abgesichert bezeichnet.

[128] BAG, Urteil vom 10. 6. 1980, Beilage 4/1980 zu Heft 18 des BB 1980, S. 22 f.

[129] BVerfGE 20, 162 (174) und 36, 321 (340).

[130] Vgl. 2. Teil, 2. Abschnitt, D III 2 und 3b.

heit des Art. 9 Abs. 3 GG[131]. In der vom BAG gebrauchten Formulierung liegt eine Bestätigung der Auffassung der h. M. vom „Charakter der Pressefreiheit als Doppelgrundrecht und von der öffentlichen Aufgabe" der Presse[132].

Allein die Tatsache, daß das BAG die privatwirtschaftliche Struktur der Presse als von der Verfassung garantiert ansieht, läßt darauf schließen, daß der Pressefreiheit neben der Funktion als subjektivem Abwehrrecht auch ein objektiv-rechtlicher Gehalt zukommen muß. Ebenso folgt daraus, daß die Aufgabe der Presse nicht im Sinne einer öffentlich-rechtlichen Pflicht zur Erfüllung von staatlichen Aufgaben verstanden werden darf.

2. *Die Rechtsprechung des BAG zu § 118 Abs. 1 Ziff. 2 BetrVG*[133]

Gegenüber diesen Aussagen speziell zum verfassungsrechtlichen Gehalt der Pressefreiheit treten die aus der bisherigen Rechtsprechung des BAG folgenden Erkenntnisse in den Hintergrund. Die weitere Untersuchung kann sich deshalb auf einige wenige Entscheidungen aus neuerer Zeit beschränken, die zur Ergänzung des oben Gesagten herangezogen werden können, oder die deshalb von Interesse sind, weil sie von der Rechtsprechung des Bundesverfassungsgerichts und der hier vertretenen Ansicht abweichen.

a) Der Verfassungsbezug von § 118 Abs. 1 Ziff. 2 BetrVG 1972

Der Schwerpunkt der Rechtsprechung des BAG, aus der sich Rückschlüsse auf das Verständnis der Pressefreiheit ergeben können, liegt in der rechtlichen Ausgestaltung und Konkretisierung des in § 118 Abs. 1 Ziff. 2 BetrVG verankerten Tendenzschutzes für Pressebetriebe. Der Tendenzschutz hat die Aufgabe, den im Gesetz bezeichneten Betrieben zur Verwirklichung ihrer geistig-ideellen Ziele zu verhelfen[134]. Soweit diese Ziele — wie etwa die Verwirklichung der Pressefreiheit — von der Verfassung geschützt sind, ist der im Betriebsverfassungs- und Mitbestimmungsgesetz verankerte Tendenzschutz als einfach-gesetzliche Konkretisierung der verfassungsrechtlichen Gewährleistungsinhalte des

---

131 Vgl. dazu Teil Drei.

132 Vgl. 2. Teil, 2. Abschnitt, B IV und D II 1; D III 1, 2.

133 BetrVG vom 15. 1. 1972, BGBl. I, S. 13; vgl. auch das MitbestG vom 4. 5. 1976, BGBl. I, S. 1153.

134 So auch die Intention des Gesetzgebers, vgl. zur Entstehungsgeschichte: Dietz/Richardi, BetrVG, § 118 Rdnr. 2; Löffler, AfP 1978, 166; Ebenso die Literatur: Dietz/Richardi, BetrVG, § 118 Rdnr. 2 ff.; Scholz, Pressefreiheit und Arbeitsverfassung, 1978, S. 13 ff. m. w. N.; Löffler, AfP 1978, 166 ff.; Rüthers, AfP 1974, 542 ff.; Mayer-Maly, AfP 1976, 3 ff. und die Rechtsprechung: BVerfGE 46, 95 und BAG EzA Nr. 20 zu § 118 BetrVG.

Art. 5 Abs. 1 Satz 2 GG zu verstehen[135]. Die Ausführungen des BAG zu Umfang und Inhalt des Tendenzschutzes lassen deshalb auch Folgerungen für sein Verständnis der verfassungsrechtlichen Struktur der Pressefreiheit zu. Offensichtlich bestehen aber Schwierigkeiten in der konsequenten Anwendung der aus Art. 5 Abs. 1 Satz 2 GG folgenden Prinzipien im Einzelfall. Die Rechtsprechung des BAG weist diesbezüglich keine eindeutige und klare Linie auf[136]. Deshalb ist auch bei Folgerungen zum Inhalt der Pressefreiheit Vorsicht geboten.

b) Die Presse als publizistische und wirtschaftliche Einheit

Nicht in Einklang mit der Rechtsprechung des BVerfG steht das BAG in der Frage, ob bei Pressebetrieben sowohl der publizistische wie auch der technische Apparat dem besonderen Schutz des Art. 5 Abs. 1 Satz 2 unterstellt ist. Während dies das BVerfG[137] ausdrücklich bejaht hat, differenziert das BAG in einer Entscheidung vom 31. 10. 1975[138] zwischen Zeitungsverlag und Lohndruckerei und entzieht die Lohndruckerei, die zu 90 % mit dem Druck einer Tageszeitung ausgelastet war, dem Schutz des § 118 BetrVG. Unter anderem wird zur Begründung angeführt[139], daß ein Tendenzschutz nur dort erforderlich sei, wo die Tendenz selbst verwirklicht werde. Tendenzschutz sei nur dort möglich und notwendig, wo die Tendenz direkt beeinflußt bzw. gestaltet werden könne. Für die Sonderstellung eines Unternehmens genüge nicht, daß es seinerseits für ein tendenzgebundenes Unternehmen arbeite. Der Druck gehöre zwar zu den unentbehrlichen technischen Voraussetzungen für das Erscheinen einer Zeitung und damit für die Publikation einer bestimmten Meinung

---

135 Dietz/Richardi, BetrVG, 5. Aufl. § 118 Rdnr. 8; Löffler/Ricker, Presserecht, 1978, S. 188; Herschel, AuR 1977, 293; Rüthers, AfP 1974, 542 ff.; ders., Tarifmacht und Mitbestimmung in der Presse 1975, S. 42 f.; Dütz, BB 1975, 1261 (1265 ff.); Scholz, Pressefreiheit und Arbeitsverfassung, 1978, S. 14 f.; Badura, JurA 1980, 335.

Auch die Rechtsprechung des BAG nimmt einen Verfassungsbezug von § 118 BetrVG an, so BAGE 2, 93 f.; 18, 159 (163); nur scheinbar anders BAGE 22, 360 (369 f.); die dieser Entscheidung von Dietz/Richardi, BetrVG 1972, § 118 Rdnr. 8 beigelegte Interpretation ist nicht zutreffend. Das BAG (S. 369) führt nur aus, daß § 81 BetrVG 1952 keine „betonte" Beziehung zu den Grundrechten der Verfassung habe. Damit wird nur verneint, daß dem Tendenzschutz derselbe Verfassungsrang zukommt, wie dies etwa auch von Löffler, AfP 1978, 166 ff., angenommen wird. Ein Bezug zu Art. 5 GG wird aber keineswegs generell geleugnet. Dies ergibt sich auch aus den folgenden Ausführungen auf S. 370. Vgl. dazu Mallmann, JZ 1976, 521 ff.; Rüthers, Tarifmacht und Mitbestimmung in der Presse 1975, S. 42, Fn. 137: „Der Verfassungsbezug wird vom BAG abgeschwächt. Vgl. auch die neueren Entscheidungen: BAG JZ 1976, 519 (520) und BB 1976, 416 (417).

136 Vgl. etwa Scholz, Pressefreiheit und Arbeitsverfassung, 1978, S. 38.

137 BVerfGE 10, 121.

138 BAG AP Nr. 3 zu § 118 BetrVG.

139 Bl. 476 R, 477.

bzw. Tendenz. Wesentlich sei aber, daß die Lohndruckerei selbst keinen Einfluß auf die Auswahl und die Gestaltung der mit einem Druckerzeugnis verfolgten Tendenz nehmen könne.

Diese vom BAG vorgenommene Einschränkung des Tendenzschutzes und damit des verfassungsrechtlichen Garantiegehaltes von Art. 5 GG ist nicht überzeugend und bedarf einer Korrektur. Mit Recht hat Mayer-Maly[140] dem BAG entgegenhalten, daß insbesondere der Arbeitskampf in der Druckindustrie im Jahre 1976 gezeigt habe, daß eine Trennung von Tendenzherstellung im Verlag und im Druckbetrieb nicht möglich sei[141]. Andererseits kann aber auch nicht jede Art von Druck generell ohne Bezug zur „Zeitung" dem Tendenzschutz unterstellt werden.

Die Lösung muß auf der ursprünglich vom BAG verfolgten Linie gesucht werden[142]. Danach fällt auch eine Lohndruckerei unter den Tendenzschutz, sofern sie entweder auf den Inhalt der von ihr zu druckenden Publikation Einfluß nehmen kann oder wenn sie betrieben wird, um dadurch den Bestand eines anderen Teils des Unternehmens zu ermöglichen. Damit sind zwar Lohndruckereien allein ausgeschlossen, der Zusammenhang zwischen Herstellung des presserelevanten Inhalts und dem zur Veröffentlichung erforderlichen Druck bleibt aber gewahrt.

Die vom BAG in der Entscheidung vom 31. 10. 1975[143] vorgenommene Differenzierung wird teilweise in einer kurz danach ergangenen Entscheidung relativiert[144], indem das BAG das „Übergewicht unmittelbar tendenzbezogener Tätigkeiten" fordert. Dazu führt es aus[145]:

> „Jedenfalls ist Bezugspunkt die geistig-ideelle Bestimmung, hier der Zweck der Berichterstattung und Meinungsäußerung. Deshalb müssen auch die technischen Abteilungen des Betriebes, wie hier die Druckerei, überwiegend diesen Zwecken dienen und dürfen nicht etwa überwiegend mit anderen Druckaufträgen ausgelastet sein. Wäre letzteres der Fall, so könnte ein Presseunternehmen, bei dem — wie hier — Verlag und Druckerei einen einheitlichen Betrieb bilden, nur dann noch unter § 118 Abs. 1 Nr. 2 BetrVG fallen, wenn der Verlag seiner Bedeutung, insbesondere seiner Arbeitnehmerzahl nach, gleichwohl gegenüber der Druckerei das Übergewicht hätte. Ein zahlenmäßiges Übergewicht von Arbeitnehmern als sog. Tendenzträgern gegenüber anderen, nicht unmittelbar mit tendenzbezogenen, aber letzten Endes dieser Zielsetzung dienenden Tätigkeiten betrauten Arbeitnehmern braucht andererseits weder innerhalb des Gesamtbetriebes noch innerhalb der Betriebsabteilungen zu bestehen."

---

140 Anm. zu BAG AP Nr. 13 zu § 118 BetrVG, Bl. 478.

141 Ebenso Löffler/Ricker, Presserecht, 1978, S. 190.

142 BAGE 2, 91 ff. und auch noch BAGE 22, 360 ff.

143 BAG AP Nr. 3 zu § 118 BetrVG.

144 BAG, Beschluß vom 9. 12. 1975, AfP 1976, 107 ff. mit Anm. von Richardi (Sportredakteur) = AP Nr. 7 zu § 118 BetrVG, vgl. dazu auch Löwitsch, SAE 1976, 176,

145 AfP 1976, 109.

Diese Rechtsprechung des BAG steht im Einklang mit dem vom BVerfG herausgearbeiteten Garantiegehalt des Art. 5 Abs. 1 Satz 2 GG[146], wenn der gesamte Produktionsapparat einer Zeitung und damit auch eine Lohndruckerei dem besonderen Schutz der Pressefreiheit insoweit unterfallen muß, als die Druckerei zur tendenzspezifischen Erfüllung des Publikationsvorgangs der Zeitung dient[147].

Aus einer weiteren Entscheidung des Jahres 1975[148] kann gefolgert werden, daß das BAG einen Pressebetrieb doch als publizistische und wirtschaftliche Einheit ansieht, auch wenn die Entscheidungsgründe die Tragweite des § 118 BetrVG und damit die Wirkung der Pressefreiheit weitgehend einschränken. Das BAG gibt dort die in einer früheren Entscheidung[149] herausgearbeitete Unterscheidung von tendenzbezogenen und wirtschaftlichen Kündigungsgründen auf. In einem Tendenzbetrieb seien dem Betriebsrat auch die tendenzbezogenen Kündigungsgründe mitzuteilen. Eine Aufspaltung der Kündigungsgründe sei nicht praktikabel. § 118 BetrVG diene nicht der Geheimhaltung tendenzbedingter Motive für personelle Maßnahmen, sondern dazu, die in dieser Vorschrift genannten geistig-ideellen Zielsetzungen durch die Beteiligungsrechte des Betriebsrats nicht beeinflussen, d. h. verändern zu lassen.

Ob diese Änderung der Rechtsprechung des BAG der Verwirklichung der Meinungspluralität durch Erhaltung der jeder Zeitung spezifischen Tendenz förderlich ist, mag hier dahinstehen[150]. Interessant ist nur der unmittelbare verfassungsrechtliche Einschlag der Entscheidung. Dieser liegt darin, daß das BAG die Gesamtheit eines Pressebetriebes als publizistische und wirtschaftliche Einheit begreift und damit auf der Linie des Bundesverfassungsgerichts bleibt. In dieser Entscheidung sind auch Ansätze erkennbar, die die privatwirtschaftliche Struktur der Presse dem Schutz von Art. 5 GG unterstellen.

Diese Entscheidung des BAG wurde inzwischen durch das Bundesverfassungsgericht bestätigt[151]. Das BVerfG sieht den Inhalt der Entscheidung jedoch nur als eine von verschiedenen verfassungskonformen Auslegungsmöglichkeiten des § 118 BetrVG an. Wie das BAG legt aber auch das BVerfG Art. 5 Abs. 1 Satz 2 GG dahingehend aus, daß der Betriebs-

---

[146] BVerfGE 10, 121.

[147] Löffler/Ricker, Presserecht, 1978, S. 190; Scholz, Pressefreiheit und Arbeitsverfassung, 1978, S. 26.

[148] Urteil vom 7. 11. 1975, BAG AP Nr. 4 zu § 118 BetrVG.

[149] BAG AP Nr. 2 zu § 118 BetrVG.

[150] Vgl. dazu ausführlich Mayer-Maly, Anm. zu BAG AP Nr. 4 zu § 118 BetrVG; Scholz, Pressefreiheit und Arbeitsverfassung, 1978, S. 28 ff.; vgl. auch Dütz, BB 1975, 1263.

[151] BVerfG, Beschluß vom 6. 11. 1979, NJW 1980, 1093 ff.; vgl. dazu auch Plander, NJW 1980, 1084 ff. und Badura, Jura 1980, 335.

rat bezüglich der tendenzbezogenen Kündigungsgründe ein bloßes Anhörungsrecht hat. Eine Stellungnahme des Betriebsrats muß auf die tendenzfreien Gründe beschränkt bleiben.

Insgesamt liegen die Entscheidungen des BAG — abgesehen von den aufgezeigten Unstimmigkeiten — im wesentlichen auf der Linie des Bundesverfassungsgerichts. Festzuhalten bleibt, daß nach Ansicht des Bundesarbeitsgerichts die privatwirtschaftliche Struktur der Presse von Art. 5 Abs. 1 Satz 2 GG geschützt wird.

Dritter Teil

Arbeitskampffreiheit gegen die Pressefreiheit

Nach der vorangehenden, fast isolierten Darstellung der Rechtsgehalte der beiden Verfassungsgarantien muß nun die Frage gestellt werden, ob sich ein Über- oder Unterordnungsverhältnis zwischen den beiden Rechtspositionen feststellen läßt.

Erster Abschnitt

Die verfassungsrechtliche Lösung

„Die Pressefreiheit ist das *politisch stärkste Grundrecht*[1], denn hinter ihm steht die geistige und wirtschaftliche Macht der modernen Presse, die gewillt und in der Lage ist, das ihr anvertraute Grundrecht mit Nachdruck zu verteidigen."

Diese Formulierung von Löffler[2] scheint die Lösung der Vorrangfrage zwischen der vom Grundgesetz garantierten Arbeitskampffreiheit und der Pressefreiheit zu bieten: Aus einer Kollision mit anderen Rechtsgütern geht die Pressefreiheit generell als Sieger hervor[3]. Dieser rechtliche Vorrang wird im Prozeß der öffentlichen Meinungsbildung noch verstärkt, weil sich die Pressefreiheit mittels ihres ebenfalls von der Verfassung garantierten Publikationsapparates in der Öffentlichkeit lautstark Gehör verschaffen kann. Also müßte auch die Arbeitskampffreiheit ihr gegenüber zurücktreten. Etwaige, an diesem Ergebnis noch bestehende Zweifel werden, so könnte man meinen, durch das Bundesverfassungsgericht beseitigt. In seinen viel zitierten Aussagen im Spiegel-Urteil wird die Bedeutung der Presse besonders hervorgehoben[4]:

---

[1] Hervorhebung vom Verfasser.

[2] Presserecht I, Kap. 5 Rdnr. 2.

[3] Löffler, Presserecht I, Kap. 5 Rdnr. 120: „Im Falle der Kollision der Pressefreiheit mit anderen Rechtsgütern spricht die Vermutung für die Pressefreiheit".

[4] BVerfGE 20, 162 (174).

> „Eine freie, nicht von der öffentlichen Gewalt gelenkte, keiner Zensur unterworfene Presse ist ein Wesenselement des freiheitlichen Staates; insbesondere ist eine freie *regelmäßig erscheinende* politische Presse für die Demokratie unentbehrlich."

Arbeitskämpfe in Pressebetrieben, das hat sich gezeigt, verhindern aber diesen „regelmäßigen" Fluß von Information. Das demokratische Gemeinwesen verliert an Stabilität und gerät in Gefahr. Das legt die These nahe, Arbeitskämpfe in der Presse könnten generell verboten werden.

Eine solche Betrachtungsweise wäre aber einseitig auf die Pressefreiheit ausgerichtet und würde den Intentionen der Verfassung nicht gerecht. Genausowenig wie die „öffentliche Aufgabe" im Sinne einer normativen Verpflichtung der Presse zur Ausübung ihrer Funktionen verstanden werden darf[5], kann die Einstufung der Pressefreiheit als „politisch stärkstes" Grundrecht in eine normative Vorrangstellung umgedeutet werden. Dies mag für eine Beschreibung der Wirkung der Presse in der politischen Realität zutreffend sein. Für einen Vergleich der *rechtlichen* „Stärke" der von der Verfassung unter Schutz gestellten verschiedenartigen Rechtsgüter kann es nicht auf das faktische Durchsetzungsvermögen der vom Grundrecht geschützten Personen oder Institutionen ankommen. Dem Schutzbereich einer Grundrechtsposition darf, unabhängig von gesellschaftlichen Durchsetzungsmöglichkeiten, nicht mehr und nicht weniger an Gewicht in der Normenhierarchie eingeräumt werden, als ihm entsprechend der Gesamtkonzeption der Verfassung zukommen soll. Gerade gegenüber Grundrechten, die einen gesellschaftlich starken Personenkreis schützen, ist Vorsicht geboten. Die gesellschaftlichen Machtpositionen dürfen der rechtlichen Absicherung nicht hinzuaddiert werden. Andernfalls entstehen „Super-Grundrechte", gegen die sich dann keine andere Grundrechtsposition behaupten kann.

A. Die Frage eines generellen Vorranges

I. Erforderlichkeit

Die Pressefreiheit ist „unentbehrlich" für ein modernes Staatswesen[6]. Sie dient der Herstellung und Erhaltung der Meinungspluralität. Ihr wird also von der Verfassung eine herausgehobene Funktion zur Er-

[5] Vgl. dazu 2. Teil, 2. Abschnitt, D III 1, 2.

[6] Das gilt nicht nur, weil das BVerfG dies sagt; vgl. insbesondere BVerfGE 20, 174 f. und 35, 222; ebenso das BAG, BB 1980, Beilage 4/1980, S. 22; sowie Scholz, Pressefreiheit und Arbeitsverfassung, 1978, S. 134. Auch Rüthers, AfP 1977, 314 geht von der Fragestellung nach der „Unentbehrlichkeit" aus. Im Ergebnis kann er aber auch nicht feststellen, daß ein Recht „unentbehrlicher" als das andere ist. Ebenso führt der zweite Ansatzpunkt

füllung ihrer Aufgabe eingeräumt. Die Privilegierung der Presse ist um ihrer Funktion willen normiert. Einschränkungsmöglichkeiten sind vorhanden und müssen auch wirksam werden, wenn andere funktionell ebenso unentbehrliche Elemente der Demokratie dies erfordern[7].

Auch die Arbeitskampffreiheit hat eine wichtige Schlüsselposition in der staatspolitischen Konzeption des Grundgesetzes. Sie ist notwendiges Element für das Funktionieren der auch von der Verfassung geschützten Tarifautonomie[8]. Der Arbeitskampf ist also, will man nicht einem System staatlicher Zwangsschlichtung und Lohnfestsetzung Platz machen, „unentbehrlich". Nur so wird den Koalitionen die Möglichkeit gewährleistet, in eigener Verantwortung die am Arbeitsmarkt auftretenden kollektiven Interessenkonflikte staatsfrei zu regeln und damit auch die Arbeits- und Wirtschaftsbedingungen zu gestalten. Aber auch die Arbeitskampffreiheit steht nicht unbeschränkbar im Verfassungsgefüge. Sie unterliegt vielmehr einer ganzen Reihe von Beschränkungen und Vorbehalten[9].

Die Presse wiederum ist durch ihre von der Verfassung vorgegebene privatwirtschaftliche Struktur in den privatwirtschaftlichen Lohnfindungsprozeß eingebettet[10]. Würde man die Tarifautonomie der im Pressebereich tätigen Koalitionen einschränken, indem man den Auseinandersetzungsprozeß durch ein Verbot des Arbeitskampfes verkürzen würde, wäre die privatwirtschaftliche Struktur und damit auch die dadurch garantierte Meinungspluralität ernstlich gefährdet.

II. Die Ausgestaltung der Verfassungsrechtspositionen

Die Ausgestaltung der beiden Rechtspositionen durch die Verfassung selber deutet auf eine Gleichgewichtslage hin. Eine Vorrangstellung der Pressefreiheit wäre nur dann gegeben, wenn der in Art. 5 GG verankerten Pressefreiheit entgegen der hier vertretenen Ansicht eine „nur" durch Art. 2 GG geschützte Arbeitskampffreiheit entgegenstände[11]. Zwischen Art. 5 Abs. 1 und Art. 9 Abs. 3 GG besteht aber kein solch ein-

von Rüthers, AfP 1977, 313 f. über die Frage, welches der beiden Grundrechte die stärkere Durchschlagskraft im Privatrecht besitzt, nicht zu einer eindeutigen Lösung. Deshalb soll darauf auch nicht weiter eingegangen werden.

[7] Vgl. 2. Teil, 2. Abschnitt C am Ende.

[8] BVerfGE 28, 295 (304).

[9] Vgl. 2. Teil, 1. Abschnitt, E.

[10] So ausdrücklich auch das BAG, BB 1980, Beilage 4/1980, S. 22 f.

[11] Dies ist auch die Konsequenz der teilweise vertretenen Ansicht, die Arbeitskampffreiheit unterfalle Art. 2 GG; vgl. dazu Stein, NJW 1977, 2061; danach müsse die Pressefreiheit den Vorrang haben, da nur sie als Grundrecht ausgestaltet sei; vgl. auch Löffler, NJW 1977, 2061 sowie Stein, Frankfurter Rundschau vom 1. 3. 1977, S. 14.

deutiges Verhältnis. Die Strukturen beider Rechte weisen im Gegenteil große Ähnlichkeit auf. Es stehen sich hier zwei Grundrechtspositionen in Form von Institutsgarantien gegenüber. Die grundsätzlichen Positionen sind von daher nicht auf ein bedingungsloses Durchsetzen, sondern auf Anpassung und Ausgleich unter Beachtung der gegenseitigen Funktionsfähigkeit angelegt. Die Möglichkeit eines Ausgleichs wird auch durch die „offene" Struktur der Institutsgarantien eher begünstigt als erschwert.

III. Die „öffentliche Aufgabe" der Presse

Die Presse hat eine wichtige, der Öffentlichkeit dienende Aufgabe zu erfüllen. Auch wenn diese „öffentliche Aufgabe" der Presse nicht im Sinne eines normativ wirkenden Staatsauftrages verstanden werden kann[12], kommt ihr doch in tatsächlicher Hinsicht eine eminent wichtige Funktion zu. Diese faktische Sonderstellung kann ihr aber gegenüber der Arbeitskampffreiheit zu keinem Vorrang verhelfen. Genauso wie die Presse eine „öffentliche Aufgabe" erfüllt, trifft dies auch auf die Arbeitskampffreiheit zu. Sie steht im Dienst der Tarifautonomie. Auch der Arbeitskampf dient dazu, eine „öffentliche Aufgabe" zu erfüllen, die ebenso wichtig und im Interesse der Öffentlichkeit für die ungestörte Funktionsfähigkeit einer Demokratie ist[13].

IV. Art. 5 Abs. 2 GG als vorrangbegründende Schranke

Sowohl der Arbeitskampf als auch die Pressefreiheit unterliegen als Kommunikationsgrundrechte der Schranke der allgemeinen Gesetze aus Art. 5 Abs. 2 GG[14]. Daraus läßt sich aber auch kein Vorrang eines der beiden Rechte herleiten.

Begreift man die Arbeitskampffreiheit als ein die Pressefreiheit einschränkendes allgemeines Gesetz, so muß dasselbe für die Pressefreiheit hinsichtlich des Arbeitskampfes gelten. Die gegenseitigen Schranken heben sich also wechselseitig auf.

Ein völliges Verbot des Arbeitskampfes könnte andererseits zu einer unzulässigen Beeinträchtigung der Pressefreiheit führen. Die privatwirtschaftliche Struktur der Presse gewährleistet Meinungspluralität und den Ausschluß staatlicher Einflüsse. Fällt der staatsfreie Lohnfindungsprozeß, zu dem die Arbeitskampffreiheit untrennbar gehört, in Pressebetrieben weg, so ist die Tarifautonomie und damit auch die Pressefreiheit gefährdet. Ein etwa vom Gesetzgeber zu erlassendes völ-

---

[12] Vgl. 2. Teil, 2. Abschnitt, D III 1, 2.

[13] Vgl. dazu BVerfGE 28, 295 (306); 44, 322 (340) und Badura, AöR 1979 (2), 246 ff. (254).

[14] Vgl. 2. Teil, 1. Abschnitt, E I 2.

liges Verbot des Arbeitskampfes in Pressebetrieben hätte damit letztlich die Wirkung eines die Grenzen des Art. 5 Abs. 2 GG überschreitenden Sondergesetzes. Das gilt, auch wenn der Zweck des Verbotes unmittelbar dahinginge, die Pressefreiheit zu schützen und das konstante Erscheinen der Zeitungen zu sichern. Dies wäre unzulässig. Aus Art. 5 Abs. 2 GG kann daher ein Kampfverbot in Pressebetrieben nicht gefolgert werden. Es würde sich letztlich gegen eine freie Presse auswirken.

B. Das Auslegungsprinzip der praktischen Konkordanz

Bei Grundrechtskollisionen ist jeweils eine Güterabwägung erforderlich. Das gilt besonders, wenn durch die Kollision Rechtsgüter gefährdet werden, die in Art. 5 Abs. 1 GG geschützt sind[15]. Dieser Grundsatz ist vom Bundesverfassungsgericht wiederholt ausgesprochen worden[16]. Er hilft allerdings hier nicht entscheidend weiter. Eine Gegenüberstellung der kollidierenden Rechtspositionen mit der Zielsetzung, ein Über- und Unterordnungsschema im Sinne einer generell gültigen Normenhierarchie zu erreichen, wird — wie sich gezeigt hat — der komplexen Interessenlage bei Arbeitskämpfen in Pressebetrieben nicht gerecht[17].

Eine Lösung der Kollisionsfrage kann vom Grundsatz der Interpretation der Verfassung als einer Einheit[18] ausgehen. Die einzelnen Normen dürfen nicht isoliert betrachtet werden. Sie müssen in den Zusammenhang der in der Verfassung getroffenen Wertentscheidungen gestellt werden. Keines der in Frage stehenden Grundrechte stellt ein in sich geschlossenes System dar, sondern sie stehen in einem gegenseitigen Abhängigkeitsverhältnis. Damit sind Überschneidungen der jeweiligen Schutzbereiche vorausgesetzt.

Richtungsweisend bei der Lösung solcher Kollisionsprobleme ist das von Hesse entwickelte Auslegungsprinzip der „praktischen Konkordanz"[19]. Der Verfassungsinterpret — in letzter Instanz das Bundesverfassungsgericht — muß den Grundrechten Grenzen ziehen. Dadurch soll jedem Grundrecht zu optimaler Wirksamkeit verholfen werden. Die Schranken dürfen allerdings nicht durch eine abstrakte Wertabwägung fest bestimmt werden. Sie müssen flexibel bleiben, um an die Erfordernisse des konkreten Einzelfalls angepaßt werden zu können. Keines der in die Kollision verwickelten Grundrechte darf mehr als unbedingt nötig

---

[15] Rüthers, AfP 1977, 312 ff; Ricker, NJW 1980, 158; vgl. auch Hoffmann-Riehm, JZ 1975, 469 ff.

[16] Vgl. nur z. B. BVerfGE 7, 198 (210 f.); 28, 191 (200) und 33, 66.

[17] Rüthers, AfP 1977, 315.

[18] Hesse, Grundzüge des Verfassungsrechts der Bundesrepublik Deutschland, 12. Aufl. 1980, S. 28.

[19] Hesse, Verfassungsrecht, S. 28 f.

eingeschränkt werden[20]. Die Schrankenziehung muß vielmehr verhältnismäßig sein. Das heißt, daß jeder der grundrechtlichen Gewährleistungen die Möglichkeit bleibt, zu „optimaler Wirksamkeit" zu gelangen[21].

Die Konkordanz im konkreten Einzelfall ist so herzustellen, daß die spezielle Gestaltung des Einzelfalles in den Vorgang der Bestimmung der Grenzen mit einzubeziehen ist[22].

Die praktische Anwendbarkeit dieses Auslegungsprinzips für den Fall des Zusammentreffens von Pressefreiheit und Koalitionsfreiheit bei Arbeitskämpfen in Pressebetrieben hat Rüthers[23] ausführlich erörtert. Ausgangspunkt der Überlegungen ist der Bereich, in dem sich die beiden Verfassungsnormen überschneiden: Art. 5 Abs. 1 Satz 2 GG garantiert die privatrechtliche und privatwirtschaftliche Organisationsstruktur der Presse. Unverzichtbarer Bestandteil einer freien, am Wettbewerb orientierten marktwirtschaftlichen Wirtschaftsordnung ist die Tarifautonomie. Die Koalitionen können in dem von Art. 9 Abs. 3 GG garantierten staatsfreien Raum in eigener Verantwortung die Arbeits- und Wirtschaftsbedingungen gestalten. Zwangsschlichtung und staatliche Lohnfestsetzung müssen in diesem System ausgeschlossen bleiben. Damit muß der Arbeitskampf den Koalitionen als letztes Mittel verbleiben, wenn die Tarifverhandlungen gescheitert sind.

Damit ist die grundsätzliche Lösung des Konflikts auf Verfassungsebene angedeutet[24]. Die private Struktur der Presse bedingt die Anwendung des in der „übrigen" privaten Wirtschaft üblichen Koalitionsverfahrens. Auch in Pressebetrieben können die Koalitionen in eigener, staatsunabhängiger Verantwortung die Löhne regeln. Als letzte Konsequenz müssen deshalb auch hier Arbeitskämpfe möglich sein. Eine Schrankenziehung in der Weise, daß der Arbeitskampf in Pressebetrieben generell ausgeschlossen wäre, griffe in den Kernbereich der Verfassungsgarantie des Art. 9 Abs. 3 GG ein und widerspräche dem Prinzip der praktischen Konkordanz[25]. Die Zulässigkeit von Arbeitskämpfen in Pressebetrieben richtet sich also an den allgemeinen Arbeitskampf-

---

[20] Vgl. dazu grundlegend Lerche, Übermaß und Verfassungsrecht, 1961, S. 125 ff.: Bei Idealkonkurrenz von Grundrechten erfolgt die Lösung nach dem „Prinzip des nach beiden Seiten hin schonendsten Ausgleichs"; vgl. auch Scholz, Pressefreiheit und Arbeitsverfassung, 1978, S. 161; sowie Scheuner, VVDStRL 20, 125: Auslegungsprinzip der „Harmonisierung"; ders., VVDStRL 22, S. 53; auch Ehmke, VVDStRL 20, 66 f.

[21] Hesse, Verfassungsrecht, S. 135; von Scholz, Pressefreiheit und Arbeitsverfassung, 1978, S. 121 als „funktionsgerechte Schrankenziehung" bezeichnet.

[22] Hesse, Verfassungsrecht, S. 28 f.; Scholz, Pressefreiheit und Arbeitsverfassung, S. 121.

[23] AfP 1977, 314 f.; ders., Rechtsprobleme der Aussperrung, 1980, S. 112 f.

[24] Rüthers, AfP 1977, 315.

[25] Rüthers, AfP 1977, 315.

regeln und den konkreten Erfordernissen des Einzelfalles aus. In Pressebetrieben sind insoweit die besonderen Gewährleistungen des Art. 5 Abs. 1 GG zu beachten. Diese können zu einer Einschränkung der Arbeitskampffreiheit bei bestimmten Kampfmaßnahmen führen. Ein generelles Verbot von Arbeitskämpfen ist aber nicht möglich[26].

Auch die Rechtsprechung hat sich bisher nicht für ein generelles Verbot von Arbeitskämpfen in Pressebetrieben ausgesprochen[27]. Der BGH hat der Arbeitskampffreiheit im Bereich der Presse zugestimmt. Der Arbeitskampf wird grundsätzlich nicht in Frage gestellt. Ebenso wie in der Literatur wird jedoch eine Einschränkung im konkreten Einzelfall dann für zulässig gehalten, wenn die Pressefreiheit in ihrem Kernbereich tangiert wird[28].

C. Auswirkungen der allgemeinen Informationsfreiheit des Art. 5 Abs. 1 Satz 1 2. HS GG auf Arbeitskampfmaßnahmen in Pressebetrieben

I. Der Inhalt und die Bedeutung der Informationsfreiheit

Dieses Ergebnis könnte durch die in Art. 5 Abs. 1 Satz 1 2. HS des Grundgesetzes verfassungsrechtlich geschützte allgemeine Informationsfreiheit[29] beeinflußt werden. Danach hat „jedermann das Recht, sich aus allgemein zugänglichen Quellen ungehindert zu unterrichten". Dieser

---

[26] Vgl. dazu auch Seiter, Anm. zu BGH EzA Nr. 21 zu Art. 9 GG Arbeitskampf; Ricker, NJW 1980, 157 ff.; Grunsky, ZRP 1976, 129 ff.; Hernekamp, BB 1976, 1329 ff.; a. A.: Löffler, Presserecht I, Kap. 5 Rdnr. 77 und Kap. 13, Rdnr. 17; ders., NJW 1962, 1601 ff.; G. Müller, nach dem Bericht über die 12. Tagung des Studienkreises für Presserecht und Pressefreiheit von Löffler, NJW 1962, 2048 f.; Erwin Stein, NJW 1977, 2061, der allerdings den von ihm angenommenen Vorrang der Pressefreiheit nicht mit einem Verbot von Arbeitskämpfen, sondern mit einer Verpflichtung zur Produktion von Notzeitungen durchsetzen will; vgl. dazu 3. Teil, 3. Abschnitt, B.

[27] BGH, NJW 1978, 990 f. = EzA Nr. 21 zu Art. 9 GG Arbeitskampf; LAG München, DB 1980, 119; vgl. auch das Ergebnis der Untersuchung der Rechtsprechung der Arbeitsgerichte zur Aussperrung von Seiter, NJW 1980, 912, insbes. Fn. 112, danach sind nur in 2 der untersuchten Urteile, die sich mit Arbeitskämpfen in Pressebetrieben befassen, spezielle Ausführungen zur Auswirkung der Pressefreiheit auf den Arbeitskampf enthalten. vgl. auch BAG, BB 1980, Beilage 4/1980.

[28] So insbesondere BGH, NJW 1978, 991; auch das LAG München, DB 1980, 119 ist für grundsätzliche Zulässigkeit, verlangt jedoch von den Arbeitskampfparteien bei Schwerpunktstreiks den Schutzbereich der Pressefreiheit zu berücksichtigen (Leitsatz 2). Das AG Darmstadt, 2. Kammer, äußert Bedenken gegen die Zulässigkeit der Aussperrung in Pressebetrieben, hält aber den Streik für erlaubt. (Fundstelle bei Seiter, NJW 1980, 119 Fn. 112).

[29] Der Begriff „Informationsfreiheit" existiert im Grundgesetz nicht, hat sich aber inzwischen für die vom Grundgesetz gebrauchte Formulierung allgemein durchgesetzt, vgl. nur Herzog, in: Maunz/Dürig/Herzog/Scholz, GG, Art. 5 Rdnr. 81.

bisher kaum beachtete Gesichtspunkt könnte dazu führen, ein generelles Verbot von Arbeitskämpfen in Pressebetrieben schon auf Verfassungsebene zu begründen. Die allgemeine Informationsfreiheit betrifft direkter als die Pressefreiheit die Allgemeinheit und damit am Arbeitskampf unbeteiligte Dritte. Geschützt durch Art. 5 Abs. 1 Satz 2 2. HS GG ist die Möglichkeit für jedermann, sich selbst aus dem aktuellen Angebot von Nachrichten und Meinungen nach Belieben zu informieren[30]. Schon die Meinungsäußerungsfreiheit und die Pressefreiheit werden für ein demokratisches Staatswesen als unentbehrliche Rechte bezeichnet. Dies muß genauso für die Informationsfreiheit gelten. Sie ist die wichtige Vorstufe und die Voraussetzung überhaupt, das Grundrecht der Meinungsäußerungsfreiheit sinnvoll wahrzunehmen. Sie trägt dazu bei, dem Staatsbürger bei der Bildung seiner Meinung erst die notwendige Information zu verschaffen. In Literatur[31] und Rechtsprechung[32] ist ihre Bedeutung anerkannt, und zwar nicht nur für die Funktionstüchtigkeit des Staates, sondern auch für das persönliche Fortkommen und Wohlergehen jedes einzelnen Staatsbürgers. Die Informationsfreiheit wird deshalb zu Recht als „gleichrangig in der grundgesetzlichen Ordnung neben der Meinungs- und Pressefreiheit" eingeordnet[33]. Das Recht, sich selber zu informieren, muß dementsprechend auch die ungehinderte Informationsmöglichkeit für jeden Bürger aus der gesamten Vielfalt der Presseprodukte umfassen[34]. Durch einen Arbeitskampf in Pressebetrieben wird gerade dieses Recht beeinträchtigt. Das könnte rechtswidrig sein.

II. Das Kriterium der „Allgemeinzugänglichkeit"

Ein generelles Verbot des Arbeitskampfes im Pressebereich aus diesen Gründen erscheint gleichwohl bedenklich. Das Grundrecht, sich ungehindert zu informieren, ist von der Verfassung nämlich unter einer wesentlichen Einschränkung garantiert. Die Informationsfreiheit ist nur aus „allgemein zugänglichen Quellen" gewährleistet. Die Inanspruchnahme von Informationsmöglichkeiten, die nicht unter die Kategorie der „Allgemeinzugänglichkeit" fallen, ist dagegen nicht verfassungsrechtlich geschützt.

---

30 Herzog, in: Maunz/Dürig/Herzog/Scholz, GG, Art. 5 Rdnr. 81.

31 Vgl. nur Herzog, ebd., Art. 5 Rdnr. 82.

32 BVerfGE 27, 81 ff.

33 Ebd., 81 f.

34 Gerhardt, AfP 1974, 689 f.: Presse- und Informationsfreiheit ergänzen sich wechselseitig: S. 690: „Die Informationsfreiheit, vom Staatsbürger her gesehen, sichert ihm den staatspolitisch erforderlichen Zugang zu den Informationsquellen, ... also zur Presse ..., die Pressefreiheit gewährt diesem Medium die Möglichkeit, ihre Informationen ungehindert an den Bürger heranzutragen".

Ob eine Informationsquelle allgemein zugänglich ist oder nicht, entscheidet sich nach der objektiven Tatsachenlage und darf nicht etwa den Wertungen einer Behörde oder auch des Gesetzgebers überlassen bleiben[35]. Allgemein zugänglich ist eine Informationsquelle in der Regel dann, „wenn sie technisch geeignet und bestimmt ist, der Allgemeinheit, d. h. einem individuell nicht bestimmbaren Personenkreis Informationen zu verschaffen. Zeitungen und andere Massenkommunikationsmittel sind daher grundsätzlich von Natur aus allgemein zugängliche Informationsquellen“[36].

Diese vom Bundesverfassungsgericht vertretene Definition zeigt klar die Grenzen des Begriffes der Allgemeinzugänglichkeit. Einem unbestimmten Personenkreis zugänglich gemacht werden kann nur die fertig gedruckte und zum Verkauf an den Kiosken ausliegende Zeitung, nicht dagegen die bei den Redaktionen eingegangenen Nachrichten oder Stellungnahmen zu den Tagesereignissen.

Wird eine Zeitung daher wegen eines Arbeitskampfes nicht gedruckt und kommt deshalb auch nicht auf den Markt, so ist eine allgemein zugängliche Quelle nicht existent. Daher läuft auch der Schutzbereich des Art. 5 Abs. 1 Satz 1 2. HS GG hier leer[37]. Würde man das bei den Zeitungsredaktionen bereitliegende Nachrichten- und Kommentarmaterial bereits dort der uneingeschränkten Einsicht der Öffentlichkeit preisgeben, wäre damit gleichzeitig eine empfindliche, im Ergebnis nicht zu vertretende Einschränkung der Pressefreiheit verbunden. Die für eine Demokratie lebensnotwendige Meinungspluralität wird nicht zuletzt dadurch erreicht, daß dem Verleger die Auswahl der zur Veröffentlichung bestimmten Nachrichten frei steht[38]. Dieses Recht zur Selbstbestimmung der Tendenz ginge bei einer Ausweitung des Begriffs der allgemein zugänglichen Quelle im Sinne von „Redaktionsöffentlichkeit“ verloren[39].

Dieses Ergebnis wird durch einen Blick auf die geschichtlich-politischen Hintergründe der Aufnahme der Informationsfreiheit in das Grundgesetz bestätigt. Der Weimarer Verfassung war dieses Grundrecht noch unbekannt[40]. Die neu in das Grundgesetz aufgenommene Verfassungsgarantie sollte die in der nationalsozialistischen Zeit ge-

---

[35] Herzog, in: Maunz/Dürig/Herzog/Scholz, GG, Art. 5 Rdnr. 88 ff., 90; ebenso Hamann/Lenz, GG, 3. Aufl., 1970, Anm. 5 zu Art. 5 GG: „nach dem objektiven Sachverhalt öffentlich“.

[36] BVerfGE 27, 83; ebenso Herzog, in: Maunz/Dürig/Herzog/Scholz, GG, Art. 5 Rdnr. 91 für alle Massenkommunikationsmittel.

[37] Wie hier Hernekamp, BB 1976, 1329 f.; v. Münch, AfP 1974, 602.

[38] BVerfG NJW 1980, 1093.

[39] Hernekamp, BB 1976, 1330.

[40] Löffler, NJW 1964, 2277.

schaffene Beschränkung der Informationsfreiheit auf die dem staatlichen Regime genehmen Quellen für immer verhindern und dem Informationssuchenden insbesondere auch ausländische Nachrichtenquellen offenhalten[41]. Damit können aber nur bereits existente, und damit für andere erreichbare Informationsquellen in Frage kommen[42]. Die Informationsfreiheit schützt daher letztlich nur vor einer Isolierung[43] des Bürgers gegenüber bereits existenten Informationen. Nicht dagegen verbietet sie generell — und damit weitergehend als die Pressefreiheit selber — Maßnahmen, die das Zustandekommen von allgemein zugänglichen Informationsquellen beeinträchtigen[44].

Im Ergebnis kann die Informationsfreiheit kein generelles Verbot von Arbeitskämpfen in Pressebetrieben bewirken. Das von Herzog[45] geforderte Recht auf Bestand der allgemein zugänglichen Quellen kann nur gegenüber dem Staat gelten. Dieser muß alle Maßnahmen unterlassen, die die Allgemeinzugänglichkeit beschränken könnten. Würde es umgekehrt auch bedeuten, der Staat müsse Arbeitskämpfe verbieten, weil dadurch faktisch das Zustandekommen von allgemein zugänglichen Quellen verhindert wird, wäre das ein nicht zu rechtfertigender Eingriff in die Tarifautonomie.

Zweiter Abschnitt

Die arbeitskampfrechtliche Lösung: Die Einschränkung der allgemeinen Rechtmäßigkeitsvoraussetzungen des Arbeitskampfes durch Art. 5 GG im Einzelfall

Auf der Ebene der Verfassung besteht also ein ausgeglichenes Verhältnis zwischen der Arbeitskampffreiheit und der Pressefreiheit. Die Lösung der nach wie vor bestehenden Interessenkollision muß daher auf der Ebene der einfachgesetzlichen Rechtmäßigkeitsvoraussetzungen des

---

[41] Vgl. die Ausführungen des Abg. Dr. Heuß, Jör 1, S. 80: „Der Ausdruck allgemein zugänglich sei umfassend gemeint: darin seien z. B. Bücher und Zeitungen enthalten, die im Ausland erscheinen".

[42] Vgl. auch Hernekamp, BB 1976, 1330; Gerhardt, AfP 1974, 691; v. Münch, AfP 1974, 602; Groß, BlStSozArbR 1976, 355.

[43] Hernekamp, BB 1976, 1330.

[44] Eine andere Bedeutung gibt Stein der Informationsfreiheit, vgl. Frankfurter Rundschau vom 1. 3. 1977, S. 14. Für ihn dient sie als Begründung einer Rechtspflicht zur Herausgabe von Notzeitungen; vgl. dazu ausführlich 3. Teil, 3. Abschnitt B I; ungenau diesbezüglich auch das LAG München, DB 1980, 119.

[45] In: Maunz/Dürig/Herzog/Scholz, GG, Art. 5 Rdnr. 101 ff.

Arbeitskampfes gesucht werden. Es stellt sich die Frage, ob die Pressefreiheit die Zulässigkeit einzelner Arbeitskampfmittel oder Strategien einschränken kann.

A. Der Grundsatz der freien Wahl der Kampfmittel und -strategie gegen die Pressefreiheit

Auch bei Arbeitskämpfen in Pressebetrieben gilt der für das allgemeine Arbeitskampfrecht wesentliche Grundsatz, daß den Koalitionen die zur Verfolgung der koalitionsspezifischen Zwecke erforderlichen Kampfmittel garantiert sind[1]. Diesen Grundsatz hat das Bundesarbeitsgericht[2] dahingehend ausformuliert, daß im Rahmen der sozialen Adäquanz der Grundsatz der Kampfmittelfreiheit, genauer die Freiheit der Wahl der Kampfmittel, gelte. Dabei dürfe jede Gruppe in den Grenzen des legitimen Kampfes das ihr gemäße historisch überkommene, der Natur der Sache entsprechende Kampfmittel wählen. Jede Partei soll danach das für sie zur Erreichung des Zieles wirkungsvollste Mittel ergreifen können[3] und damit auch die freie Wahl der Kampftaktik haben[4]. Dieser Grundsatz gilt jedoch nicht uneingeschränkt. Art. 9 Abs. 3 GG setzt allerdings der Arbeitskampffreiheit bereits selber Schranken[5]. Auch gebietet das Auslegungsprinzip der praktischen Konkordanz[6] eine Begrenzung dieser Betätigungsfreiheit gegenüber anderen, ebenfalls von der Verfassung geschützten Rechtsgütern. Das Prinzip der praktischen Konkordanz soll, das sei wegen der großen Bedeutung noch einmal hervorgehoben, jeder der aufeinandertreffenden Rechtspositionen ein optimales Funktionieren garantieren. Konkret bedeutet dies für die hier verfolgten Ziele, daß einerseits die oben genannte Freiheit der Wahl der Kampfmittel und -taktiken auch in Pressebetrieben gelten muß, andererseits aber auch im Pressebereich die allgemeinen Rechtmäßigkeitskriterien als Schranken des Arbeitskampfes gelten müssen. Denn nur so ist die optimale Verwirklichung beider Rechtspositionen möglich.

Die Schwierigkeit bei der Bestimmung dieser Schranken besteht darin, daß hier zum Schutz der Interessen und Rechtspositionen Dritter und der Allgemeinheit Grenzen erforderlich sind. Dabei darf aber nicht

---

[1] Vgl. 2. Teil, 1. Abschnitt, D II 2; sowie BVerfGE 18, 18 (32); Konzen, AcP 177 (1977), 513.

[2] BAGE 1, 291 (308 ff.) = AP Nr. 1 zu Art. 9 GG Arbeitskampf; BAGE 23, 292 ff. = AP Nr. 43 zu Art. 9 GG Arbeitskampf.

[3] Hueck/Nipperdey/Säcker, II 2, S. 929; Seiter, Streikrecht, S. 140 ff.

[4] Richardi, NJW 1978, 2062; Löwisch, ZfA 1971, 334.

[5] Vgl. 2. Teil, 1. Abschnitt, E.

[6] Vgl. 3. Teil, 1. Abschnitt, B.

in die Tarifautonomie eingegriffen werden. Den Tarifparteien darf also auch die Taktik und das Ziel bei ihrer Betätigung im Arbeitskampf nicht vorgeschrieben werden[7].

Die in Art. 5 Abs. 1 GG enthaltenen Wertungen öffnen also nicht das Tor für Kampfmaßnahmen, die in anderen Industriebereichen nicht erlaubt sind. Die Pressefreiheit kann sich nur beschränkend auswirken. Der Garantiegehalt der Pressefreiheit kann die nach allgemeinen Arbeitskampfregeln erlaubten Kampfmittel allenfalls dort einschränken, wo „... im Einzelfall eine Arbeitskampfmaßnahme nach Ausmaß, Dauer, Form oder Zielrichtung so weit geht, daß dadurch die Einrichtung der freien Presse nicht nur in einer Randzone, sondern in ihrem Kern getroffen wird“[8]. Was Randzone und was Kern der freien Presse ist, läßt sich für Arbeitskampfmaßnahmen nicht generell festlegen. Theoretisch kann diese Einschränkung bis zu einem Verbot einzelner, ansonsten erlaubter Kampfmittel und Kampfstrategien führen. Es kommt dabei nicht auf das Verhältnis der Tarifparteien untereinander an. Von Bedeutung ist bei dieser Grenzziehung vielmehr die Auswirkung des Arbeitskampfes auf die Allgemeinheit. Denn Schutzzweck und wesentliche Aufgabe der Pressefreiheit ist die Erhaltung der für die Demokratie lebensnotwendigen Meinungspluralität.

Die Fragestellung hat sich deshalb darauf zu konzentrieren, ob einzelne Kampfmaßnahmen so eingeschränkt werden können, daß die Zeitungsproduktion erhalten bleibt, das Kampfmittel aber trotzdem den gewünschten Druck auf den Tarifpartner ausüben kann.

---

[7] So ganz deutlich Reuter, RdA 1975, 280: „Dem ist zuzugeben, daß autoritär gesetzte Arbeitskampfgrenzen prinzipiell problematisch sind. Denn ein Versuch des Schutzes von Dritt- und Allgemeininteressen gerät kaum vermeidbar in die Gefahr, den Arbeitskampfparteien Ziel und Verhaltensweisen zu diktieren. Das ist mit Art. 9 Abs. 3 GG nicht zu vereinbaren, ist den Koalitionen doch in dieser Verfassungsnorm die Wahrung und Förderung der Arbeits- und Wirtschaftsbedingungen in eigener Verantwortung anvertraut. Andererseits kann man aber deswegen ... die schutzwürdigen Interessen unbeteiligter Dritter und der Allgemeinheit nicht einer eher zufälligen, maßgeblich von den entscheidenden Personen in der Verdhandlungsführung abhängigen Bereitschaft zur Mäßigung und zum Kompromiß ausliefern.“ — In Bezug auf den Kampfgegner allein haben Hueck/Nipperdey/Säcker, II 2, S. 1024, 1031 mit Fn. 85 wie folgt formuliert: „Diejenige Seite, die den Arbeitskampf eröffnet, darf nur dasjenige Mittel einsetzen, das den Gegenspieler zwar unter wirksamen, zur Erreichung des Kampfzieles geeigneten Druck setzt, ihn aber gleichzeitig nicht ruinös beeinträchtigt“.

[8] BGH, EzA Nr. 21 zu Art. 9 GG, Arbeitskampf.

B. Einschränkung der Arbeitskampffreiheit für bestimmte Tätigkeitsbereiche oder Berufsgruppen innerhalb von Pressebetrieben

Als Vorfrage vor der Prüfung der allgemeinen Rechtmäßigkeitskriterien des Arbeitskampfes ist zu überlegen, ob die Pressefreiheit durch Art. 5 Abs. 1 Satz 2 GG die Arbeitskampffreiheit für bestimmte Tätigkeitsbereiche und Berufsgruppen in Pressebetrieben einschränken kann. Konkret ausgesprochen lautet die Frage also, ob eine Differenzierung zwischen „technischem Personal" (Drucker, Zeitungsausfahrer, Austräger) und „geistigem Personal" (Redakteure, Journalisten) zulässig und möglich ist[9].

Differenzierungen dieser Art wären zulässig, wenn die Pressefreiheit eine der genannten Berufsgruppen stärker verpflichten würde und von ihr mehr an Tätigkeit und Einsatzbereitschaft für ihre funktionale Verwirklichung verlangen würde als von der anderen. Eine solche stärkere Verpflichtung wird jedoch durch Art. 5 GG nicht bewirkt. Auszugehen ist von der Grundthese, daß die Pressefreiheit alle Tätigkeitsbereiche in Pressebetrieben gleichermaßen umfaßt[10]. Es ist deshalb nicht zulässig, einer Berufsgruppe aus Art. 5 GG innerhalb des Pressebetriebes eine höhere Verpflichtung gegenüber der Öffentlichkeit zuzusprechen als der anderen. Auch aus der „öffentlichen Aufgabe" der Presse kann deshalb für Journalisten oder Redakteure eine gegenüber den Druckern verstärkte Einschränkung der Arbeitskampffreiheit nicht hergeleitet werden[11].

Gestützt wird diese Überlegung durch die seit dem 26. 2. 1965 in der Bundesrepublik geltende Regelung des Teil II Art. 6 Ziff. 4 der Europäischen Sozialcharta[12]. Danach steht das Arbeitskampfrecht gleichermaßen allen Berufen zu. Das bedeutet nicht, daß durch diese Regelung eine die Arbeitskampffreiheit einschränkende Wirkung von Art. 5 Abs. 1 Satz 2 GG ausgeschlossen wäre. Soweit Art. 5 wirkt, muß er für alle Berufsgruppen gleichermaßen gelten und kann sich nicht auf eine der verschiedenen Tätigkeiten im Pressebereich besonders auswirken.

---

[9] Es wird davon ausgegangen, daß jede Berufsgruppe eigene tarifliche Regelungsziele verfolgt. Die andere Frage der Unterstützung von „fremden" Kampfforderungen fällt nicht darunter. Sie wird noch unter dem Aspekt der Sympathiekampfmaßnahmen genauer untersucht werden (vgl. 3. Teil, 2. Abschnitt, C III 5 c).

[10] BVerfGE 10, 118 ff.

[11] Zur Bedeutung der öffentlichen Aufgaben der Presse, vgl. 2. Teil, 2. Abschnitt, D II, III.

[12] BGBl. II 1965, 1122 ff.; Text in amtlicher Übersetzung in BGBl. II 1964, 1262 vgl. dazu auch Ehrenberg, in: Agnelli u. a., Die europäische Sozialcharta, 1978, S. 7.

Eine Gleichstellung der Redakteure mit den Beamten, für die auch nach dem Inkrafttreten der europäischen Sozialcharta ein Arbeitskampfverbot überwiegend für zulässig gehalten wird[13], ist nicht gerechtfertigt. Dies würde bedeuten, ihnen doch eine „öffentliche“ i. S. von staatlicher Aufgabe zuzuschreiben. Das würde, wie schon dargelegt[14], die Pressefreiheit verletzen und unzulässigerweise einschränken.

Praktische Auswirkungen hätte ein Streikverbot für eine bestimmte Berufsgruppe nur bei einem zeitlichen Auseinanderfallen von Arbeitskampfmaßnahmen in den verschiedenen Tätigkeitsbereichen. Es wäre vorstellbar, daß zunächst die Drucker und im Anschluß daran die Redakteure in den Ausstand träten. Die Pressefreiheit würde dabei durch die Länge der Auseinandersetzung tangiert. Dies ist keine Frage der besonderen Inpflichtnahme einer bestimmten Berufsgruppe durch Art. 5 GG, sondern ein in den Bereich der Verhältnismäßigkeit gehörendes allgemeines Arbeitskampfproblem[15]. Treten alle in Pressebetrieben vertretenen Berufsangehörigen gleichzeitig in den Ausstand, so wird die Pressefreiheit auch nicht weitergehend eingeschränkt, als wenn nur eine Gruppe die Arbeit einstellt. Denn streiken die Drucker, so wird die Arbeit der Redakteure nicht vervielfältigt und der Öffentlichkeit zugänglich gemacht. Im umgekehrten Fall kann nicht erwartet werden, daß die Drucker auch die redaktionelle Arbeit übernehmen. Eine Lösung der Kollisionsfrage über eine Differenzierung nach Berufsgruppen ist deshalb nicht möglich.

C. Die Rechtmäßigkeitskriterien im Einzelnen

Im folgenden sollen zunächst Inhalt und Umfang der einzelnen Rechtmäßigkeitsvoraussetzungen, die für Arbeitskampfmaßnahmen im allgemeinen gelten, untersucht werden. Dabei ist jeweils zu überlegen, ob die Pressefreiheit die Zulässigkeit der einzelnen Kampfmittel und -strategien darüber hinausgehend einschränken kann.

---

[13] Grundsätzlich dazu: Brox/Rüthers, S. 67 f.; Rüthers/Söhnen, Der Staat 1972, Bd. 11, S. 556 ff.; vgl. dazu auch die Stellungsnahme der Bundesregierung zur europäischen Sozialcharta, bei: Mitscherlich, Das Arbeitskampfrecht der Bundesrepublik und die europäische Sozialcharta 1977, S. 95; a. A. Mitscherlich, ebd., S. 95 ff.; Ramm, Das Koalitionsrecht und Streikrecht der Beamten, 1970, 25 ff.; Däubler, Der Streik im öffentlichen Dienst, 2. Aufl. 1976, S. 182 ff., 186.

[14] Vgl. 2. Teil, 2. Abschnitt, D III 1, 2; sowie Rüthers, AfP 1977, 320; F. K. Fromme, FAZ vom 18. 5. 1977, S. 10.

[15] Vgl. 3. Teil, 2. Abschnitt, C III 4 u. 5 a cc. Die Festlegung eines Streikrechts für die verschiedenen Berufsgruppen in Pressebetrieben auf eine zeitliche Reihenfolge würde dem Prinzip der freien Wahl der Kampfstrategie widersprechen. Dieser Grundsatz gibt den Tarifparteien auch das Recht, den Zeitpunkt des Einsatzes der Kampfmaßnahmen frei zu bestimmen. Würde der Zeitpunkt vorgeschrieben, wäre die Tarifautonomie in ihrem Kernbereich berührt. Dies kann auch in Pressebetrieben nicht zulässig sein.

I. Der Grundsatz der Verhältnismäßigkeit (Übermaßverbot)[16]

1. Die Rechtsprechung des Bundesarbeitsgerichts

Das Übermaßverbot hat sich zum Leitprinzip fast aller Bereiche des kollektiven Arbeitsrechts und insbesondere des Arbeitskampfrechts entwickelt. Der Große Senat des Bundesarbeitsgerichtes hat in seiner Rechtsprechung den Grundsatz der Verhältnismäßigkeit als zentrales Rechtmäßigkeitsmerkmal des Arbeitskampfes herausgestrichen und daraus eine Reihe von Voraussetzungen abgeleitet, die den Maßstab für die Überprüfung der Rechtmäßigkeit von Arbeitskämpfen, insbesondere der Kontrolle ihrer Auswirkungen, bilden sollen. Die entscheidende Passage des Urteils aus dem Jahre 1971 lautet[17]:

„Arbeitskämpfe müssen zwar nach unserem freiheitlichen Tarifvertragssystem möglich sein, um Interessenkonflikte über Arbeits- und Wirtschaftsbedingungen austragen zu können. In unserer verflochtenen und wechselseitig abhängigen Gesellschaft berühren aber Streik wie Aussperrung nicht nur die am Arbeitskampf unmittelbar Beteiligten, sondern auch Nichtstreikende und sonstige Dritte sowie die Allgemeinheit vielfach nachhaltig. Arbeitskämpfe müssen deshalb unter dem obersten Gebot der Verhältnismäßigkeit stehen. Dabei sind die wirtschaftlichen Gegebenheiten zu berücksichtigen und das Gemeinwohl darf nicht offensichtlich verletzt werden."

Diese vom Großen Senat aufgestellten Leitlinien hat der 1. Senat des Bundesarbeitsgerichts in den Entscheidungen zur Aussperrung bestätigt, weiter konkretisiert und dazu u. a. ausgeführt[18]:

„Arbeitskämpfe stellen einen Eingriff in die vertraglichen Rechte dar und berühren dabei nicht nur die Interessen der am Arbeitskampf unmittelbar Beteiligten, sondern auch Dritte und die Allgemeinheit. Daraus ergibt sich das Verbot, Kampfmaßnahmen zu ergreifen, die unnötig oder ungeeignet sind oder außer Verhältnis zum angestrebten Ziel stehen."

Der erste Senat sagt dann im folgenden eindeutig aus, daß der Begriff „Verhältnismäßigkeit" gleichbedeutend mit dem „Übermaßverbot" sei. Von der Bedeutung her seien dies identische Sammelbegriffe, die die Merkmale der Geeignetheit, der Erforderlichkeit und der Proportionalität enthielten[19]. Damit hat das Gericht einen Schritt zur Klarstellung der von ihm verwendeten Begriffe versucht.

---

[16] Der Begriff wird vom BAG mit dem Übermaßverbot gleichgesetzt. Es besteht kein Grund, von dieser Terminologie abzuweichen. Vgl. BAG, BB 1980, Beilage 4/1980.

[17] BAG (GS) AP Nr. 43 zu Art. 9 GG Arbeitskampf Bl. 309 R/310 = BAGE 23, 292 (306); vgl. auch BAGE 20, 195.

[18] BAG, BB 1980, Beilage 4/1980, S. 10 und S. 21; vgl. auch BGH Nr. 61 zu Art. 9 GG Arbeitskampf (Fluglotsenfall).

[19] BAG, BB 1980, Beilage 4/1980, unter Hinweis auf Grabitz, AöR 98, S. 568 (570 f.). Der Ausdruck „Proportionalität" soll die bisher übliche Bezeichnung

Weiter muß nach der Rechtsprechung des BAG in die Prüfung dieser drei Kriterien der Zweck einer Kampfmaßnahme miteinbezogen werden und zum verwendeten Mittel in Relation gesetzt werden. Nur so könne das System abgestufter Kampfmaßnahmen aufrechterhalten werden, das die erforderlichen schnellen und praktikablen Lösungen im Konfliktsfalle biete[20].

Der erste Senat unterscheidet in beiden Entscheidungen[21] nicht zwischen dem „öffentlich-rechtlichen" und dem „privatrechtlichen" Übermaßverbot.

Diese Unterscheidung wird von der Literatur[22] gemacht. Danach bezieht sich der Begriff des „öffentlich-rechtlichen" Übermaßverbotes auf den dem Gesetzgeber (bzw. dem an seiner Stelle tätig werdenden Richter) zukommenden Verfassungsauftrag. Er soll die offene Arbeitskampfordnung des Grundgesetzes durch die Bildung eines Kampfinstrumentariums ausfüllen. Dabei hat der Gesetzgeber (Richter) aber auch gleichzeitig die Grenzen zu bestimmen, bis zu denen diese Maßnahmen im Hinblick auf dadurch in Mitleidenschaft gezogene Rechtsgüter des Kampfgegners oder Unbeteiligter gehen dürfen. Beide Bereiche stehen unter dem Vorbehalt des öffentlich-rechtlichen Übermaßverbotes. Dies bedeutet, daß zunächst bei jedem Arbeitskampfmittel die Frage nach seiner Erforderlichkeit und Verhältnismäßigkeit zu stellen ist. Bei der Bestimmung der Grenzen dieser Kampfmittel ist sodann dieselbe Frage zu stellen. Damit können „unverhältnismäßige Eingriffe" in die von Art. 9 Abs. 3 GG garantierte Arbeitskampffreiheit verhindert werden[23]. Gleichzeitig werden auch unverhältnismäßige Beeinträchtigungen der Rechte Dritter vermieden. Das „privatrechtliche Übermaßverbot" betrifft dagegen die Überprüfung des Kampfverhaltens der am Arbeitskampf beteiligten Parteien ebenfalls an den Grundsätzen der Geeignetheit, Erforderlichkeit und Proportionalität[24]. Das BAG behandelt den Grundsatz der Verhältnismäßigkeit als ein im Arbeitskampfrecht geltendes, eigenständiges, der gesamten Rechtsordnung übergeordnetes Rechtsprinzip[25].

„Verhältnismäßigkeit im engeren Sinne" ersetzen. In der Sache ändert sich nichts, vgl. dazu nur Seiter, Arbeitskampfparität und Übermaßverbot, 1979, S. 88 f. mit Fn. 377.

[20] BAG, BB 1980, Beilage 4/1980, S. 21 ff.

[21] BB 1980, Beilage 4/1980.

[22] Zur Unterscheidung: Seiter, Streikrecht, S. 148 ff. m. Fn. 16; ders., Arbeitskampfparität und Übermaßverbot 1979, S. 88 sowie Konzen, AcP 177 (1977), S. 512 ff.

[23] Ausführlich dazu Seiter, Streikrecht, S. 148 ff.

[24] Seiter, Streikrecht, S. 150 ff.

[25] BAG, BB 1980, Beilage 4/1980, unter Hinweis auf Larenz, Methodenlehre der Rechtswissenschaft, 4. Aufl. 1979, S. 465.

Dem BAG zufolge sind bei der Bestimmung der Kampfgrenzen sowohl Belange des Arbeitskampfgegners wie auch Dritter bzw. der Allgemeinheit zu beachten. Das BAG bezieht die Allgemeinheit ausdrücklich in den Schutzbereich des Übermaßverbotes mit ein. Wegen der „tiefgreifenden wirtschaftlichen und sozialen Folgen von Arbeitskämpfen käme den Tarifvertragsparteien eine „Verantwortung gegenüber der Allgemeinheit und dem Gemeinwohl zu“[26].

Das BAG stellt die Tarifautonomie in den Vordergrund und den Arbeitskampf als Hilfsinstrument in ihren Dienst. Dabei weist es den Koalitionen die Verantwortung zu, die Arbeitskampfregeln selber durch Kollektivvereinbarungen herauszuarbeiten und zu gestalten[27]. Nur wenn keine kollektiven Vereinbarungen vorhanden seien, dürften die Gerichte anstelle der Koalitionen eingreifen und mit Hilfe des Verhältnismäßigkeitsgrundsatzes überprüfen, ob ein Arbeitskampf nach Anlaß, Beginn, Art der Durchführung und der weiteren Entwicklung zulässig sei[28].

Diese Gedanken liegen dem vom Großen Senat entwickelten „System von abgestuften Kampfmaßnahmen“ zugrunde[29]. Diese richterrechtliche Arbeitskampfordnung ist zwar auf das Verhältnis zum Kampfgegner hin konzipiert, soll aber auch gleichzeitig Schutzwirkungen gegenüber der Allgemeinheit entfalten. Darauf kommt es hier im wesentlichen an. Diese Konzeption ist hinreichend flexibel, um diese Anforderungen zu erfüllen. Ob sie zu weit in die Tarifautonomie eingreift, wird noch zu überprüfen sein.

2. *Die Kritik in der Literatur*

In der Literatur werden verschiedene Aspekte der Rechtsprechung des BAG zum Übermaßverbot kritisiert.

a) Verhältnismäßigkeit und Rechtssicherheit

Zum einen wird geltend gemacht, der Kernsatz dieser Ausführungen des BAG, „Arbeitskämpfe müssen ... unter dem obersten Gebot der Verhältnismäßigkeit stehen“, trage mit seiner allgemeinen Formulie-

---

[26] BAGE 23, 292 (306). Daraus wird auch z. T. der Geltungsgrund des Übermaßverbotes im Privatrecht hergeleitet; vgl. G. Müller, RdA 1971, 320 f.; ders., GewMH 1972, 273 (275); ebenso Seiter, Arbeitskampfparität und Übermaßverbot, 1979, S. 90 f.

[27] BAG (GS) AP Nr. 43 zu Art. 9 GG Arbeitskampf Bl. 7; vgl. auch Richardi, NJW 1978, 2060; Badura, AöR 1979 (2), 260 f.; Rüthers, Rechtsprobleme der Aussperrung, 1980, S. 99 f.

[28] BAG, AP Nr. 43 zu Art. 9 GG Arbeitskampf, Bl. 6 R, 7.

[29] BAG, AP Nr. 43 zu Art. 9 GG Arbeitskampf; und AP Nr. 51 zu Art. 9 GG Arbeitskampf; zur Übersicht Richardi, NJW 1978, 2060.

rung nicht viel zur konkreten Problemlösung im Einzelfall bei. Die Unbestimmtheit des Begriffs der „Verhältnismäßigkeit" führe zu einer großen Rechtsunsicherheit bei den Beteiligten[30].

b) Stellungnahme

Die Kritik an diesem Punkt ist unberechtigt. Das Bundesarbeitsgericht hat mit der Hervorhebung dieses Grundsatzes nicht eine konkrete Einzelfallösung verfolgt, sondern es hat bewußt mit einem unbestimmten Rechtsbegriff eine Richtlinie für die Konkretisierung der Schranken des Arbeitskampfes gegeben. Die Unbestimmtheit des Begriffs Verhältnismäßigkeit trägt einerseits dem von Art. 9 Abs. 3 GG getragenen Grundgedanken Rechnung, daß der Arbeitskampf ein flexibles Instrument zur Ausgestaltung der Tarifautonomie bleiben muß, um sich den veränderten Bedingungen des sozialen Umfeldes anpassen zu können[31]. Andererseits wird der ebenfalls aus Art. 9 Abs. 3 GG folgende Grundsatz berücksichtigt, daß Arbeitskämpfe trotz ihrer Notwendigkeit der rechtlichen Einbindung bedürfen, damit sie nicht zum Schaden der gesamten Sozialordnung ausufern[32].

c) Einschränkung der grundrechtlich garantierten Arbeitskampffreiheit durch das Übermaßverbot

Zum anderen wird der Arbeitskampfkonzeption des BAG von einem Teil der Literatur[33] entgegengehalten, es gebe nur ein „öffentlich-rechtliches" Übermaßverbot, das zur Kontrolle unverhältnismäßiger Eingriffe von Seiten des Staates bestimmt sei[34]. Werde diese Schranke auch noch auf der Ebene der Rechtsbeziehungen der privaten, staatsunabhängigen Koalitionen als privatrechtliches Übermaßverbot angewendet, werde daraus ein Kontrollinstrument nicht des staatlichen Eingriffs, sondern der grundrechtlich garantierten Freiheitsbetätigung gemacht.

d) Stellungnahme

Es bedarf keiner näheren Begründung, daß das öffentlich-rechtliche Übermaßverbot vom Gesetzgeber bei der Herausarbeitung der Kampf-

---

30 Insbesondere Joachim, in: Streik und Aussperrung, 1974, S. 35 ff.; Reuss, ebd., S. 110 ff.; Däubler, JuS 1972, 643 f.

31 Richardi, NJW 1978, 2060; Reuter, JuS 1973, 287; Rüthers, Rechtsprobleme der Aussperrung, 1980, S. 99 f.

32 Dazu nur Reuter, RdA 1975, 275 ff.

33 Säcker, GewMH 1972, 287 (297); Joachim, in: Kittner (Hrsg.), Streik und Aussperrung, 1974, 27 ff. (35); Hoffmann, ebd., S. 76; Reuss, AuR 1971, 353 ff.; Schwegler, GewMH 1972, 299 ff.; J. Meyer, ZRP 74, 253 ff.; Klein, Koalitionsfreiheit im pluralistischen Sozialstaat, 1979, S. 67 ff.

34 Gewissermaßen als „Schranken-Schranke", so Säcker, GewMH 1972, 287 (297).

maßnahmen zu beachten ist[35]. Ebenso muß aber das Kampfverhalten der Parteien untereinander auf seine Verhältnismäßigkeit überprüft werden. Die gegen das BAG geltend gemachte Kritik ist nicht haltbar. Dies wurde schon von anderer Seite ausführlich und überzeugend dargelegt[36]. Deshalb braucht hier nur noch kurz darauf eingegangen zu werden.

Die Kritik am BAG geht zunächst zutreffend davon aus, daß der Arbeitskampf die Ausübung der in Art. 9 Abs. 3 GG garantierten Koalitionsbetätigungsfreiheit ist. Sie übersieht dabei, daß die Ausübung der Arbeitskampffreiheit gleichzeitig immer einen Eingriff in die Rechte Dritter, sei es des Gegners oder auch Unbeteiligter darstellt. Diese Eingriffe sind nicht etwa verboten, sondern von der Rechtsordnung erlaubt[37]. Um die durch die Anwendung der Arbeitskampfmittel entstehenden Rechtsgutverletzungen in Grenzen zu halten, muß wiederum eine Beschränkung des Arbeitskampfes erfolgen. So ist es durchaus zu billigen, wenn die Maßnahmen und die Auswirkungen des Arbeitskampfes auch im Verhältnis der Parteien des Arbeitskampfes und gegenüber der Allgemeinheit unter den Grundsatz auch des privatrechtlichen Übermaßverbotes gestellt werden. Irrig ist die Annahme der Kritiker, daß Übermaßverbot sei „öffentlich-rechtlich" und dem Privatrecht fremd. Bereits ein Blick ins BGB zeigt, daß das Gegenteil richtig ist. Als Beispiel seien hier nur die §§ 320 ff. BGB genannt.

Mit der im Schrifttum überwiegenden Meinung[38] ist daher daran festzuhalten, daß auch das privatrechtliche Übermaßverbot im Arbeitskampf gilt. Jede einzelne Maßnahme wird daher durch das Gebot der Geeignetheit, Erforderlichkeit und Proportionalität beschränkt[39]. Es ist allerdings zu beachten, daß die Regelung des Arbeitskampfes vom Grundgesetz — und daran anknüpfend vom BAG — in erster Linie dem Verantwortungsbereich der Koalitionen überlassen worden ist[40]. Der

---

[35] Vgl. dazu nur Seiter, Streikrecht, S. 148 ff.

[36] Rüthers, Diskussionsbeitrag, in: Kittner (Hrsg.), Streik und Aussperrung, 1974, S. 127 ff.; ders. ArbR d. Gegnw. 10 (1973), 29 ff.; Reuter, RdA 1975, 281; Konzen, AcP 177 (1977) 510 ff.; Richardi, NJW 1978, 2057 ff.; Seiter, Arbeitskampfparität und Übermaßverbot, 1979, S. 89 ff.; und auch das BAG, BB 1980, Beilage 4/1980, S. 10 f. m. w. N., das an seiner Auffassung festhält.

[37] Rüthers, in: Gedächtnisschrift für Dietz 1973, S. 318; Reuter, RdA 1975, 281.

[38] Rüthers, in: Kittner (Hrsg.), Streik und Aussperrung, Diskussionsbeitrag, S. 127 f.; ders., Rechtsprobleme der Aussperrung, 1980, S. 100; Seiter, Streikrecht, S. 148 ff.; ders., Arbeitskampfparität und Übermaßverbot, 1979, S. 90 m. w. N. in Fn. 388; Reuter, RdA 1975, 279 ff. (281), ders., in: Festschrift für F. Böhm 1975, S. 548 ff.

[39] A. A. Konzen, der eine Überprüfung einer einzelnen Kampfmaßnahme auf ihre Erforderlichkeit ablehnt, AcP 177 (1977) 514; im Ergebnis ergeben sich aber keine Unterschiede zur h. M.

staatliche Eingriff auf die privaten Arbeitskampfmaßnahmen durch das Übermaßverbot muß sich deshalb auf Grenzkorrekturen der Unverträglichkeit mit übergeordneten Rechtsgütern[41], d. h. auf die Überprüfung der Unverhältnismäßigkeit beschränken[42].

II. Übermaßverbot und Gemeinwohl

1. Der Begriff des Gemeinwohls

In dem Beschluß aus dem Jahre 1971[43] hat der Große Senat des Bundesarbeitsgerichts in Fortführung seiner früheren Rechtsprechung[44] den Beeinträchtigungen der Allgemeinheit durch Arbeitskämpfe dadurch Rechnung zu tragen versucht, daß er die Arbeitskampfmaßnahmen der Grenze des „Gemeinwohls" unterstellt hat[45]. Damit hat das Bundesarbeitsgericht ausgedrückt, daß in bestimmten Unternehmen Arbeitskampfmaßnahmen besonderen Anforderungen genügen müssen und auch weitergehend eingeschränkt werden können, wenn die Interessen Unbeteiligter oder der Allgemeinheit in besonderem Ausmaß betroffen sind. Der vom BAG zur Umschreibung dieser flexiblen Arbeitskampfgrenze gebrauchte Begriff des Gemeinwohls ist in der Literatur wegen seiner Weite und Unbestimmtheit auch schon vor dem Beschluß des Großen Senats von 1971 kritisiert worden[46].

---

40 Vgl. die ausdrückliche Aufforderung des BAG an die Adresse der Koalitionen, diesen Bereich selber mittels kollektiver Vereinbarungen auszugestalten: BAG, BB 1980, Beilage 4/1980, S. 11 und S. 21, BAGE 23, 292 (307 und 313). Vgl. auch Rüthers, Rechtsprobleme der Aussperrung, 1980, S. 99 f.

41 Reuter, RdA 1975, 281, der hier eine Parallele zur Anwendung des Verhältnismäßigkeitsgrundsatzes bei der Überprüfung formeller Gesetze sieht (insoweit zustimmend: Konzen, AcP 177 (1977), S. 514; der allerdings die vom BAG geforderte Erforderlichkeitsprüfung einer Kampfmaßnahme nicht anerkennt (darauf wird noch einzugehen sein. Vgl.: 3. Teil, 2. Abschnitt, C III 5).

42 Ausführlich Seiter, Streikrecht, S. 151 ff.; Rüthers, Rechtsprobleme der Aussperrung, 1980, S. 99 f.

43 BAG AP Nr. 43 zu Art. 9 GG Arbeitskampf = BAGE 23, 292 ff.

44 BAG AP Nr. 1 zu Art. 9 GG Arbeitskampf; AP Nr. 13 zu Art. 9 GG Arbeitskampf.

45 Schon BAG AP Nr. 1 zu Art. 9 GG Arbeitskampf = BAGE 1, 291 (311): „Eine Staatspolitische Notwendigkeit gebiete es, Arbeitskämpfe im Interesse des Gemeinwohls nicht zu erleichtern." Und insbesondere BAG AP Nr. 43 zu Art. 9 GG Arbeitskampf, Bl. 309 R/310: „... und das Gemeinwohl darf nicht offensichtlich verletzt sein"; ... Auch in der Literatur wird der Begriff zur Begrenzung der Beeinträchtigungen der Allgemeinheit verwendet: Brox/Rüthers, S. 150; Hueck/Nipperdey/Säcker, II 2, S. 1031 f. m. Fn. 85 a, 87 d; Seiter, Streikrecht, S. 543 f. m. w. N.; Bobrowski/Gaul, Das Arbeitsrecht im Betrieb, Band II, 7. Aufl. 1979, H II, Rdnr. 43 ff.

46 Adomeit, Rechtsquellenfragen im Arbeitsrecht, 1969, S. 83 Fn. 264; Ramm, Kampfmaßnahmen und Friedenspflicht, 1962, S. 112; Hamann/Lenz: Das Grundgesetz, 3. Aufl., S. 234 („Verhüllungsideologie"); Däubler, Der Streik im öffentlichen Dienst, 2. Aufl., 1971, S. 81 ff.

Dem Gemeinwohlbegriff mit der Bezeichnung als „bloße Leerformel“[47] jede Bedeutung abzusprechen, ist aber nicht zutreffend und führt am Problem vorbei. Auch ein Verzicht auf die Verwendung dieses unbestimmten Rechtsbegriffs ändert nichts an der Notwendigkeit einer normativen Regelung der sachlichen Schwierigkeiten, die das Aufeinandertreffen der verschiedenen Interessenbereiche mit sich bringt[48]. Es bedarf allerdings einer Konkretisierung dieses unbestimmten Rechtsbegriffs[49].

2. *Die Konkretisierung des Gemeinwohlbegriffs: Die Presse als lebensnotwendiger Betrieb*[50]

a) Der allgemeine Begriff des lebensnotwendigen Betriebes

Zum Schutze der Allgemeinheit ist in der Literatur allgemein anerkannt, daß in Betrieben, die zur Versorgung der Bevölkerung lebensnotwendige Güter herstellen, besondere Beschränkungen der Arbeitskampffreiheit gelten müssen[51]. Die Frage, wo diese Grenzen verlaufen, wird allerdings unterschiedlich beurteilt. Vereinzelt wird vertreten, daß in Betrieben, die für die physische Lebenserhaltung der Bevölkerung sorgen, ein Arbeitskampf generell verboten sein soll[52]. Die ganz überwiegende Meinung geht davon aus, daß Arbeitskämpfe in lebensnotwendigen Betrieben nicht stets und generell unzulässig sind[53]. Nur wenn

[47] So Adomeit, Rechtsquellenfragen, S. 83 in Fn. 264.

[48] Vgl. nur Seiter, Streikrecht, S. 544; Rüthers, AfP 1977, 318.

[49] Seiter, Streikrecht, S. 544.

[50] Auch „gemeinnötige Betriebe“ genannt, vgl. Seiter, Streikrecht, S. 546. Pauschal definiert als solche „Betriebe, die die Bevölkerung mit lebenswichtigen Gütern und Dienstleistungen versorgen“, vgl. dazu auch schon RGZ 159, 135; 162, 349: „Betriebe, die für das allgemeine Wohl unentbehrlich oder von besonderer Bedeutung sind“.

[51] Vgl. nur Seiter, Streikrecht, S. 546 ff. m. w. N.; Brox/Rüthers, S. 150; Rüthers, AfP 1977, 318 ff.; vgl. auch die Richtlinien des DGB z. Arbeitskampftaktik, die eine Versorgung der Bevölkerung in ausreichendem Maße m. Gas, Wasser u. Elektrizität vorschreiben. Krankenhäuser und die Sozialversicherung dürfen danach nicht in Mitleidenschaft gezogen werden und die Bevölkerung ist mit den notwendigen Lebensmitteln zu versorgen; zitiert nach Grothe, Der Streik, Taktik und Strategie, 1952, S. 177; vgl. auch Lauschke, Die Notarbeiten im Arbeitskampf 1966, S. 12. Ebenso schreiben die Richtlinien des DGB von 1974 in § 8 Abs. 4 in Versorgungsbetrieben eine Notversorgung zwingend vor. Fundstelle: Hernekamp, Arbeitskampf, aktuelle Dokumentation 1975, 75 ff.

[52] So P.-J. Stein, Die rechtliche Beurteilung von Arbeitskämpfen in lebenswichtigen Betrieben, 1967, S. 85; Zöllner, Arbeitsrecht, 2. Aufl. 1979, S. 304: zumindest für Wasserwerke und Energieversorgung, differenzierend für Krankenhäuser.

[53] Brox/Rüthers, S. 150; Schaub, Arbeitsrecht, 1977, § 194 IV 1 f.; Seiter, Streikrecht, S. 546 f. m. w. N. in Fn. 18 und 51 zu den verschiedenen Anforderungen; Rüthers, AfP 1977, 318; Ricker, NJW 1980, 158; Hernekamp, BB 1976, 1333; Badura, AöR 1979 (2), 260 ff.; Grunsky, ZRP 1976, 132; Bobrowski/Gaul, Das Arbeitsrecht im Betrieb, Band II, 7. Aufl., 1979, H II Rdnr. 43 ff.

die notwendige Mindestversorgung der Bevölkerung unterschritten werde, und ein Ausgleich auch nicht durch die Einrichtung eines Notdienstes hergestellt werden könne, sei ein Arbeitskampf unzulässig[54].

b) Die Presse als lebensnotwendiger Betrieb

Die entscheidende Frage für die Kollision zwischen Arbeitskampffreiheit und der Pressefreiheit ist folgende: Ist die Presse wegen ihrer Bedeutung für das Funktionieren eines demokratischen Staates in die Kategorie der „lebensnotwendigen Betriebe" einzuordnen und folgen daraus die oben angedeuteten Beschränkungen der Arbeitskampffreiheit?

Die Ansichten darüber, ob die Presse ein lebensnotwendiger Betrieb sei oder ob zumindest die Grundsätze über den Schutz lebensnotwendiger Betriebe entsprechend anzuwenden seien, wird in Literatur und Rechtsprechung unterschiedlich beurteilt.

Löffler[55] und ihm folgend Ricker[56] befürworten eine entsprechende Anwendung der Grundsätze über den Schutz lebensnotwendiger Betriebe. Begründet wird dies damit, daß in Anbetracht der fundamentalen Bedeutung einer freien Presse für das Funktionieren der Demokratie auch ideelle und geistige Bedürfnisse lebensnotwendig seien[57], gegenüber denen die rein materiellen Interessen der im Arbeitskampf befindlichen Tarifparteien zurücktreten müßten[58]. Entscheidend komme es dabei auf die räumliche Ausdehnung sowie auf die zeitliche Dauer an. Unter besonderen Umständen könne bereits der für den Beginn eines Arbeitskampfes gewählte Zeitpunkt über die Zulässigkeit und Unzulässigkeit entscheiden oder zumindest die Abkürzung der Kampfmaßnahmen rechtfertigen[59]. Deshalb hat Löffler ein vom Bundesgesetzgeber zu erlassendes „Bundespressearbeitskampfgesetz"[60] gefordert, das ein Verbot von Arbeitskämpfen unter bestimmten Voraussetzungen enthalten solle. Ein Arbeitskampf soll insbesondere dann unzulässig sein, wenn

---

54 Vgl. Seiter, Streikrecht, S. 553 mit Fn. 51; Rüthers, AfP 1977, 318.

55 Löffler, NJW 1962, 1604; ders., Presserecht I, Kap. 13 Rdnr. 17.

56 Ricker, NJW 1980, 158; Löffler/Ricker, Presserecht 1978, Kap. 36 Rdnr. 7 ff. (12).

57 Löffler, NJW 1962, 1604 (fundamentale, ideelle und politische Mindestinformationsansprüche); Ricker, NJW 1980, 158; vgl. auch Hernekamp, BB 1976; 1332.

58 Löffler, NJW 1962, 1604.

59 Löffler, NJW 1962, 1604.

60 Vgl. den Bericht über die 41. Tagung des Studienkreises für Presserecht und Pressefreiheit von Fromme, FAZ vom 18. 5. 1977, S. 10. Die Aussichten, daß ein solches Gesetz tatsächlich einmal erlassen werden dürfte, sind höchst gering, wenn man die geringe Neigung des Gesetzgebers, eine allgemeine Regelung des Arbeitskampfes zu treffen, sieht.

davon die gesamte Produktion von Presseprodukten im Bundesgebiet betroffen wäre[61]. Ebenso sei ein Arbeitskampf in Pressebetrieben verbietbar, wenn ein größeres Gebiet oder auch nur eine bestimmte Pressesparte — etwa die gesamte illustrierte Presse — sich im Arbeitskampf befinde[62]. Auch könnten eine sich im Arbeitskampf abzeichnende Schwächung der Lokalpresse oder eine unerwünschte Konzentrationsbewegung, bedingt durch den Arbeitskampf, zu einem Verbot führen[63]. Andere Autoren verlangen nicht ein Verbot des Arbeitskampfes, sondern leiten aus den Grundsätzen über lebensnotwendige Betriebe eine Verpflichtung der Tarifpartner zur Herstellung einer Notzeitung her[64].

Rüthers[65] hat dagegen betont, daß die Beschränkung von lebensnotwendigen Gütern auf rein physische Bedürfnisse zu eng sei und dem Wertungsrahmen des Grundgesetzes nicht gerecht werde. Andererseits müsse aber der elementar wichtigen Funktion der Tarifautonomie auch für Presseunternehmen mit ihrer von der Verfassung garantierten privatwirtschaftlichen Struktur Rechnung getragen werden. Eine unternehmensspezifische Einschränkung der Arbeitskampffreiheit in Presseunternehmen würde daher dieses Institut beeinträchtigen[66]. Durch die in den letzten Jahren gewandelte Technologie sei auch ein Teil der von den Zeitungen übermittelten Informationen durch die anderen Massenmedien ersetzbar[67]. Der nicht ausgleichbare Rest an Beeinträchtigungen der Pressefreiheit müsse im Sinne von „arbeitsrechtlichen Betriebskosten" einer freien und privaten Presse verstanden werden[68].

Dieselbe Ansicht vertritt auch der Bundesgerichtshof[69]. Danach können die Grundsätze über Arbeitskämpfe in lebenswichtigen Betrieben nicht ohne weiteres angewandt werden. Besondere Einschränkungen seien nur zulässig, wo die Pressefreiheit nicht nur in einer Randzone, sondern in ihrem Kern getroffen werde[70].

---

[61] Löffler, Presserecht I, Kap. 13 Rdnr. 17; so auch Müller, nach dem Bericht von Löffler über die 12. Arbeitstagung des Studienkreises für Presserecht und Pressefreiheit, NJW 1962, 2048 f.

[62] Müller, nach dem Bericht von Löffler (vgl. Fn. 61), NJW 1962, S. 2048 f.

[63] Kaiser, nach dem Bericht von Löffler (vgl. Fn. 61), NJW 1962, S. 2048 f.

[64] Ricker, NJW 1980, 158; Hernekamp, BB 1976, 1332 ff. Zur Frage einer rechtlichen Verpflichtung der Tarifparteien zur Herstellung einer Notzeitung noch ausführlich 3. Teil, 3. Abschnitt. Zu diesem Ergebnis, wenn auch mit anderer Begründung, kommen auch Badura, AöR 1979 (2), 263 und Seiter, Anm. zu BGH EzA Nr. 21 zu Art. 9 GG Arbeitskampf.

[65] AfP 1977, 319 ff.

[66] AfP 1977, 319.

[67] AfP 1977, 319.

[68] AfP 1977, 319.

[69] BGH EzA Nr. 21 zu Art. 9 GG Arbeitskampf, allerdings ohne ausführliche Begründung, u. a. auch unter Berufung auf Rüthers, AfP 1977, 319 ff.

[70] BGH, ebd., S. 138.

c) Eigene Stellungnahme

Welche Voraussetzungen ein Betrieb erfüllen muß, um als „lebensnotwendig“ zu gelten, läßt sich nicht generell festlegen[71]. Die oben[72] angedeuteten unbestimmten Definitionen können auch nur Richtlinien und Anhaltspunkte liefern. Festzuhalten ist zunächst, daß die üblicherweise in der Literatur angeführten Beispiele lebenswichtiger Betriebe wie Krankenhäuser, Wasserwerke, Energieunternehmen und Grundnahrungsmittel produzierende Betriebe[73] keinesfalls als abschließende Aufzählung zu verstehen sind. Je nach Bedürfnislage können auch andere Betriebe darunter fallen.

Ansatzpunkt der Kategorisierung ist die Frage nach der Abhängigkeit der Interessen und Bedürfnisse der Bevölkerung von den produzierten Gütern oder Dienstleistungen. Daran anknüpfend folgt die weitere Frage, ob diese Produkte austauschbar sind oder ob sie eine Monopolstellung innehaben und nicht ersetzbar sind.

Die Abhängigkeit der Bevölkerung von diesen Gütern und Dienstleistungen und den daran orientierten Bedürfnissen läßt verschiedene Intensitätsgrade erkennen[74].

Unternehmen der ersten Kategorie sorgen für die Erhaltung der „grundlegenden Lebensinteressen“, d. h. für die physische Lebenserhaltung. Als Beispiele seien Krankenhäuser, Wasserwerke, Energielieferanten und Grundnahrungsmittel produzierende Betriebe genannt.

Betriebe der zweiten Kategorie stellen Güter her, die zu den „selbstverständlichen Lebensvoraussetzungen“ der Bevölkerung gehören. Dazu zählt etwa die Aufrechterhaltung des privaten Kraftfahrzeugverkehrs[75].

Zur dritten Kategorie sind die Betriebe zu rechnen, die „Lebensannehmlichkeiten“ produzieren. Hierzu gehört beispielsweise die Möglichkeit, jederzeit eine Gaststätte aufzusuchen[76].

---

[71] Vgl. etwa Seiter, Streikrecht, S. 546 ff. und ausdrücklich P.-J. Stein, Die rechtliche Beurteilung von Arbeitskampfmaßnahmen in lebenswichtigen Betrieben, 1967, S. 1; Apfel, Die Sicherung und Erhaltung des Betriebes bei Arbeitskämpfen, 1970, S. 27 f.

[72] Fn. 50.

[73] Vgl. in Fn. 51 die zitierten Richtlinien des DGB oder Seiter, Streikrecht, S. 547 mit Fn. 19, 20, 21.

[74] Die im folgenden vorgeschlagene Kategorisierung geht zurück auf P. J. Stein, Die rechtliche Beurteilung von Arbeitskämpfen in lebenswichtigen Betrieben, 1967, insbesondere S. 85, ohne allerdings die von Stein vorgeschlagenen Ergebnisse hinsichtlich der Arbeitskampfbeschränkungen zu übernehmen.

[75] P.-J. Stein, Die rechtliche Beurteilung von Arbeitskämpfen in lebenswichtigen Betrieben, 1967, S. 85.

[76] P.-J. Stein, ebd., S. 85.

Wo lassen sich nun Pressebetriebe einordnen? Ohne das es einer näheren Betrachtung bedürfte, können die Betriebe der dritten Kategorie ausgeschlossen werden. Die Existenz und das ungehinderte Funktionieren einer freien Presse ist mehr als nur eine das Leben verschönernde Annehmlichkeit. Die für ein demokratisches Staatswesen notwendige Funktion der Presse führt zu der Bewertung, daß die Zeitungen mehr Bedeutung haben, als die als „selbstverständlich" vorausgesetzten Güter und Dienstleistungen. Die Funktion der Presse in einer Demokratie ist wichtiger als der private Kraftfahrzeugverkehr.

Übrig bleibt die erste Kategorie. Das sind die Betriebe, die grundlegende Lebensinteressen befriedigen. Üblicherweise sind diese Unternehmen im Rahmen der allgemeinen Daseinsvorsorge tätig und auf die Sicherung der physischen Existenzbedürfnisse ausgerichtet[77]. Wird die Zeitungsproduktion arbeitskampfbedingt eingestellt, so sind diese grundlegenden, physischen, menschlichen Existenzvoraussetzungen nicht in Mitleidenschaft gezogen. Niemand braucht um seine Gesundheit zu bangen, muß hungern oder frieren, weil „seine Zeitung" oder „die Zeitungen" nicht erscheinen. Der Ausübung der von der Tarifautonomie garantierten Arbeitskampffreiheit steht nicht unmittelbar die Gefährdung der menschlichen Gesundheit oder gar der menschlichen Existenz gegenüber, also Rechtsgüter, denen von der Verfassung her unzweifelhaft der höhere Rang eingeräumt wird.

Eine solche, rein auf die physische Existenz ausgerichtete Betrachtungsweise wird jedoch dem Verhältnis von Pressefreiheit und Arbeitskampffreiheit auf Verfassungsebene nicht gerecht. Es ist zu beachten, daß auch die Befriedigung gewisser geistiger Bedürfnisse zu den Voraussetzungen gehört, die die physische Existenz des Menschen erst sinnvoll machen[78]. Von der Staatsfunktion her betrachtet ist ein lebenswichtiges Interesse der Bevölkerung auch die Erhaltung der demokratischen Staatsform. Notwendige Voraussetzung dafür ist die Existenz von Meinungspluralität und damit die Möglichkeit für jeden, seine politischen Rechte wahrzunehmen und zu erhalten. Die Bedeutung, die einer umfassenden Information und einem ständigen Meinungsaustausch zukommt, ist ausführlich dargestellt worden[79]. Die Presse erfüllt somit in diesem Sinne eine lebensnotwendige Aufgabe.

Allein die Bedeutung der Pressefreiheit für die Staatsfunktion zu betrachten, wäre zu einseitig. Auch die Tarifautonomie und in ihrem

[77] Vgl. die Beispiele in Fn. 51 und 52.

[78] So schon Löffler, NJW 1962, 1604; Rüthers, AfP 1977, 319, 329, der zu Recht den politischen Wertungsrahmen der Art. 1, 2 und 20 und damit das Demokratie- und Sozialstaatsprinzip heranzieht. Vgl. auch Hernekamp, BB 1976, 1332; Badura, AöR 1979 (2), 260 f.

[79] Vgl. 1. Teil, 3. Abschnitt, C und Hernekamp, BB 1976, 1332.

Dienst die Arbeitskampffreiheit ist ein wesentliches Element einer freiheitlichen Staats- und Wirtschaftsordnung[80]. Die Presse mit ihrer privatwirtschaftlichen Organisationsstruktur nimmt teil an den von der Tarifautonomie vorausgesetzten Verfahren. Die von der Verfassungsgarantie umfaßte privatwirtschaftliche Struktur ist für die Erhaltung der freien, vielfältigen Presse unerläßlich[81]. Die Tarifautonomie und damit der Arbeitskampf sind in diesem Sinne genauso lebensnotwendig für die Demokratie wie die ungestörte Funktion der Presse[82].

d) Folgerungen

Dieses Ergebnis entspricht der verfassungsrechtlichen Beurteilung der Pressefreiheit und der Arbeitskampffreiheit[83]. Sowohl die ungestörte Funktion der Presse wie auch die effektive Wahrnehmung der Tarifautonomie sind unverzichtbare Bausteine des freiheitlich demokratischen Staatswesen. Ein generelles Verbot von Arbeitskämpfen in Pressebetrieben ist deshalb auch durch die allgemeinen, einfachgesetzlichen Rechtmäßigkeitsvoraussetzungen nicht zu rechtfertigen[84].

Ein partielles Verbot[85] oder die Annahme einer Rechtspflicht zur Herstellung einer Notzeitung[86] ist nur dann vertretbar, wenn der Mangel an Information nicht anderweitig — etwa durch andere Medien — ausgeglichen werden kann[87]. Wenn in anderen Betrieben, deren Tätigkeit unmittelbar auf die Erhaltung der physischen Existenz ausgerichtet ist, die Aufrechterhaltung eines Notdienstes zur Garantie der Mindestver-

---

[80] Darauf hat Rüthers, AfP 1977, 319 zu Recht nachdrücklich hingewiesen; ebenso Ricker, in: Löffler/Ricker, Presserecht, 1978, Kap. 36 Rdnr. 12; vgl. auch 2. Teil, 1. Abschnitt, D II 1 c.

[81] Rüthers, AfP 1977, 319; Ricker, NJW 1980, 158. Vgl. auch 2. Teil, 2. Abschnitt D.

[82] Seiter, Streikrecht, S. 547 drückt dies deutlich aus: „Die Arbeitskampffreiheit ist selber Bestandteil eines wie auch immer gearteten Gemeinwohls, m. w. N. in Fn. 15.

[83] Vgl. 3. Teil, 1. Abschnitt, B.

[84] So auch die allgemeine Meinung in Literatur und Rspr.: BGH EzA Nr. 21 zu Art. 9 GG Arbeitskampf; BAG, BB 1980, Beilage 4/1980; LAG München, 4 Sa 149/79; Badura, AöR 1979 (2), 262; Däubler, Der Streik im öffentlichen Dienst, 2. Aufl., 1971, S. 236 f.; Grunsky, ZRP 76, 129 ff.; Hernekamp, BB 1976, 1329 (1331 f.); Löffler, NJW 1962, 1601; ders., Presserecht I, Kap. 13 Rdnr. 17; Ramm, Das Koalitionsrecht und Streikrecht der Beamten, 1970, S. 148; Rehbinder, Presserecht, 1967, S. 84 f.; Ricker, NJW 1980, 158; Rüthers, AfP 1977, 305 ff.; Seiter Anm. zu BGH EzA Nr. 21 Art. 9 GG Arbeitskampf.

[85] Vgl. oben Fn. 60.

[86] Badura, AöR 1979 (2), 262 f.; Seiter, Anm. zu BGH EzA Nr. 21 zu Art. 9 GG Arbeitskampf; Ricker, NJW 1980, 158; Hernekamp, BB 1976, 1329 ff.; vgl. 3. Teil, 3. Abschnitt.

[87] Vgl. 3. Teil, 3. Abschnitt, B II 1 und D II.

sorgung der Bevölkerung als ausreichend angesehen wird[88] und gegenüber einem auch partiellen Verbot den Vorrang hat, muß dies auch für Pressebetriebe gelten. Dies wird sogar für Krankenhäuser, wo unmittelbar die Gesundheit und das Leben von Menschen als höchste Rechtsgüter auf dem Spiel stehen, anerkannt[89]. Die Bedeutung eines Produkts, das direkt der Erhaltung der menschlichen Gesundheit dient, läßt sich nicht vollständig und absolut mit der Bedeutung einer Ware gleichsetzen, die für das effektive Funktionieren der Demokratie unentbehrlich ist.

Als Ergebnis ist festzuhalten, daß nicht ein generelles oder ein partielles Verbot des Arbeitskampfes ausgesprochen werden kann, selbst wenn die gesamte Presse im Bundesgebiet arbeitskampfbedingt ausfallen würde[90]. Dieses Ergebnis gilt ebenso, wenn eine ganze Sparte — etwa die illustrierte Presse — nicht erscheinen könnte. Nur für den Fall, daß alle Massenmedien — Presse, Rundfunk, Fernsehen — arbeitskampfbedingt gleichzeitig funktionsunfähig sein sollten, wäre die Grenze erreicht, an der sich die von Art. 5 GG garantierte und die Meinungspluralität erhaltende Pressefreiheit der Arbeitskampffreiheit gegenüber durchsetzen müßte[91].

In allen anderen Fällen muß eine Anwendung der allgemeinen Rechtmäßigkeitskriterien ausreichen. Dabei zeigt sich, daß auch die zum Schutze des Kampfgegners bestehenden Rechtmäßigkeitsvoraussetzungen zu prüfen sind, da auch sie geeignet sind, die Wirkungen des Arbeitskampfes der Allgemeinheit gegenüber gering zu halten.

III. Die Auswirkungen des Übermaßverbotes im Einzelnen

1. Das „ultima-ratio"-Prinzip und seine Bedeutung

Die Anwendung des Übermaßverbots im Arbeitskampfrecht bringt mit sich, daß jede Kampfmaßnahme auf ihre Erforderlichkeit zu untersuchen ist. Eine bestimmte Kampfmaßnahme zur Erreichung eines Zieles ist dann nicht erlaubt, wenn eine andere, den Gegner und die Allgemeinheit weniger treffende Maßnahme denselben Erfolg herbeizuführen geeignet ist[92]. Nach diesem Grundsatz geht auch das Bundesarbeitsgericht[93] davon aus, daß das mildeste Mittel anzuwenden ist[94].

---

[88] h. M.: Rüthers, AfP 1977, 318, Fn. 126; Brox/Rüthers, S. 150; Seiter, Streikrecht, S. 546 ff.

[89] Vgl. etwa Zacher, ZfA 1966, 129 ff. (141—149); Zöllner, in: Festschrift für Bötticher, 1969, S. 427 (437), Seiter, Streikrecht, S. 549 f. m. w. N.; ders., in Anm. zu BGH EzA Nr. 21 zu Art. 9 GG Arbeitskampf.

[90] Vgl. auch Seiter, Anm. zu BGH EzA Nr. 21 zu Art. 9 GG Arbeitskampf.

[91] Rüthers, AfP 1977, 319.

[92] BAGE 23, 292 (307); Hueck/Nipperdey/Säcker, II 2, S. 1024, 1030 f. Fn. 85; ausführlich Seiter, Streikrecht, S. 513 ff.

Wird dieser Ansatz konsequent weitergedacht[95], so bedeutet dies, daß eine Rangfolge von nach Wirkung und Intensität abgestuften Kampfmaßnahmen aufgestellt werden müßte[96]. Auf eine Urabstimmung dürfte zunächst nur ein Warnstreik folgen. Einem Vollstreik wiederum müßten ein Bummel- oder Schwerpunktstreik vorausgehen[97]. An letzter Stelle stünden dann die gebietsausweitenden Kampfmittel wegen ihrer größeren Beeinträchtigungswirkung wie etwa Sympathiekampfmaßnahmen und, auf der Arbeitgeberseite, die gebietsausweitende Abwehraussperrung.

Gegen ein solches, auf die einzelnen Kampfmaßnahmen bezogenes materielles Verständnis des Erforderlichkeitsgrundsatzes wird eingewandt, daß dadurch die kampftaktischen Maßnahmen der Arbeitskampfparteien allzu sehr beschränkt seien und eine effektive Kampfführung nicht mehr möglich sei[98]. Den Tarifparteien müsse die freie Wahl unter den verschiedenen Kampfmitteln gelassen werden, um den optimalen Erfolg herbeizuführen[99].

Diese Bedenken bestehen zu Recht. Das Prinzip der Effektivität der Kampfführung gebietet es, das Merkmal der Erforderlichkeit nur verfahrensmäßig auf die Vorstufe des Arbeitskampfes — also vor Beginn der eigentlichen Kampfmaßnahmen — zu beziehen[100]. Eine Festlegung der Parteien auf eine bestimmte Rangfolge und zeitliche Reihenfolge der Kampfmittel würde ihren taktischen Spielraum zu sehr einengen. Der Gegner könnte bei einer strikten Anwendung dieser Reihenfolge bereits im Voraus alle einzelnen, ebenfalls abgestuften Abwehrmaßnahmen planen. Angriffe und Abwehr wären weitgehend ritualisiert und wirkungslos[101].

---

[93] BAGE 23, 292 (307).

[94] Allerdings ist die Aussage des BAG, (E 23, 292 [307]), darauf beschränkt, daß vor dem Einsatz der den Arbeitnehmer härter treffenden lösenden Aussperrung zunächst suspendiert ausgesperrt werden muß. Die Auswirkungen auf unbeteiligte Dritte sind in beiden Fällen gleich.

[95] Vgl. insbesondere Seiter, Arbeitskampfparität und Übermaßverbot, 1979, S. 92 f.

[96] Dies müßte sowohl für Arbeitnehmer- wie auch Arbeitgeberkampfmaßnahmen gelten.

[97] Seiter, Arbeitskampfparität und Übermaßverbot, 1979, S. 92.

[98] Vgl. nur Seiter, Streikrecht, S. 516; ders., Arbeitskampfparität und Übermaßverbot, 1979, S. 91 ff. Konzen, AcP 177 (1977), 514.

[99] Seiter, Streikrecht, S. 516.

[100] Vgl. dazu bereits Zöllner, in: Festschrift für Bötticher, 1969, S. 436; sowie Brox/Rüthers, S. 141 ff.; Seiter, Streikrecht, S. 516; ders., Arbeitskampfparität und Übermaßverbot, 1979, S. 92.

[101] Konzen, AcP 177 (1977), S. 514 f.

a) Das Ausschöpfen des Verhandlungsweges

Arbeitskampfmaßnahmen dürfen nur als letztes Mittel eingesetzt werden[102]. Vorher ist der Verhandlungsweg auszuschöpfen. Die Tarifparteien sollen zunächst die gegenseitigen Standpunkte kennenlernen, die Argumente austauschen und ernsthaft den Versuch einer friedlichen Einigung unternehmen[103]. Das ultima-ratio-Prinzip gilt auch in Pressebetrieben.

b) Anspruch auf Verhandlungen?

Das ultima-ratio-Prinzip verbietet Arbeitskämpfe, solange die Verhandlungsmöglichkeiten noch nicht ausgeschöpft sind. Die Konsequenz dieses Rechtmäßigkeitserfordernisses wäre die Anerkennung eines Verhandlungsanspruchs tariffähiger Parteien. Ein solcher Anspruch könnte in Pressebetrieben Arbeitskämpfe und damit Informationsausfälle verhindern helfen. Es ist daher zu prüfen, ob nach dem Urteil des BAG aus dem Jahre 1971[104] ein solcher Verhandlungsanspruch besteht[105].

Schwierigkeiten ergeben sich in materieller Hinsicht. Ein Anspruch auf Verhandlungen kann nicht so verstanden werden, daß inhaltlich der Meinungsaustausch bis zum „friedlichen Erfolg" geführt werden muß. Auch kann die Pflicht zu gegenseitigem Nachgeben nicht erzwungen werden, da das auf ein Kampfverbot hinausliefe. Es würde einem staatlich verordneten Abschlußzwang gleichkommen und einen unzulässigen Eingriff in den Kernbereich der Tarifautonomie bedeuten.

Ob die Parteien die subjektive Verhandlungsbereitschaft mitbringen, entzieht sich der Überprüfung[106]. Ebensowenig ist mit der Forderung nach einem Verhandlungsanspruch auch ein Anspruch auf ein inhaltliches Verhandlungsminimum verbunden. Auch die Festlegung einer

---

[102] Hueck/Nipperdey/Säcker, II 2, S. 1005, 1022 ff. mit Einschränkung für den Warnstreik; Zöllner, Arbeitsrecht, 2. Aufl., 1979, S. 303; Seiter, Streikrecht, S. 513 ff. m. w. N.; Brox/Rüthers, S. 141 f.; Söllner, Arbeitsrecht, 6. Aufl., 1978, S. 90 f.; Reuter, RdA 1975, 282; Rüthers, Tarifautonomie und Schlichtungszwang, in: Gedächtnisschrift für Dietz, 1973, S. 299 ff.; BAGE 23, 292 (307); BGH EzA Nr. 21 zu Art. 9 GG Arbeitskampf mit zustimmender Anmerkung von Seiter.

[103] Löwisch, ZfA 1971, 337 ff.; Seiter, Streikrecht, S. 514 f.; Dietz, JuS 1968, 1 ff. (7).

[104] BAG AP Nr. 43 zu Art. 9 GG Arbeitskampf.

[105] Löwisch, ZfA 1971, 339; vorsichtiger Seiter, Streikrecht, S. 489 Fn. 34. Schon vor 1971 wurde in der Literatur ein Verhandlungsanspruch bejaht: Mayer-Maly, RdA 1966, 201 ff.; Nipperdey II 1, 443. Vgl. zum Stand der Meinungen: Coester, ZfA 1977, 87 ff., (90 ff.) m. w. N.; obwohl das BAG ausdrücklich einen solchen Anspruch ablehnte: BAG AP Nr. 5 zu Art. 9 GG. Diesen Standpunkt hat das BAG noch nicht ausdrücklich aufgegeben. Vgl. BAG AP Nr. 44 zu Art. 9 GG Arbeitskampf: Danach muß eine Gewerkschaft streiken können, um überhaupt zu Tarifverhandlungen kommen zu können.

[106] Seiter, Streikrecht S. 515; Brox/Rüthers, 1965, S. 142.

Mindestverhandlungsdauer, die eine Überprüfung in dem Sinne zuließe, ob die Verhandlungszeit tatsächlich ausreichend war, um die Probleme sachlich und umfassend zu diskutieren, kommt nicht in Betracht[107]. Inhaltlich wäre ein Verhandlungsanspruch notwendigerweise also darauf beschränkt, die Parteien an den Verhandlungstisch zu bringen. Auch Versuche, die Verhandlungsbereitschaft der Tarifparteien objektiv meßbaren Kriterien zu unterstellen und etwa eine Verhandlungsführung nach Treu und Glauben vorzuschreiben[108], müssen an der Tarifautonomie scheitern. Zugeständnisse an die Forderungen des Gegners können nicht erzwungen werden. Auch eine indirekte Einflußnahme von staatlicher Seite ist unzulässig. Wenn sich aber die Verhandlungsführung der Tarifparteien ständig an objektiv meßbaren Kriterien redlicher Gesinnung ausrichten müßte, käme dies im Endeffekt einer staatlichen Einflußnahme gleich. Dies wäre eine nicht mehr tolerierbare Einschränkung der Tarifautonomie[109]. Lehnt eine Tarifpartei von vornherein Verhandlungen ab oder stellt sich auf einen „harten" Standpunkt, würde die Anerkennung eines Verhandlungsanspruchs zur Folge haben, daß die andere Partei den Anspruch zunächst gerichtlich geltend machen müßte. Durch das ultima-ratio-Prinzip hat der Rechtsweg den Vorrang vor Arbeitskampfmaßnahmen[110]. Erst bei ergebnislosem Ausgang des gerichtlichen Verfahrens dürfte die Arbeit niedergelegt werden. Abgesehen davon, daß auch bei gerichtlich angeordneten Verhandlungen die oben aufgezeigten inhaltlichen Probleme bestehen bleiben, dürfte die Verweisung der Tarifparteien auf den Rechtsweg in diesem Bereich eine „kaum praktikable Verfahrensweise sein"[111]. Durch das Vorschalten eines gerichtlichen Prozesses würde die freie Wahl der Kampftaktik zu sehr eingeengt. Den Verhandlungsanspruch so auszugestalten, daß zwar eine Pflicht zu verhandeln anerkannt, eine gerichtliche Geltendmachung aber ausgeschlossen wird[112], führt auch nicht weiter. Ein anerkannter Verhandlungsanspruch und damit verbunden die Festlegung von inhaltlichen Überprüfungskriterien der Verhandlungsbereitschaft könnte zum Mißbrauch führen. Würde z. B. eine Mindestdauer für Verhandlungen festgelegt, könnte eine Partei durch volle Ausschöpfung der zeitlichen Grenze einen für sie günstigeren Arbeitskampfbeginn zu erreichen suchen, ohne daß sie tatsächlich verhandlungsbereit sein müßte.

---

[107] So aber in der Tat Löwisch, ZfA 1971, 339.

[108] Wie dies etwa im amerikanischen Arbeitskampfrecht versucht wird, vgl. dazu ausführlich Coester, ZfA 1977, 98 ff. m. w. N.

[109] Coester, ZfA 1977, 107.

[110] Hueck/Nipperdey/Säcker, II 2, S. 880 ff., 1026 ff. m. w. N.; Seiter, Streikrecht, 517 ff.; Coester, ZfA 1977, 96.

[111] Buchner, SAE 1973, S. 43.

[112] So Coester, ZfA 1977, 97 in Anlehnung an § 74 Abs. 1 Satz 2 BetrVG 1972.

Im Ergebnis ist also festzuhalten, daß es einen gerichtlich durchsetzbaren Verhandlungsanspruch auch bei Arbeitskämpfen in Pressebetrieben nicht gibt. Dem ultima-ratio-Prinzip ist Genüge getan, wenn eine Partei Verhandlungen ablehnt oder sich nicht auf die Forderungen des Tarifpartners einläßt. Jedoch müssen in formeller Hinsicht Anforderungen an die Verhandlungsführung gestellt werden. Die Ablehnung der gegnerischen Forderung muß ausdrücklich erklärt werden[113]. Zeigt sich die gegnerische Seite auch nur teilweise einlenkungsbereit, so darf nicht mit Kampfmaßnahmen begonnen werden, ehe das endgültige Scheitern der Verhandlungen festgestellt ist[114].

c) Verpflichtung zu einem Schlichtungsverfahren

Aus dem ultima-ratio-Prinzip folgt weiter, daß vor dem Beginn von Arbeitskampfmaßnahmen ein Schlichtungsverfahren stattfinden muß[115]. Diesen Grundsatz hat auch das Bundesarbeitsgericht ausdrücklich ausgesprochen[116]:

> „Jede Arbeitskampfmaßnahme — sei es Streik, sei es Aussperrung — darf ferner nur nach Ausschöpfung aller Verständigungsmöglichkeiten ergriffen werden; der Arbeitskampf muß also das letzte mögliche Mittel (ultima ratio) sein ... Deshalb ist auch ein Schlichtungsverfahren erforderlich.“

Schlichtungsregelungen können von den Tarifparteien vereinbart werden[117]. Fehlt ein solches Schlichtungsabkommen, so greift in der Bundesrepublik das Kontrollratsgesetz Nr. 35 vom 20. 8. 1946[118] ein, das eine Schlichtungsregelung beinhaltet. In einzelnen Bundesländern ist das Schlichtungsrecht durch Landesgesetze ausgestaltet[119].

Vertraglich vereinbarte Schlichtungsstellen müssen auch dann in Anspruch genommen werden, wenn ein Anrufungszwang nicht Gegenstand der Vereinbarung ist[120].

---

[113] Brox/Rüthers, S. 142; Seiter, Streikrecht, S. 514 f.

[114] Seiter, Streikrecht, S. 115.

[115] Brox/Rüthers, S. 142 f.; Hueck/Nipperdey/Säcker, II 2, S. 1023; Seiter, Streikrecht, S. 511; Rüthers, in: Gedächtnisschrift für Dietz, 1973, S. 308; ders., ArbR d. Ggnw. 10 (1973), 23 (27 f.); Reuter, RdA 1975, 282; Löwisch, ZfA 1971, 337 ff.; Schaub, Arbeitsrechtshandbuch, 4. Aufl. 1980, 1017 ff., 1023.

[116] BAG AP Nr. 43 zu Art. 9 GG Arbeitskampf, Bl. 309 R.

[117] Vgl. z. B. die Schlichtungs- und Schiedsvereinbarung in der Metallindustrie vom 12. 5. 1964, i. d. F. v. 1. 10. 1973, RdA 1973, 387 und in der chemischen Industrie in: RdA 1976, 190.

[118] Amtsblatt des Kontrollrates vom 20. 8. 1946, S. 174.

[119] Nachweise finden sich bei Schaub, Arbeitsrechtshandbuch, 4. Aufl. 1980, S. 1018 in Fn. 2 und 3.

[120] Brox/Rüthers, S. 142 f.; Rüthers, in: Gedächtnisschrift für Dietz, 1973, S. 308.

Ein Unterwerfungszwang der Tarifparteien besteht nicht. Ein System staatlicher Zwangsschlichtung stünde im Widerspruch zu der Verfassungsgarantie des Art. 9 Abs. 3 GG[121].

Dagegen wird eingewandt, die zwingende Einführung einer Schlichtungsphase wäre vom überkommenen Verständnis des ultima-ratio-Prinzips nicht mehr gedeckt. Sie bedeute nur eine Hemmung der wirksamen Koalitionszweckverfolgung, die sich auch mit Blick auf die Kampfbetroffenen nicht rechtfertigen ließe[122].

Diese Ansicht ist schon zweifelhaft, soweit sie davon ausgeht, daß ein Arbeitskampf ohne Schlichtungsverfahren nicht in grober Weise in die Rechtspositionen des Gegners eingreife[123]. Die Auswirkungen auf Unbeteiligte und die besonderen Verhältnisse in Pressebetrieben verlangen erst recht ein anderes Ergebnis. Solange ein Schlichtungsverfahren geeignet ist, dazu beizutragen, daß es zwischen den Tarifparteien zu einer friedlichen und damit evtl. schnelleren Einigung kommen kann[124], ist es im Interesse der Öffentlichkeit geboten, diese Möglichkeiten auch vorzuschreiben und auszunutzen. Das gilt für alle Arbeitskonflikte.

Für die Presse ist noch zusätzlich das Folgende zu bedenken: Es läßt sich nicht von der Hand weisen, daß die Zeitungsproduktion durch Arbeitskämpfe weniger beeinträchtigt wird, wenn zunächst Gespräche im Rahmen eines Schlichtungsverfahrens geführt werden müssen. Kommt im Schlichtungsverfahren keine Einigung zustande, so ist es doch nicht abwegig, anzunehmen, daß der Einigungsvorschlag einer neutralen Instanz die Tarifpartner in einem folgenden Arbeitskampf vor einer allzugroßen Verhärtung der Fronten bewahren und gewissermaßen richtungsweisend zu einer Abkürzung des Arbeitskampfes führen kann[125].

Als Ergebnis ist festzuhalten, daß in Pressebetrieben auch ohne vorherige Vereinbarung ein Schlichtungsverfahren durchgeführt werden muß[126].

---

[121] Vgl. nur Hueck/Nipperdey/Säcker, II 1, S. 29, 41, 45, 106 ff.; Brox/Rüthers, S. 46; Rüthers, in: Gedächtnisschrift für Dietz, 1973, S. 300.

[122] Konzen, AcP 177 (1977), S. 515.

[123] Konzen, AcP 177 (1977), S. 515.

[124] Vgl. dazu z. B. Külp, Der Einfluß von Schlichtungsformen auf Verlauf und Ergebnis von Tarif- und Schlichtungsverhandlungen 1972, S. 44, 112 ff.

[125] Dem ließe sich entgegenhalten, daß die Erfahrungen 1976 gezeigt haben, daß trotz Schlichtung der Streit um wenige Zehntelprozente weitergeführt wurde. Sich jedoch davon beeindrucken zu lassen und bereits die Voraussetzungen für eine kürzere, friedliche Lösung, die sich immerhin als Möglichkeit abzeichnet, schon im Vorfeld des Arbeitskampfes außer acht zu lassen, wäre falsch. Vgl. dazu auch Külp, Der Einfluß von Schlichtungsformen auf Verlauf und Ergebnis von Tarif- und Schlichtungsverhandlungen 1972, S. 112 ff.; Raupach, Die Schlichtung von kollektiven Arbeitsstreitigkeiten und ihre Probleme, 1964.

d) Vorrang des Rechtsweges

Arbeitskampfmaßnahmen dürfen nicht eingesetzt werden, wenn das Kampfziel auf dem Rechtsweg erreicht werden kann. Bei Rechtsstreitigkeiten gilt dieser Grundsatz mit einer Ausnahme: In Notwehr- bzw. Nothilfefällen ist ein Arbeitskampf zulässig[127].

Der Einsatz von Arbeitskampfmaßnahmen ist auf die Verfolgung einer tariflichen Regelung beschränkt. Daher dürfen sie nur zur Beilegung von Regelungsstreitigkeiten eingesetzt werden. Aber auch hier gilt, daß vorrangig alle von der Rechtsordnung geschaffenen Einrichtungen zur Streitentscheidung in Anspruch genommen werden müssen[128].

e) Verpflichtung zur Urabstimmung

Teilweise wird in der Literatur die Ansicht vertreten, das ultima-ratio-Prinzip gebiete die Durchführung einer Urabstimmung[129]. Die Urabstimmung gehöre auch zu den Möglichkeiten einer friedlichen Beilegung des Tarifkonflikts. Diese Möglichkeiten müßten vor Beginn des Arbeitskampfes vollständig erschöpft sein. Durch die Urabstimmung könne festgestellt werden, ob unter den Gewerkschaftsmitgliedern überhaupt die notwendige Kampfbereitschaft vorhanden sei[130].

Dieser Ansicht kann nicht gefolgt werden[131]. Die Urabstimmung ist eine Form verbandsinterner Willensbildung[132]. Sie hat keinen Einfluß auf die friedliche Beilegung des Tarifkonflikts durch Verhandlungen mit dem Gegner. Die Erforderlichkeit einer Arbeitskampfmaßnahme gegenüber dem Tarifgegner kann nicht von der internen Willensbildung einer der Arbeitskampfparteien abhängen[133]. Die zwingende Durchführung einer Urabstimmung läßt sich deshalb nicht mit dem ultima-ratio-Prinzip begründen[134]. Diese Argumentation gilt erst recht, wenn die

---

[126] In den letzten Jahren war im Pressebereich ein Schlichtungsverfahren tarifvertraglich festgelegt. Es wäre wünschenswert, wenn auch in Zukunft solche Vereinbarungen getroffen werden würden.

[127] So die ganz überwiegende Meinung, vgl. nur Seiter, Streikrecht, S. 496 f. m. w. N. in Fn. 4; Brox/Rüthers, S. 139.

[128] Seiter, Streikrecht, S. 496, 517; Brox/Rüthers, S. 139, 142; vgl. auch BAG AP Nr. 52 zu Art. 9 GG Arbeitskampf.

[129] Hueck/Nipperday/Säcker, II 2 1025; Mayer-Maly, RdA 1965, 432 f; Reuter, RdA 1975, 281 f.

[130] Hueck/Nipperday/Säcker, II 2, 1025.

[131] Gitter, JZ 1965, 201 f.; Löwisch ZfA 1971, 339 f.; Seiter, Streikrecht, S. 509 ff. m. w. N. in Fn. 4; ders. NJW 1976, 1374.

[132] Seiter, Streikrecht, S. 510.

[133] Löwisch, ZfA 1971, 339.

[134] Gitter, JZ 1965, 201; Seiter, Streikrecht, S. 510.

Urabstimmung bereits als Kampfmaßnahme angesehen werden würde[135]. Damit wäre das Verhandlungsstadium verlassen.

Es bliebe allerdings die Erwägung, zu fordern, daß eine Urabstimmung als ein weniger einschneidendes Kampfmittel vor anderen Kampfmaßnahmen durchgeführt werden müßte. Dies ist jedoch nicht möglich. Der Grundsatz der freien Wahl der Kampfmittel und -taktik steht dem entgegen. Eine Verpflichtung zur Einhaltung einer bestimmten Abfolge einzelner Arbeitskampfmittel besteht nicht[136].

2. *Die Zulässigkeit von Warnstreiks in Pressebetrieben*

a) Die Rechtsprechung des BAG

Arbeitskampfmaßnahmen dürfen erst ergriffen werden, wenn alle Verhandlungsmöglichkeiten voll ausgeschöpft sind[137]. Diesem, vom Großen Senat des Bundesarbeitsgerichts aufgestellten Grundsatz[138] scheint eine Entscheidung des 1. Senats entgegenzustehen, wonach kurze Warnstreiks zur Unterstützung von Tarifverhandlungen nach Ablauf der Friedenspflicht zulässig sind, wenn sie von der Gewerkschaft organisiert werden[139]. Daß Arbeitskämpfe nur nach Ausschöpfung aller Verhandlungsmöglichkeiten geführt werden dürften, gelte nur für den Regelfall, daß zeitlich längerfristige oder unbegrenzte Arbeitskampfmaßnahmen erfolgen. Handle es sich dagegen nach Ablauf der tariflichen Friedenspflicht und während des Laufs von Tarifverhandlungen nur darum, den Abschluß dieser Verhandlungen dadurch zu beschleunigen, daß dem Tarifpartner die Bereitschaft zu einem intensiveren Arbeitskampf vor Augen geführt werden solle, so könne dieser „milde" Druck in Form eines kurzen Warnstreiks auch vor Ausschöpfung aller Verständigungsmöglichkeiten ausgeübt werden. Ein derartiges Verfahren entspreche dem allgemeinen Grundsatz der Verhältnismäßigkeit: Einerseits werde noch nicht zu einem unbefristeten Arbeitskampf aufgerufen, solange die Verhandlungsmöglichkeiten noch nicht ausgeschöpft seien; andererseits wirke ein Warnstreik darauf hin, den tariflosen und damit nicht befriedeten Zustand möglichst schnell zu beenden[140]. Das Urteil läßt die im Hinblick auf den Schutz der Pressefreiheit besonders interessierenden Fragen nach dem Umfang, der erlaubten Zielrichtung und der zulässigen Höchstdauer von Warnstreiks offen.

---

135 So BAG AP Nr. 2 zu § 1 TVG Friedenspflicht.

136 Seiter, Streikrecht, S. 510; Löwisch ZfA 1971, 340.

137 Vgl. 3. Teil, 2. Abschnitt, III 1.

138 BAG (GS) AP Nr. 43 zu Art. 9 GG Arbeitskampf.

139 BAG AP Nr. 51 zu Art. 9 GG Arbeitskampf (Leitsatz).

140 BAG AP Nr. 51 zu Art. 9 GG Arbeitskampf Bl. 611.

Ob eine Taktik der Arbeitnehmerseite, die im Laufe von länger andauernden Tarifverhandlungen wiederholt Warnstreiks vorsieht[141], zulässig ist und ab welchem Zeitpunkt erstmals „zur Warnung" gestreikt werden darf, geht aus der Entscheidung nicht hervor[142]. Die vom BAG im konkreten Fall, der sich in der Schmuckindustrie ereignet hatte, für zulässig gehaltene und als „relativ kurz" bezeichnete Dauer der Arbeitsniederlegung von 2—3 Stunden, ist allerdings nicht als generell gültige zeitliche Grenze anzusehen[143]. Die Möglichkeit, den besonderen, branchenspezifischen Eigenheiten des jeweils bestreikten Unternehmens Rechnung zu tragen, hat das BAG ausdrücklich offengehalten[144].

Da in Pressebetrieben bereits sehr kurze Unterbrechungen ausreichen, um die Produktion in erheblichem Ausmaß zu beeinträchtigen und evtl. die Auslieferung von Zeitungen für einen ganzen Tag unmöglich zu machen, muß die Grenzziehung für Warnstreiks an diesen pressespezifischen Besonderheiten ausgerichtet sein.

b) Die grundsätzliche Problematik

Bei der Beantwortung der vom BAG offengelassenen Fragen und bei der grundsätzlichen Frage der Zulässigkeit überhaupt ist der entscheidende Ansatzpunkt die Funktionsbestimmung des Warnstreiks. Wie schon der Begriff sagt, soll der Warnstreik dem Tarifpartner die Entschlossenheit vor Augen führen, auch einen länger dauernden Arbeitskampf zu führen[145]. Durch diese Demonstration der Kampfbereitschaft sowohl der organisierten wie nicht organisierten Arbeitnehmer kann die Einschätzung der Arbeitskampfwilligkeit erleichtert werden und damit ein länger andauernder Vollstreik vermieden werden[146]. Allerdings wird daneben auch noch gefordert, daß zu der bloßen Demonstrationsfunktion noch eine begrenzte Schadenszufügung kommen müsse, die die Willensbeugung des Gegners beschleunigen und zu einem schnelleren

---

[141] Wie dies in den Pressearbeitskämpfen der Fall war, vgl. 1. Teil, 1. Abschnitt. Dadurch kam es bereits während der Verhandlungsphase zu erheblichen Produktionsausfällen in den Zeitungsbetrieben.

[142] Vgl. dazu insbesondere Konzen, SAE 1977, 325 ff. und Rüthers, Anmerkung zu BAG AP Nr. 51 zu Art. 9 GG Arbeitskampf, Nickel, AuR 1977, 311 ff.

[143] So auch Seiter, in: BAG Festschrift 1979, S. 598; Scholz/Konzen, Aussperrung, 45 f.

[144] BAG AP Nr. 51 zu Art. 9 GG Arbeitskampf Bl. 611: „Daß hier der Grundsatz der Verhältnismäßigkeit etwa aus anderen Gründen verletzt worden sei, insbesondere im Hinblick auf Dauer und Wiederholung eines Warnstreiks oder durch Eintritt eines über den reinen Arbeitsausfall hinausgehenden hohen Schadens für die Beklagte, ist nicht vorgetragen worden".

[145] Rebel, RdA 1979, 209; Seiter, in: BAG-Festschrift, 1979, S. 566 f.; Konzen, SAE 1977, 237.

[146] Seiter, in: BAG-Festschrift, 1979, S. 587.

Abschluß der Verhandlungen führen könne[147]. Die vom BAG gebrauchte Wendung, es dürfe „milder Druck in Form eines kurzen Warnstreiks" angewandt werden, läßt keinen eindeutigen Schluß darauf zu, ob das Gericht eine Schädigung des Gegners als unbedingt erforderlich ansieht. Entscheidend dürfte sein, daß die Schädigung des Gegners Folge der Demonstration der Kampfbereitschaft sein kann, es aber nicht notwendig sein muß[148]. Das wichtige Kriterium ist die Inaussichtstellung eines durch einen unbefristeten Streik drohenden höheren Schadens. Ein Warnstreik muß, um verhältnismäßig zu sein, kurz gehalten werden. Damit ist auch die Möglichkeit begrenzt, dem Gegner Schaden zuzufügen.

Hier wird die Schwierigkeit offenbar, die ein Festhalten am Erfordernis der Schadenszufügung mit sich bringt: Wird der Druck tatsächlich „milde" gehalten, so kann der Gegner ihn eher durchstehen als nachzugeben[149]; wird aber die Ausweitung zugelassen, kann der „milde Druck" sehr schnell die ihm zukommenden Grenzen überschreiten[150]. Insbesondere im Pressebereich liegt diese Gefahr sehr nahe. Hier kann der sehr kurze Einsatz der Warnstreikwaffe u. U. dieselben Folgen haben wie ein ganztägiger Streik in anderen Industriezweigen[151]. Auch ist die Schadenszufügung nicht unbedingt erforderlich, um den Warnstreik vom unzulässigen Demonstrationsstreik abzugrenzen. Geeigneter ist das Erfordernis, dem auch ein Warnstreik genügen muß, daß nämlich nur ein tariflich regelbares Ziel verfolgt werden darf[152]. Ein Warnstreik ist also nur zur Unterstützung gerade laufender Tarifverhandlungen zulässig und muß sich inhaltlich auf diese beziehen[153]. Sein Zweck liegt in der Demonstration der Kampfbereitschaft. Ein Demonstrationsstreik dagegen kann ein anderes, nicht verhandlungsbezogenes Thema zum Inhalt haben.

---

[147] Rüthers, Anm. zu BAG AP Nr. 51 zu Art. 9 GG Arbeitskampf; Hueck/Nipperdey/Säcker, II 2, S. 897; vgl. auch Auffahrt, RdA 1977, 129, 132.

[148] Konzen, SAE 1977, 237; Scholz/Konzen, Aussperrung, S. 45.

[149] Auch u. U. nur, um nicht den Eindruck zu erwecken, er wäre schon durch milden Druck zum Nachgeben bereit; vgl. Nickel, AuR 1977, 314; Seiter, in: BAG-Festschrift 1979, S. 588.

[150] So Seiter, in: BAG-Festschrift 1979, S. 588; Rebel, RdA 1979, 209; Mager, ArbR d. Ggnw. 15 (1978), S. 90; von Seiter, in: BAG-Festschrift, S. 587 wird auch so das BAG interpretiert: „... nicht der Druck als solcher soll nach Ansicht des BAG das für die Beschleunigung entscheidende Moment sein, sondern die Demonstration der Kampfbereitschaft".

[151] So die Beispiele bei Rüthers, Anm. zu BAG AP Nr. 51 zu Art. 9 GG Arbeitskampf; vgl. auch Rebel, RdA 1979, 210, Seiter, in: BAG-Festschrift 1979, S. 590.

[152] Brox/Rüthers, S. 31 f., 143 f.; Hueck/Nipperdey/Säcker, II 2, 897, 1024; Seiter, Streikrecht S. 257 ff.

[153] Ohne allerdings eine ganz präzise Kampfforderung zu formulieren, Konzen, SAE 1977, 237; Seiter, in: BAG-Festschrift 1979, S. 595 f.

Ob ein Warnstreik tatsächlich die ihm zugeschriebene Verkürzungsfunktion hat und einen unbefristeten Arbeitskampf verhindern kann, läßt sich nicht feststellen[154]. Dies ist aber auch nicht erforderlich, da sich eine Verkürzungsfunktion auch nicht mit Sicherheit ausschließen läßt[155]. Es reicht aus, wenn durch den Warnstreik die Möglichkeit einer Schadensverhütung durch Abkürzung der Kampfmaßnahmen eröffnet wird[156]. Dazu kann die Funktion des Warnstreiks als „Überdruckventil" führen[157]. Damit ist auch gleichzeitig die grundsätzliche Zulässigkeit des Warnstreiks als Kampfmittel gegeben. Art. 9 Abs. 3 GG errichtet kein starres, unabänderliches System von Kampfmitteln[158]. Wenn der Warnstreik hier schadensverhindernde Funktion haben kann, ist er auch erforderlich i. S. einer wirksamen Koalitionszweckverfolgung[159]. Der Warnstreik durchbricht daher das ultima-ratio-Prinzip. Er ist auch während der laufenden Tarifverhandlungen zulässig.

Die Möglichkeit, längerfristige Arbeitskämpfe zu vermeiden, wird noch dadurch unterstützt, daß mit Aufnahme des Warnstreiks in das Kampfmittelsystem den Tarifparteien ein System abgestufter Kampfmaßnahmen zur Verfügung gestellt wird, ohne sie allerdings rechtlich darauf zu verpflichten, die Reihenfolge auch einzuhalten[160]. Er muß dann aber auch die für die anderen Kampfmittel geltenden Rechtmäßigkeitsvoraussetzungen erfüllen, die u. U. enger gezogen werden können, um den Verzicht auf die strikte Geltung des ultima-ratio-Prinzips wieder auszugleichen.

c) Die Grenzen im Einzelnen

aa) Gewerkschaftliche Führung

An dem Erfordernis der gewerkschaftlichen Führung eines Warnstreiks ist festzuhalten[161]. Dieses Erfordernis muß auch bei Warnstreiks gelten, da nur so gewährleistet ist, daß der besonderen Interessenlage

---

154 Ausführlich dazu Rebel, RdA 1979, S. 210.

155 Seiter, in: BAG-Festschrift 1979, S. 591.

156 Seiter, Streikrecht, S. 259; ders., in: BAG-Festschrift, 1979, S. 590 f.; Rebel, RdA 1979, S. 210 m. w. N.

157 Nickel, AuR 1977, 314; Rebel, RdA 1979, S. 210.

158 Vgl. 2. Teil, 1. Abschnitt, D.

159 Rebel, RdA 1979, 212; vgl. auch Mager, ArbR d. Ggnw. 15 (1977), S. 89; Konzen, SAE 1977, 237; vgl. auch Seiter, in: BAG-Festschrift 1979, S. 591 ff.

160 Seiter, in: BAG-Festschrift 1979, S. 592 f.; Rebel, RdA 1979, S. 212.

161 So das BAG AP Nr. 51 zu Art. 9 GG Arbeitskampf und die h. M. in der Literatur; vgl. nur Rüthers, Anm. zu BAG AP Nr. 51 zu Art. 9 GG Arbeitskampf und die Nachweise bei Seiter, Streikrecht, S. 258 Fn. 132; a. A. Seiter, Streikrecht, S. 258 ff. für den Normalfall; vgl. auch Seiter, in: BAG-Festschrift, 1979, S. 593 ff.

in Pressebetrieben von verantwortungsbewußten Arbeitskampfparteien Rechnung getragen wird und die Auseinandersetzung nicht etwa von Einzelnen eigenmächtig ausgeweitet wird[162]. Deshalb muß auch eine nachträgliche Sankitionierung „spontan" ausgebrochener Warnstreiks möglich sein, was aber nicht dazu führen kann, daß ein von der Gewerkschaft nach Abschluß sanktionierter Warnstreik weiter fortgesetzt werden oder etwa länger als ein spontan geführter dauern dürfte[163].

bb) Die Tarifbezogenheit des Warnstreiks

Warnstreiks sind nur im Zusammenhang mit laufenden Tarifverhandlungen zulässig und müssen auf ein dort verhandeltes, tariflich regelbares Ziel gerichtet sein[164]. Daraus folgt, daß ein Warnstreik erst erforderlich wird, wenn sich im Laufe der Verhandlungen Schwierigkeiten abzeichnen. Als Zulässigkeitsvoraussetzung ist deshalb zu fordern, daß mindestens einmal ergebnislos verhandelt worden sein muß[165]. Falls sich eine Seite weigert, zu verhandeln, ist dem ultima-ratio-Prinzip dadurch genüge getan[166]. Daraufhin einsetzende Streiks könnten als zeitlich unbegrenzte Arbeitsniederlegungen geführt werden. Eine Beschränkung auf kurzfristige Maßnahmen oder eine bloße Demonstration ohne Schaden ist allerdings zulässig.

cc) Die zeitliche Dauer von Warnstreiks

Diese vom BAG nur andeutungsweise gesetzte Grenze[167] darf weder als Ober- noch Untergrenze verstanden werden[168]. Sie soll vielmehr nur in etwa den besonderen Gegebenheiten des vom BAG konkret entschiedenen Falles Rechnung tragen. Die besonderen terminlichen Erfordernisse in der Druckindustrie gebieten eine sehr enge zeitliche Grenze. Insbesondere bei überregionalen Zeitungen genügt eine Arbeitsniederlegung von kurzer Dauer, um die Produktion eines ganzen Tages nicht

---

162 Vgl. 3. Teil, 2. Abschnitt, C III 5a, dd und ee; sowie BGH EzA Nr. 21 zu Art. 9 GG Arbeitskampf und Seiter, Anm. zu BGH EzA Nr. 21 zu Art. 9 GG Arbeitskampf für den Sonderfall der Pressebetriebe, Rebel, RdA 1979, 213.

163 So mit Recht Seiter, in: BAG-Festschrift 1979, 595; vgl. auch Konzen, SAE 1977, 327.

164 Ausdrücklich: BAG AP Nr. 51 zu Art. 9 GG Arbeitskampf; Rebel, RdA 1979, S. 213.

165 Seiter, in: BAG-Festschrift 1979, S. 596; Konzen, SAE 1977, 327; Rebel, RdA 1979, 213.

166 Vgl. 3. Teil, 2. Abschnitt C III 1a und b; sowie Seiter, in: BAG-Festschrift 1979, S. 596.

167 BAG AP Nr. 51 zu Art. 9 GG Arbeitskampf; vgl. auch 3. Teil, 2. Abschnitt, C III 2a.

168 So auch Seiter, in: BAG-Festschrift 1979, S. 598 f.; Konzen, SAE 1977, 327 will diese Zeit in etwa als Obergrenze der Dauer ansehen.

mehr rechtzeitig zur Auslieferung gelangen zu lassen[169]. Hier muß entscheidend auf die Warnfunktion abgestellt werden. Diese liegt darin, die Arbeitskampfbereitschaft nur zu demonstrieren und nicht auch dem Gegner einen Schaden zuzufügen, der Zwang ausüben kann. Im Hinblick auf die Beeinträchtigung auch der Öffentlichkeit ist das Verhältnismäßigkeitsprinzip überschritten, wenn der überwiegende Teil der Tagesproduktion an Zeitungen den Leser nicht mehr erreicht.

Die Anwendung der von Seiter[170] generell vorgeschlagenen Grenzziehung zwischen 15 und 30 Minuten für die Dauer von Warnstreiks dürfte für Pressebetriebe allerdings problematisch sein. Sicherlich ist diese Zeitspanne geeignet und auch ausreichend, dem Gegner die Kampfbereitschaft eindeutig vor Augen zu führen. In Pressebetrieben kann aber eine Arbeitsniederlegung von nur wenigen Minuten ausreichen, um die zeitlich auf Minuten genau abgestimmte Auslieferung einer ganzen Tagesproduktion unmöglich zu machen[171]. Treten solche Verzögerungen im Einzelfall ein, so ist die Grenze des noch zulässigen „milden" Drucks überschritten[172].

dd) Die flächenmäßige Ausdehnung von Warnstreiks

Fraglich ist, ob in Pressebetrieben eine Einschränkung der räumlichen Ausdehnung von Warnstreiks erfolgen kann. Zweck des Warnstreiks ist die Demonstration der Kampfbereitschaft. Solange bei einem Warnstreik deshalb die zeitlichen Grenzen so gesetzt werden, daß keine Beeinträchtigung der Zeitungsproduktion erfolgt, kann der Gewerkschaft eine Ausdehnung des Warnstreiks auf alle Betriebe des Tarifgebiets nicht verwehrt werden[173]. Die zulässige Grenze der Kampfmaßnahmen ist wie beim Erzwingungsstreik das Tarifgebiet.

Eine weitere Schranke der Warnstreiktaktik ist der Schutz der Allgemeinheit. Deshalb ist eine Wiederholung von Warnstreiks im selben Betrieb oder eine „Nadelstichtaktik" unzulässig[174], wenn dadurch die

---

[169] Vgl. Rüthers, Anm. zu BAG AP Nr. 51 zu Art. 9 GG Arbeitskampf, Bl. 614; Seiter, in: BAG-Festschrift 1979. S. 598 f.

[170] BAG-Festschrift 1979, S. 598 f.

[171] Rüthers, Anm. zu BAG AP Nr. 51 zu Art. 9 GG Arbeitskampf; Rebel, RdA 1979, 215; vgl. auch das Beispiel BAG SAE 1977, 185: Als Folge einer ca. zweieinhalbstündigen Arbeitsniederlegung in einem Presseverlag konnten 5 Lokalausgaben einer Zeitung nicht erscheinen.

[172] Rüthers, Anm. zu BAG AP Nr. 51 zu Art. 9 GG Arbeitskampf; Seiter, in: BAG-Festschrift 1979, S. 599.

[173] Konzen, SAE 1977, 237; Rebel, RdA 1979, 215; Seiter, in: BAG-Festschrift, 1979, S. 600.

[174] Scholz/Konzen, Aussperrung, 1980, S. 48 f.; Seiter, in: BAG-Festschrift, 1979, S. 599.

Zeitungsproduktion beeinträchtigt wird. Im gleichen Betrieb mehrmals durchgeführte Warnstreiks sind nicht mehr vom Zweck — der Demonstration der Kampfbereitschaft — gedeckt[175].

Eine solche Taktik wurde im Arbeitskampf von 1978 durchgeführt. Dadurch kam es noch während der laufenden Verhandlungen zu großen und wiederholten Ausfällen. Ganze Zeitungsauflagen konnten nicht erscheinen[176]. Damit war die Grenze von der zulässigen Demonstrationsfunktion zur unverhältnismäßigen Druckausübung überschritten[177]. Die Zulässigkeit von Kampfmaßnahmen in dieser Form wäre letztlich geeignet, die Geltung des „ultima-ratio-Prinzips" vollständig zu unterlaufen. Man darf nicht vergessen, daß die Zulassung von Warnstreiks vor dem Scheitern der Verhandlungen eine Ausnahme darstellt und auch eine solche bleiben muß. Ein Arbeitskampf in Pressebetrieben zieht Dritte und die Allgemeinheit in hohem Maße in Mitleidenschaft. Dies ist grundsätzlich wegen des hohen Stellenwertes der Tarifautonomie zu tolerieren. Andererseits müssen die Verfahrensregeln strikt eingehalten werden und im Vorfeld, also noch vor Beginn der unbefristeten Kampfmaßnahmen, Beeinträchtigungen der Öffentlichkeit möglichst vermieden werden.

ee) Kampfparität und Warnstreiks

Der Einsatz von Warnstreiks darf die Kampfparität zwischen den Tarifparteien nicht stören. Das Kampfgleichgewicht ist dann nicht beeinträchtigt, wenn die Zulassung von Warnstreiks notwendig gewesen wäre, um die Chancengleichheit zwischen den Tarifparteien herzustellen oder um eine faktisch bestehende Kampfparität zu sichern. Dies ist nicht der Fall. Ein Ungleichgewicht zum Nachteil der Arbeitnehmerseite war vor der Warnstreikentscheidung des BAG nicht zu erkennen. Der Warnstreik gehört nicht zu den bereits zwingend in das Kampfgleichgewicht eingebauten Kampfmitteln[178]. Das Kampfmittelgleichgewicht verändert sich allerdings nicht zum Nachteil der Arbeitgeberseite, solange Warnstreiks innerhalb der zulässigen Schranke des „milden" Drucks stattfinden. In Pressebetrieben darf die Zeitungsproduktion nicht beeinträchtigt werden. Der Warnstreik muß auf die Demonstrationsfunktion beschränkt bleiben[179]. Gegenüber solchen begrenzten Warnstreiks hat die Arbeitgeberseite die Möglichkeit, Warnaussperrun-

[175] Seiter, in: BAG-Festschrift 1979, S. 599.

[176] Vgl. 1. Teil, 1. Abschnitt.

[177] Ebenso Rebel, RdA 1979, 215; Konzen, SAE 1977, 237.

[178] Seiter, in: BAG-Festschrift, 1979, S. 593; Reuter, JuS 1977, 558; Mager, ArbR d. Ggnw. 15 (1978) S. 89 ff.; Rebel, RdA 1979, 212.

[179] Seiter, in: BAG-Festschrift, 1979, S. 593.

gen durchzuführen[180]. Ihr zulässiger Umfang muß sich im Rahmen der für Warnstreiks geltenden Grenzen halten. Warnaussperrungen müssen in ihrer Wirkung darauf beschränkt sein, die Kampfbereitschaft der Arbeitgeberseite zu demonstrieren. Wie der Warnstreik kann auch die kurzfristige Warnaussperrung durch die Demonstrationswirkung die Möglichkeit der Kampfverkürzung eröffnen[181]. Darin liegt ihre Legitimation. Anders ist die Rechtslage zu beurteilen, wenn der Warnstreik die zulässigen Grenzen überschreitet und von seinen Auswirkungen her einem Erzwingungsstreik mit Schadensfolge gleichkommt. Die Kampfparität ist dann gestört[182]. Im Pressebereich können zusätzlich sehr leicht Wettbewerbsstörungen eintreten.

Eine Aussperrung zur Herstellung des Verhandlungsgleichgewichts ist in diesem Fall aber nicht zulässig[183]. Eine Aussperrung darf nicht gegen rechtswidrige Arbeitskampfmaßnahmen eingesetzt werden. Der Rechtsweg hat den Vorrang[184]. Mit Hilfe einer einstweiligen Verfügung läßt sich der rechtswidrige Zustand schneller beseitigen als durch eine Abwehraussperrung. Auch der Wettbewerb ist weniger beeinträchtigt. Eine Aussperrung müßte, um überhaupt wirksam zu werden, weit ausgedehnt eingesetzt werden[185]. Damit wäre noch vor dem Ende der Tarifverhandlungen des Stadium des Erzwingungskampfes erreicht. Das ultima-ratio-Prinzip wäre verletzt. Die Ausnahme, die eine Durchbrechung während der laufenden Tarifverhandlungen zuläßt, ist nur gerechtfertigt, wenn die Maßnahme auf die Demonstration der Kampfbereitschaft beschränkt bleibt.

3. Die Verhältnismäßigkeit der umkämpften Tarifforderung

Bei einem Arbeitskampf, der überwiegend um die Erhöhung der Löhne geführt wird, kann die Situation entstehen, daß sich die Parteien in Forderung und Angebot bis auf wenige Zehntelprozent entgegengekommen sind, der Ausstand aber trotzdem noch wegen dieser geringen Differenz in unvermindertem Ausmaß unter Inkaufnahme aller Folgewirkungen auf die Öffentlichkeit weiter aufrechterhalten

---

180 Rüthers, Anm. zu BAG AP Nr. 51 zu Art. 9 GG Arbeitskampf; Konzen, SAE 1977, 237; Nickel, Aur 1977, 316; Mager, ArbR d. Ggnw. 15 (1978) S. 92; Seiter, in: BAG-Festschrift, 1979, 601 f.

181 Seiter, in: BAG-Festschrift 1979, S. 602.

182 Rüthers, Anm. zu BAG AP Nr. 51 zu Art. 9 GG Arbeitskampf; Mager, ArbR d. Ggnw. 15 (1978) S. 92; Rebel, RdA 1979, 212.

183 Brox/Rüthers, S. 152; Seiter, Streikrecht, S. 373 ff.; ders., in: BAG-Festschrift 1979, S. 602 f.; anderer Ansicht die Rechtsprechung: BAG AP Nr. 43 zu Art. 9 GG Arbeitskampf = BAGE 23, 292 (314) und Konzen, SAE 1977, 237.

184 Seiter, Streikrecht S. 374; Rüthers, Tarifautonomie im Umbruch, 1977, S. 38.

185 Seiter, in: BAG-Festschrift 1979, S. 601 f.

wird[186]. Hier stellt sich die Frage, ob das Verhältnismäßigkeitsprinzip auch eine Überprüfung der „noch“ offenen Forderung im Hinblick auf die dabei andauernde Beeinträchtigung des Kampfgegners und vor allem der Öffentlichkeit erlaubt[187]. Der ursprünglich rechtmäßige Arbeitskampf könnte dann wegen der unverhältnismäßigen Relation zwischen Arbeitskampfziel und eintretendem Schaden in einen rechtswidrigen und damit verbietbaren umschlagen.

Die Entscheidung des Bundesarbeitsgerichts aus dem Jahre 1971[188] stellt Arbeitskampfmaßnahmen in umfassender Weise unter den Grundsatz der Verhältnismäßigkeit. Danach scheint eine Überprüfung der Höhe der Kampfforderung zumindest im Hinblick auf eine „offensichtliche Ausuferung“ den Gerichten erlaubt zu sein[189]. Eine solche, auch auf Randbereiche beschränkte, richterliche Überprüfung der Tarifforderung ist nicht mit der verfassungsrechtlich geschützten Tarifautonomie der Koalitionen zu vereinbaren[190]. Dieser Bereich ist den Koalitionen zur eigenverantwortlichen Gestaltung und Regelung überlassen[191]. Auch eine „Grenzkorrektur“ in Form einer Überprüfung der Höhe der Tarifforderung durch die Gerichte würde die Möglichkeit der Einflußnahme des Staates auf das freie Spiel der Koalitionen eröffnen und im Ergebnis zu einer unzulässigen Zwangsschlichtung führen[192]. In Pressebetrieben wäre damit die Meinungspluralität gefährdet. Pressebetriebe unterfallen durch ihre verfassungsrechtlich abgesicherte privatwirtschaftliche Struktur[193] in vollem Umfange der Tarifautonomie. Nur so kann die

---

[186] Vgl. 1. Teil, 1. Abschnitt: Beispiel ist der Arbeitskampf 1976. Die Gewerkschaften beharrten auf der 6 vor dem Komma. Vgl. auch Rüthers, AfP 1977, 317.

[187] Nicht behandelt werden soll hier die Frage, ob die Höhe der Tarifforderung im Hinblick auf die allgemeine wirtschaftliche Lage und das gesamtwirtschaftliche Gleichgewicht anhand der Orientierungsdaten der Bundesregierung oder anhand von unabhängigen Sachverständigengutachten gerichtlich überprüft werden kann. Vgl. dazu Rasch, BB 1974, S. 1217, der sich für die Einführung einer solchen Praxis ausspricht und die Gegenansicht, die eine Überprüfung der Tarifordnung überhaupt ablehnt: Reuß, AuR 1975, 289 ff. und Rüthers, Tarifautonomie und gerichtliche Zwangsschlichtung, 1973, S. 26 ff.; Seiter, Streikrecht, S. 556 ff.

[188] BAG AP Nr. 43 zu Art. 9 GG Arbeitskampf.

[189] G. Müller, GewMH 1972, 273 (277 f.) macht diese Einschränkung; vgl. dazu auch Rüthers, AfP 1977, 317; Seiter, Streikrecht, S. 178 f.

[190] Herschel, Referat zum 46. DJT, 1966, Bd. II, Teil D: „Hieraus ergibt sich zugleich, daß eine Tarifzensur — auch eine richterliche, die sich auf unbestimmte Rechtsbegriffe stützt — grundsätzlich abgelehnt werden muß — de lege lata und de lege ferenda“.

[191] Reuß, AuR 1975, 289.

[192] So die h. M.: Brox/Rüthers, S. 150; Seiter, Streikrecht, S. 176 f. mit w. N. in Fn. 19; Rüthers, AfP 1977, 317; ders., Tarifautonomie und gerichtliche Zwangsschlichtung, 1973, S. 26 ff.; Reuß, AuR 1975, 289 ff.; Hueck/Nipperdey/Säcker, II 2, 1031.

[193] Vgl. 2. Teil, 2. Abschnitt D.

Pressefreiheit optimal geschützt werden. Auch angesichts geringer Forderungsbeträge und großer Beeinträchtigungen der Öffentlichkeit muß den Arbeitskampfparteien die Entscheidung über eine Fortsetzung der Kampfmaßnahmen belassen werden.

4. Das Verbot der Existenzvernichtung

Eine Ausnahme kann nur dort gelten, wo die wirtschaftliche Existenz des Kampfgegners auf dem Spiel steht[194]. In Pressebetrieben kann die sog. „technische Existenzvernichtung" außer acht bleiben[195]. Eine besondere Gefährdung der technischen Betriebsmittel durch die Arbeitseinstellung besteht nicht[196]. In Betracht kommt nur die „wirtschaftliche Existenzvernichtung"[197] der Pressebetriebe, die wegen der besonderen Empfindlichkeit der Ware Zeitung schon früher eintreten kann als in anderen Wirtschaftsbereichen[198]. Dies ist jedoch kein pressespezifisches Problem. Daher sind besondere Einschränkungen nicht möglich.

Allerdings kann insbesondere beim Verbandsarbeitskampf nicht ausgeschlossen werden, daß ein oder mehrere „schwache" Unternehmen die Produktion einstellen müssen, weil sie wirtschaftlich die Forderungen nicht mehr verkraften[199]. Dadurch kann durchaus eine Gefährdung der Stimmenvielfalt in der politischen Landschaft eintreten. Trotzdem gelten keine, über die allgemeinen Arbeitskampfregeln hinausgehenden Einschränkungen. Durch die bisherigen Arbeitskämpfe in der Druckindustrie ist es jedenfalls nicht zu einer dauernden Verringerung der Meinungsvielfalt gekommen[200].

Allerdings ist die Grenze der Zulässigkeit dort erreicht, wo die wirtschaftliche Existenzvernichtung eines Unternehmens bewußt in Kauf genommen wird[201] oder gar gezielt herbeigeführt wird.

---

194 Diese Grenze der Tarifautonomie wird allgemein anerkannt. Vgl. in Fortsetzung bereits der Rechtsprechung des Reichsgerichts (Nachweise dazu bei Seiter, Streikrecht, S. 532 mit Fn. 92, 93): BAG AP Nr. 43 zu Art. 9 GG Arbeitskampf-BAGE 23, 292 (307): „Ein Arbeitskampf darf nicht auf Vernichtung des Gegners abstellen, sondern hat den gestörten Arbeitsfrieden wieder herzustellen". In der Literatur: Seiter, Streikrecht, S. 533; Brox/Rüthers, S. 148; Rüthers, AfP 1977, 320 f.

195 Vgl. dazu nur Seiter, Streikrecht, S. 533.

196 Notarbeiten im Sinne von Erhaltungsarbeiten sind deshalb auch nicht erforderlich, vgl. 3. Teil, 3. Abschnitt D II 1.

197 Seiter, Streikrecht, S. 534.

198 Vgl. 1. Teil, 3. Abschnitt, B.

199 Brox/Rüthers, S. 149; Hueck/Nipperdey/Säcker, II 2, S. 1031 m. Fn. 87 a; Seiter, Streikrecht, S. 534.

200 Nach Beendigung der Arbeitskämpfe 1976 und 1978 konnten alle Zeitungen wieder erscheinen, vgl. 1. Teil, 1. Abschnitt und Rüthers, AfP 1977, 321.

Auf die Gefahren einer verstärkten Konzentration, die durch die Existenzvernichtung kleiner Pressebetriebe entstehen können, hat insbesondere Rüthers[202] hingewiesen. Er kommt aber auch zu dem Schluß, daß deshalb keine besondere Einschränkung der Arbeitskampffreiheit über das oben aufgezeigte Maß hinaus notwendig ist. Hier setzt sich wieder die Erforderlichkeit eines staatsunabhängigen Regulierungsmechanismus durch, der einer staatlich gelenkten Tarif- und Lohnbildung vorgehen muß[203]. Einer zu starken zwingenden Einschränkung der Arbeitskampffreiheit kann auch entgegengehalten werden, daß die Gefahr der Existenzvernichtung eines Betriebes zu theoretisch und damit zu groß gesehen wird. Bei einer Streiktaktik, die diese Grenze berührt, wird immer noch das Verantwortungsbewußtsein der Gewerkschaften so groß sein, nicht unnötigerweise Arbeitsplätze zu gefährden. Ebenso wird die Arbeitgeberseite nicht ohne ausreichenden Grund diese Schranke überschreiten. Die Koalitionen können bei diesen Erwägungen auch die besondere wirtschaftliche Empfindlichkeit von Pressebetrieben berücksichtigen.

5. *Die einzelnen Kampfmaßnahmen: Das Merkmal der Erforderlichkeit im materiellen Sinne*

a) Der Streik: Vorrang von Schwerpunkttaktik vor Flächenstreik als zwingende Folge des Erforderlichkeitsprinzips?

In Literatur und Rechtsprechung besteht allgemein Einigkeit darüber, daß ein im Kernbereich von Art. 9 Abs. 3 GG garantiertes Arbeitskampfmittel der Streik ist[204]. Er stellt das wichtigste Druckmittel der Arbeitnehmerseite zur Verwirklichung der Tarifautonomie dar. Oben[205] wurde schon festgestellt, daß das Merkmal der Erforderlichkeit nur in einem formellen Sinne gilt. Dies bedeutet, daß es eine Verpflichtung der Tarifpartner nicht geben kann, jeweils mit dem schonendsten Kampfmittel zu beginnen und dann gewissermaßen als Stufenfolge jeweils in die — von den Auswirkungen her betrachtet — härtere Gangart zu schalten[206]. Dieses Ergebnis muß noch einmal überprüft werden.

---

201 Seiter, Streikrecht, S. 534; Rüthers, AfP 1977, 320 für den Fall des Arbeitskampfes um einen Firmentarif; Brox/Rüthers, S. 148 f.

202 AfP 1977, 321.

203 Rüthers, AfP 1977, 321.

204 Vgl. nur Brox/Rüthers, S. 41 ff.; Däubler/Hege, Koalitionsfreiheit, 1976, 110 ff.; Seiter, Streikrecht, S. 182 ff. m. w. N.; Badura, ArbR d. Ggnw., 15, 1977, S. 17 ff.; ebenso das BAG seit BAG (GS) AP Nr. 1 zu Art. 9 GG Arbeitskampf; zuletzt ausdrücklich der 1. Senat, BB 1980, Beilage 4/1980, S. 15.

205 Vgl. 3. Teil, 2. Abschnitt, C 1.

206 Vgl. auch BGH, EzA Nr. 21 zu Art. 9 GG Arbeitskampf, grundsätzlich zustimmend, Seiter, Anm. zu BGH ebd., S. 149.

Es läßt sich von den Auswirkungen auf die Erhaltung der Pressefreiheit her nicht von der Hand weisen, daß eine Taktik der Gewerkschaften, die sich zunächst auf Schwerpunktstreiks beschränkt, die Zeitungsproduktion und damit die Allgemeinheit weniger beeinträchtigt, als ein auf das gesamte Tarifgebiet ausgedehnter Flächenstreik. Ebenso kann sich eine Verkürzung der zeitlichen Dauer eines Streiks nur positiv auf die Erhaltung der Meinungspluralität auswirken.

aa) Zulässigkeit von Schwerpunktstreiks

Ein Verbot von Schwerpunktstreiks kann deshalb nicht erfolgen. In Literatur und Rechtsprechung ist die Zulässigkeit der Schwerpunkttaktik allgemein anerkannt, da die Begrenzung des Kampfrahmens als milderes Mittel auch im Interesse der Allgemeinheit grundsätzlich erwünscht ist[207]. Für die Zeitungspresse gilt dieses Ergebnis ebenso.

Bedenken gegen die unbeschränkte Zulässigkeit von Schwerpunktstreiks in Pressebetrieben macht das LAG München geltend[208]. Möglicherweise könne dadurch das Grundrecht der Meinungsäußerungsfreiheit verletzt sein. Durch eine selektive Auswahl der bestreikten Zeitungen könne die Erhaltung der Meinungspluralität gefährdet werden.

Diese Bedenken treffen dann zu, wenn die Schwerpunkttaktik in Form von „Richtungsstreiks" eingesetzt wird[209] und bestimmte Pressebetriebe wegen ihrer politischen Tendenz lahmgelegt werden. Auf den Normalfall der Schwerpunkttaktik können sie jedoch nicht durchschlagen und etwa ein Verbot herbeiführen. Die Gefahr des Mißbrauchs überwiegt nicht die Vorteile, die für die Erhaltung der Meinungspluralität entstehen, wenn zunächst freiwillig ein beschränkter Kampfrahmen gewählt wird.

bb) Zulässigkeit von Vollstreiks

Problematischer ist die Frage, ob wegen der geringeren Beeinträchtigungswirkung der Schwerpunktstreik zwingenden Vorrang vor dem

---

[207] So ausdrücklich das BAG, BB 1980, Beilage 4/1980, S. 19; vgl. auch BAG (GS) AP Nr. 43 zu Art. 9 GG Arbeitskampf-BAGE 23, 292 (311) sowie BGH EzA Nr. 21 zu Art. 9 GG Arbeitskampf; Löwisch, ZfA 1971, 328; Seiter, Streikrecht, S. 325 f. mit Fn. 39 und 45; Hueck/Nipperdey/Säcker, II 2, S. 1024 (1030) mit Fn. 85; Rüthers, AfP 1977, 321 f.; Zöllner, Arbeitsrecht, 2. Auflage, 1979, 288, 306; ders., allerdings mißverständlich, in: Aussperrung und arbeitskampfrechtliche Parität, 1974, S. 53, wo von einer „unzulässigen Engführung des Streiks" gesprochen wird. Ebenso Wiedemann, RdA 1969, 321 (333); Bobrowski/Gaul, Das Arbeitsrecht im Betrieb, 7. Aufl., 1979, H II Rdnr. 57 und H I Rdnr. 13 mit Fn. 26; Föhr, DB 1979, 1698 (1701); Scholz/Konzen, Aussperrung, S. 226; Krejci, Aussperrung, 1980, 83 f.; Reuter, in: Festschrift für F. Böhm, 1975, 521 (545); Wolter, AuR 1979, 193 (202).

[208] DB 1980, 119 ff.

[209] 3. Teil, 2. Abschnitt, C III 5a, ee (2).

gewerkschaftlichen Flächenstreik haben muß. Diese Fragestellung kann einmal so verstanden werden, daß der Schwerpunktstreik als Vorstufe dem Flächenstreik vorgeschaltet werden muß und eine Ausweitung erst dann erfolgen darf, wenn dieses Mittel nicht zum gewünschten Erfolg geführt hat. Einen konkreten Lösungsvorschlag auf dieser Grundlage hat Löwisch[210] gemacht. Er fordert, daß die den Kampf eröffnenden und die abwehrenden Maßnahmen zunächst auf 1/4 des Tarifgebietes beschränkt werden sollen. Nach Ablauf von einer Woche dürfe dann eine Ausweitung des Kampfrahmens erfolgen. Diese solle zunächst auf die Hälfte der Arbeitnehmer beschränkt bleiben. Erst nach Verstreichen eines weiteren zeitlichen Abstandes dürfe der Kampfrahmen voll ausgeschöpft werden[211].

Die andere, noch weitergehende Beschränkung der Kampftaktik wäre, die Gewerkschaften überhaupt auf die Anwendung einer Schwerpunkttaktik zu beschränken und damit die Zahl der Betriebe, die bestreikt werden dürfen, so zu bestimmen, daß immer noch ein breites Spektrum von Zeitungen — verschiedener Tendenz — erscheinen kann.

Eine Einschränkung der Streikfreiheit im zuletzt genannten Fall würde eine unzulässige, die Tarifautonomie in ihrem verfassungsrechtlich gesicherten Kernbereich verletzende Maßnahme darstellen. Die generelle Einschränkung der Streiktaktik auf schwerpunktmäßiges Vorgehen würde zum einen die Chancengleichheit im Wettbewerb der einzelnen Betriebe untereinander zerstören. Zum anderen würde sie letztlich bedeuten, daß nur noch für eine „Modellregelung“ gekämpft werden dürfte. Dem Streik würde der Druck genommen. Er würde zu einem bloßen Planspiel abgewertet. Die Ausdehnung des Schwerpunktstreiks zum Flächenstreik, der sich auf das gesamte Tarifgebiet erstrecken kann, muß auch in der Druckindustrie möglich bleiben.

Dabei zeigt sich, daß die Forderung nach einem Verbot eines Arbeitskampfes, der die gesamte Zeitungsproduktion im Bundesgebiet lahmlegen würde[212], nicht haltbar ist. Es ergeben sich Konflikte mit der Kampfparität[213]. Würde die Arbeitnehmerseite (durch freiwillige Selbstbeschränkung oder gezwungenermaßen) auf einen Schwerpunktstreik beschränkt, so käme dagegen als Abwehrmittel der Arbeitgeberseite eine Aussperrung in Betracht. Diese müßte, um effektiv wirksam wer-

---

[210] RdA 1980, S. 1 ff. (13 f.); bezogen auf Streik und Aussperrung.

[211] Löwisch, RdA 1980, S. 14.

[212] Vgl. Löffler, NJW 1962, 1604 ff.; auch vom BGH EzA Nr. 21 zu Art. 9 GG Arbeitskampf als Beispielsfall angeführt, in dem der Kernbereich der Pressefreiheit tangiert sein soll; allerdings ohne weitere Auseinandersetzung.

[213] Darauf hat mit Recht Seiter, in: Anm. zu BGH EzA Nr. 21 zu Art. 9 GG Arbeitskampf hingewiesen.

den zu können, kampfgebietsausweitend sein, u. U. sogar kurzfristig das gesamte Tarifgebiet umfassen können[214]. Wäre damit die Pressefreiheit durch diese Ausweitung jedesmal in ihrem Kernbereich verletzt, so müßte eine solche Aussperrung verboten sein. Damit wäre aber die Kampfparität gestört. Folglich dürfte auch eine Schwerpunkttaktik nicht zulässig sein. Die Gewerkschaften wären nur auf den Vollstreik zu verweisen. Dadurch wäre die Pressefreiheit in ihrem Kern verletzt. Arbeitskämpfe in Pressebetrieben wären somit generell unzulässig. Das kann nicht richtig sein[215].

Auch die an erster Stelle skizzierte Stufenfolge vom zunächst beschränkten Beginn des Streiks bis zu der mit zeitlicher Verzögerung erfolgenden Ausweitung auf das gesamte Tarifgebiet würde den Grundsatz der freien Wahl der Kampfmittel und der -taktik unzulässigerweise einschränken. Daran ändert auch die bisherige Arbeitskampfpraxis nichts. Bisher wurde stets mit Schwerpunktstreiks begonnen und mit zeitlicher Verzögerung ausgeweitet. Trotzdem kann es nicht verboten werden, daß die Gewerkschaften sofort mit einem, das gesamte Tarifgebiet umfassenden Flächenstreik beginnen. Da in der Druckindustrie bisher bundeseinheitliche Tarifverträge angestrebt wurden, kann ein Streik auch das gesamte Bundesgebiet umfassen. Auch wenn dann sämtliche Zeitungen arbeitskampfbedingt ausfallen sollten, so ist dies um der Funktionsfähigkeit der Tarifautonomie willen, hinzunehmen. Was die flächenmäßige Ausdehnung des Kampfgebietes anbelangt, setzt sich hier der Grundsatz der freien Wahl der Kampfmittel und der -taktik gegen die Pressefreiheit durch. Im Arbeitskampf muß es möglich sein, auch — sofern erforderlich — „grobe Geschütze" aufzufahren[216].

Dem Vorschlag von Löwisch[217] ist vom BAG[218] mit Recht entgegengehalten worden, daß sich aus einer, nach einem zwingend vorgegebenen Zeittakt erfolgenden Ausweitung „die Gefahr einer gewissen Ritualisierung" ergeben könnte. Die Parteien des Arbeitskampfes wären dann, um nicht als schwach oder unentschlossen angesehen zu werden, nahezu gezwungen, den Kampf in den vorgesehenen Zeitabständen auch auszuweiten. Ob eine solche Regelung dem Erfordernis entspricht, Arbeitskämpfe soweit wie möglich zu beschränken, kann bezweifelt werden.

---

214 So auch das BAG, BB 1980, Beilage 4/1980.

215 Vgl. 3. Teil, 1. Abschnitt, B.

216 BGH EzA Nr. 21 zu Art. 9 GG Arbeitskampf mit Hinweis auf Hueck/Nipperdey/Säcker, II 2, S. 1030.

217 RdA 1980, 1 ff. (13 f.).

218 BB 1980, Beilage 4/1980, S. 22.

Das weitere von Löwisch[219] aufgeführte Argument, daß bei einem stufenweisen Vorgehen den Parteien durch die zeitliche Verzögerung mehr Zeit zur Suche nach Konfliktlösungen bliebe, kann nicht vollständig überzeugen. Zum Mittel des Streiks darf erst gegriffen werden, wenn der Verhandlungsweg erschöpft ist[220]. Ebenso besteht die Verpflichtung für die Tarifparteien, ein Schlichtungsverfahren durchzuführen[221]. Dadurch ist den Parteien bereits im Vorfeld des Arbeitskampfes die Möglichkeit gegeben, die Annäherung der gegenseitigen Standpunkte zu versuchen. Ob die Erfolgschancen einer Einigung durch ein vorgeschriebenes stufenweises Vorgehen erhöht werden, ist zweifelhaft. Der durch die Drohung mit einem evtl. sofort einsetzenden Vollstreik entstehende Druck kann die Verhandlungen nachhaltiger beeinflussen, als die erst entfernt bestehende Aussicht eines solchen. Es besteht bei der stufenweisen Ausweitung die Gefahr, daß die Fristen jeweils voll ausgeschöpft werden und dadurch der Konflikt ausgeweitet und unnötig verlängert wird.

cc) Die zeitliche Dauer und der Zeitpunkt des Streiks als einschränkendes Merkmal

Ist demnach eine sinnvolle Beschränkung der flächenmäßigen Ausdehnung eines Streiks nicht möglich, stellt sich die weitere, wichtige Frage, ob ein als Vollstreik geführter Arbeitskampf in Pressebetrieben unbegrenzt lange dauern darf[222]. Es bedarf keiner langen Überlegung, um festzustellen, daß die Dauer eines Vollstreiks — wörtlich genommen — nicht unbegrenzt sein kann. Erscheinen über einen längeren Zeitraum überhaupt keine Zeitungen mehr, wäre dies ein für einen demokratischen Staat untragbarer Zustand. Je kürzer der Arbeitskampf, um so besser für die Pressefreiheit. Aber ein guter Teil der mit den Kampfmaßnahmen beabsichtigten Druckausübung auf den Kampfgegner entsteht erst durch die zeitliche Dauer. Der Kampfrahmen muß also auch in zeitlicher Hinsicht ausreichend sein.

Eine genaue Festlegung, ab welcher Zeitdauer ein zunächst zulässiger Vollstreik zum rechtswidrigen Arbeitskampf wird, ist nicht möglich[223]. Die Auswirkungen auf die Öffentlichkeit sind abhängig von vielen verschiedenen und variablen äußeren Umständen. Ein Informationsdefizit in einer politisch ruhigen Zeit ist leichter zu verkraften, als ein Ver-

---

[219] RdA 1980, 14.

[220] 3. Teil, 2. Abschnitt, C III, 1b.

[221] 3. Teil, 2. Abschnitt, C III, 1c.

[222] Dieselbe Frage gilt natürlich auch für die Schwerpunkttaktik, nur eben nicht in dem dringlichen Ausmaß.

[223] So mit Recht auch Seiter, Anm. zu BGH EzA Nr. 21 zu Art. 9 GG Arbeitskampf, S. 144.

siegen der Nachrichten und Kommentare in der Endphase eines Bundestagswahlkampfes oder einer politischen Krisensituation. Daß es bei der Frage nach der Bestimmung der Bedeutung eines Ereignisses für die Öffentlichkeit zu unterschiedlichen Wertungen kommen kann, liegt auf der Hand.

Die Festlegung einer starren zeitlichen Maximaldauer von Arbeitskämpfen würde auch bei großzügiger Bemessung in den Kernbereich der Tarifautonomie eingreifen. Es ist anzunehmen, daß hier der Selbstregulierungsmechanismus der wirtschaftlichen Kräfte eine Schädigung der Pressefreiheit in ihrem Kernbereich verhindern wird. Die Grenze des Verbotes der wirtschaftlichen Existenzvernichtung[224] dürfte der Dauer von Arbeitskämpfen eine flexible und angemessene Grenze setzen[225]. Gerade die Besonderheit der Ware Zeitung zieht den Rahmen der wirtschaftlichen Vertretbarkeit enger als in anderen Industriebereichen. Die Pressefreiheit setzt aber keine feste zeitliche Grenze für Arbeitskämpfe.

Auch der Zeitpunkt eines Streikbeginns kann von entscheidender Bedeutung sein. Aber der Grundsatz der freien Wahl der Kampfmittel und -strategie läßt es nicht zu, den Tarifparteien Vorschriften über den Beginn eines notwendigen Arbeitskampfes zu machen. Sie können nicht auf die „üblicherweise" zumindest innenpolitische relative Ruhepause des Parlaments verwiesen werden. Politische Krisensituationen tauchen oftmals plötzlich und unerwartet auf. Sie kennen keine „Saison". Etwas anderes würde nur gelten, wenn der Arbeitskampf absichtlich zu einem Zeitpunkt abgehalten wird, an dem vorhersehbar ein erhöhtes Informationsbedürfnis besteht. Dies ist beispielsweise der Fall innerhalb einer Zeit von ungefähr zwei Monaten vor einer regulär anstehenden Bundestagswahl. In diesem Zeitraum muß sich der Wähler einen Überblick über die Wahlkampfprogramme der Parteien und über die zur Wahl stehenden Kandidaten verschaffen können. Dazu ist ausführliche Information erforderlich. Diese kann im notwendigen Umfang nur von der Zeitungspresse geliefert und verbreitet werden. Ein Arbeitskampf, der von einer Tarifpartei absichtlich in einer solchen Ausnahmesituation begonnen wird, ist unzulässig. Diese Beeinträchtigung der Öffentlichkeit darf nicht als Druckmittel gegenüber dem Tarifgegner in die Kampfstrategie einbezogen werden.

---

[224] Vgl. 3. Teil, 2. Abschnitt C III 4; und Seiter, Anm. zu BGH EzA Nr. 21 zu Art. 9 GG Arbeitskampf, S. 145.

[225] Dies gilt auch für die wirtschaftliche Belastbarkeit der Gewerkschaften. Die Kosten der beiden Arbeitskämpfe in der Druckindustrie in den Jahren 1976 und 1978 beliefen sich für die IG Druck und Papier auf 33 und 15 Mio. DM; vgl. 1. Teil, 2. Abschnitt, Fn. 4; sowie die Statistiken bei Bertelsmann, Aussperrung, 1979, S. 267 ff. und die Ausführungen des BAG, BB 1980, Beilage Nr. 4/1980, S. 18 ff.

dd) Der Streik als Koalitionsmittel

Eine der grundlegenden Rechtmäßigkeitsvoraussetzungen des Arbeitskampfes ist die Forderung, daß er nur von tariffähigen Parteien, d. h. Koalitionen, geführt werden kann. Darüber besteht in der Literatur[226] und Rechtsprechung[227] weitgehende Einigkeit. Aus Art. 9 Abs. 3 GG folgt, daß der Arbeitskampf nur in Verbindung mit der Funktionsgarantie eines freiheitlichen Tarifsystems zugelassen ist[228].

Durch die Beschränkung auf die Koalitionen als vom Grundgesetz mit besonderen Rechten, aber auch mit besonderer Verantwortung ausgestatteten Trägern der sozialen Selbstverwaltung[229], ist eine wesentliche Voraussetzung geschaffen, die garantiert, daß der Arbeitskampf unter Einhaltung der allgemeinen Kampfregeln durchgeführt wird[230]. Dadurch ist auch den Erfordernissen des Art. 5 GG in diesem Bereich genüge getan. Besteht somit keine Möglichkeit, den Streik flächenmäßig oder zeitlich mit festen Schranken zu versehen, gibt es noch Rechtmäßigkeitskriterien, denen ein Arbeitskampf in Pressebetrieben auf jeden Fall genügen muß. Von den Koalitionen als vom Grundgesetz garantierten Institutionen kann erwartet werden, daß sie der besonderen Interessenlage bei Arbeitskämpfen in Pressebetrieben Rechnung tragen und dies berücksichtigen. Weitergehend kann die Pressefreiheit allerdings nicht wirken.

ee) Streik nur für ein tariflich regelbares Ziel

Eng mit dem ersten Rechtmäßigkeitserfordernis verbunden ist die weitere Voraussetzung, daß das Ziel eines Arbeitskampfes tariflich regelbar sein muß[231]. Insbesondere der Arbeitskampf im Jahre 1978

---

[226] Brox/Rüthers, S. 125 ff. (129); Seiter, Streikrecht, S. 191 ff.; Söllner, Arbeitsrecht, 6. Aufl. 1978, S. 87 ff.; Hueck/Nipperdey/Säcker, II 2, S. 1004; Löffler, Presserecht I Kap. 13 Rdnr. 11; Rüthers, AfP 1977, 316 ff.; Zöllner, Arbeitsrecht, 2. Aufl. 1979, S. 295; a. A. Nikisch, II, § 64 II 4a; Hueck, RdA 1956, 205. An diesem Erfordernis hat auch das Inkrafttreten von Art. 6 der ESC nichts geändert; vgl. dazu Gitter, ZfA 1971, 138 f.; Seiter, Streikrecht, S. 194; a. A. Mitscherlich, Das Arbeitskampfrecht der Bundesrepublik Deutschland und die Europäische Sozialcharta, 1977, S. 119 ff. (133); Ramm, AuR 1971, 65 (72) und AuR 1967, 97 (109).

[227] BAGE 1, 291 (300); BAG AP Nr. 32 und 33 zu Art. 9 GG Arbeitskampf, BAG, NJW 1964, 885.

[228] Brox/Rüthers, S. 129.

[229] Brox/Rüthers, S. 129.

[230] Dazu ausführlich BGH EzA Nr. 21 zu Art. 9 GG Arbeitskampf, S. 140; und BAG, AP Nr. 1, Nr. 32 und Nr. 51 zu Art. 9 GG Arbeitskampf. Zustimmend auch Seiter, in Anm. zu BGH EzA Nr. 21 zu Art. 9 GG Arbeitskampf, S. 151.

[231] Zöllner, Arbeitsrecht, 2. Aufl., 1979, S. 302; Brox/Rüthers, S. 132; BAG AP Nr. 44 zu Art. 9 GG Arbeitskampf mit Anm. von Richardi; Hueck/Nip-

hat gezeigt, daß auch im Pressebereich Forderungen gestellt werden, die den Grenzbereich der tariflichen Regelbarkeit berührt haben[232]. Die Frage, ob gegen oder für die Einführung neuer Arbeitsmethoden gekämpft werden darf, kann aber hier dahinstehen. Die Problematik beschränkt sich auf den allgemeinen arbeitsrechtlichen Bereich, nämlich auf die Frage, ob sich die Forderungen im Rahmen des Begriffs der Arbeits- und Wirtschaftsbedingungen halten[233]. Die Pressefreiheit ist auch hier nicht in besonderem Ausmaß berührt. Genauso verhält es sich mit Fragen der Mitbestimmung in Pressebetrieben[234]. Abgesehen davon, daß hier die von Art. 5 GG garantierte privatwirtschaftliche Struktur der Presse und damit auch der Garantiegehalt des Art. 5 Abs. 1 Satz 2 GG den Forderungen nach Mitbestimmung im Tendenzbereich enge Grenzen setzt[235], folgen aus Art. 5 GG gegenüber der Arbeitskampffreiheit keine pressespezifischen Einschränkungen.

Festzuhalten ist also, daß eine nach allgemeinen Arbeitskampfregeln zulässige Forderung uneingeschränkt auch in Pressebetrieben erstreikt werden kann[236].

(1) Verbot des politischen Streiks

Damit sind der Streikrichtung gleichzeitig Grenzen gesetzt. Ausgeschlossen ist der sog. „politische Streik“[237]. Er richtet sich von der Intention her nicht gegen den Tarifpartner. Die Arbeitskampfforderungen können von ihm nicht erfüllt werden. Dies ist insbesondere dann der Fall, wenn der Streik gegen Gesetzgebungsmaßnahmen geht und so der staatliche Willensbildungsprozeß beeinflußt werden soll[238]. Damit sind auch allgemeine arbeitsrechtliche Kampfgrenzen angesprochen, die durch Art. 5 GG nicht modifiziert werden.

---

perdey/Säcker, II 2, S. 1005; Seiter, Streikrecht, S. 482 ff. mit ausführlicher Argumentation und w. N., S. 484; ob Kampfziel der *Abschluß* eines Tarifvertrages sein muß, kann hier dahinstehen; dazu Seiter, Anm. zu BGH EzA Nr. 21 zu Art. 9 GG Arbeitskampf.

232 Vgl. 1. Teil, 1. Abschnitt, B, Fn. 42.

233 Allgemein dazu Seiter, Streikrecht, S. 482 ff., 492.

234 Dazu Rüthers, AfP 1977, 316 m. w. N., ders. Tarifmacht und Mitbestimmung in der Presse, 1975.

235 BVerfG, NJW 1980, 1093.

236 Rüthers, AfP 1977, 317; Seiter, Streikrecht, S. 495 ff. m. w. N.

237 Nicht damit gemeint ist der Streik, der sich für die Erhaltung der verfassungsmäßigen Ordnung einsetzt, vgl. dazu Rüthers, Streik und Verfassung, 1960, S. 79 ff.; Brox/Rüthers, S. 61 f.; Rüthers, AfP 1977, 317; Löffler, Presserecht I, Kap. 13, Rdnr. 14; ders., NJW 1962, 1602.

238 So auch der Zeitungsstreik von 1952, der sich gegen das Betriebsverfassungsgesetz richtete, vgl. 1. Teil, 1. Abschnitt, Fn. 1; Brox/Rüthers, S. 32; Löffler, NJW 1962, 1601; Rehbinder, Presserecht, 1967, 84 f.

(2) Verbot des „Richtungsstreiks"

Ebenfalls dem politischen Streik verwandt ist der sog. „Richtungsstreik"[239]. Damit umschrieben ist ein Arbeitskampf, der die Absicht verfolgen würde, Pressebetriebe wegen ihrer politischen Tendenz zu bevorzugen oder zu benachteiligen. Eine solche Kampftaktik wäre rechtswidrig[240], auch wenn um tariflich regelbare Ziele gekämpft würde. Die Pressefreiheit wäre dadurch in einem ganz wesentlichen Ausmaß betroffen. Der Arbeitskampf würde sich direkt gegen die Erhaltung der Meinungsvielfalt richten und die Pressefreiheit in ihrem Kernbereich verletzen[241]. Die Feststellung, ob ein die Pressefreiheit tangierender Richtungsstreik vorliegt, kann im Einzelfall recht schwierig sein. Es kann darauf hier nicht weiter eingegangen werden[242].

b) Die Aussperrung

aa) Gebietsausweitung durch Aussperrung und Pressefreiheit

Für das Kampfmittel der Arbeitgeberseite gelten nicht unbedingt dieselben Regeln wie für den Streik[243]. Bereits in der grundsätzlichen Frage der Zulässigkeit der Aussperrung gehen die Ansichten in der fast unüberschaubaren Literatur weit auseinander. Insbesondere von der Seite der Gewerkschaften wird ihr generelles Verbot durch den Gesetzgeber oder durch die Rechtsprechung gefordert[244].

Dagegen wird in der Literatur überwiegend die Zulässigkeit der Aussperrung anerkannt[245]. Auch das Bundesarbeitsgericht hat in seinen

---

[239] Vgl. dazu Rüthers, AfP 1977, 322.

[240] Löffler, NJW 1962, 1603; Kaiser und G. Müller NJW 1962, 2048 nach dem Bericht über die 12. Tagung des Arbeitskreises für Presserecht und Pressefreiheit.

[241] i. E. ebenso Löffler, NJW 1962, 1603; ders., NJW 1977, 2061; ders. AfP 1975, 784, 785; BGH EzA Nr. 21 zu Art. 9 GG Arbeitskampf, S. 138; Seiter, Anm. zu BGH EzA Nr. 21 zu Art. 9 GG Arbeitskampf, S. 145.

[242] Vgl. dazu Rüthers, AfP 1977, 322.

[243] BAG, BB 1980, Beilage 4/1980.

[244] Zum Teil mit recht unterschiedlichem Begründungsansatz: Vgl. dazu die Übersicht der verschiedenen Standpunkte bei Zachert/Metzke/Hamer, Die Aussperrung, 1978, S. 108 ff. und Kittner (Hrsg.) Streik und Aussperrung 1974; Däubler, JuS 1972, 642 ff.; ders., Legalität und Legitimität der Aussperrung, 1979; Kittner, GewMH 1973, 91 ff.; Lerche, Verfassungsrechtliche Zentralfragen des Arbeitskampfes, 1968,; Evers, Arbeitskampffreiheit, Neutralität und Aussperrung, 1969; Hoffmann, Der Grundsatz der Parität und die Zulässigkeit der Aussperrung, in: Kittner (Hrsg.), Streik und Aussperrung 1974, S. 47 ff.

[245] Dazu nur aus neuerer Zeit: Seiter, Streikrecht, S. 329 ff.; ders., JA 1979, 337 f.; ders. Arbeitskampfparität und Übermaßverbot, 1979, S. 60 f.; Th. Raiser, Die Aussperrung nach dem Grundgesetz, 1975, S. 64 ff.; Bertelsmann,

Entscheidungen die Aussperrung stets als rechtmäßiges Kampfmittel angesehen[246] und diesen Standpunkt auch in den jüngst ergangenen Urteilen bestätigt[247], obwohl die Rechtsprechung der unteren Instanzen zu dieser Frage alles andere als einheitlich war[248]. Ein Eingehen auf die grundsätzliche Problematik der Zulässigkeit der Aussperrung erweist sich an dieser Stelle als überflüssig. Denn: Verbietet man die Aussperrung völlig, ergibt sich keine Kollisionsmöglichkeit mit der Pressefreiheit und den Belangen der Öffentlichkeit. Eine Kollision ergibt sich ebenfalls nicht, wenn bereits der Streik flächenmäßig soweit ausgedehnt ist, daß die Aussperrung, sollte sie dann überhaupt noch erforderlich und damit zulässig sein[249], keine weitergehende Beeinträchtigungswirkung mehr entfalten kann.

bb) Die Verhältnismäßigkeit der Gebietsausweitung und der Grundsatz der freien Wahl der Kampfmittel und -taktik

Probleme entstehen nur, wenn man — richtigerweise — mit der überwiegenden Meinung in der Literatur und dem Bundesarbeitsgericht die Aussperrung als Antwort auf einen Schwerpunktstreik für zulässig hält[250]. Soll die Aussperrung als Abwehrmittel gegen einen Schwerpunktstreik effektiv wirken können, muß notwendigerweise der Kampfrahmen ausgeweitet werden. Auch für die Arbeitgeberseite gilt der Grundsatz der freien Wahl der Kampfmittel und der Kampftaktik[251]. Das bedeutet, daß die Aussperrung nicht auf die bereits schwerpunktmäßig bestreikten Betriebe beschränkt bleiben muß. Grundsätzlich muß durch eine Aussperrung der Kampfrahmen innerhalb der Grenzen des

---

Aussperrung, 1979, 237 ff.; Scholz/Konzen, Aussperrung, S. 172 f.; Krejci, Aussperrung, 1980, S. 56 f.; Rüthers, Rechtsprobleme der Aussperrung, 1980, S. 25 ff. (64 ff.); Dütz, DB 1979, Beil. 14, S. 1; ders. Anm. zu BAG EzA Nr. 27 zu Art. 9 GG Arbeitskampf; Löwisch, RdA 1980, 1 ff.; Richardi, NJW 1978, 2057 ff.; Zöllner, Aussperrung und arbeitskampfrechtliche Parität, 1974, S. 19 ff.

[246] Grundsätzlich für die Zulässigkeit der Aussperrung schon BAG (GS) AP Nr. 1 zu Art. 9 GG Arbeitskampf; vgl. auch BAGE 23, 292.

[247] Vgl. Die Entscheidung vom 10. 6. 1980 AZ 1 AZR 822/79 und 168/79 (1. Senat) in Beilage 4/1980 zu Heft 18/1980 BB.

[248] Vgl. dazu nur Etzel, NJW 1979, 1625 f. und Seiter, NJW 1980, 906 mit jeweils ausführlichen Nachweisen zur Rechtsprechung der Arbeits- und Landesarbeitsgerichte.

[249] Vgl. BAG, BB 1980, Beilage 4/1980, S. 22.

[250] Ob die Aussperrung lösend oder suspendierend auf die Arbeitsverträge wirkt, kann hier dahingestellt bleiben. Es kommt nur auf die Beeinträchtigung der Zeitungsproduktion an. Diese ist in beiden Fällen gleich.

[251] Vgl. 3. Teil, 2. Abschnitt A; Rüthers, Rechtsprobleme der Aussperrung, 1980, S. 111.

Tarifgebiets — in der Druckindustrie also des ganzen Bundesgebiets — ausgedehnt werden können.

Das hat zur Folge, daß die Zeitungsproduktion weitergehend als durch den Schwerpunktstreik beeinträchtigt wird. Es stellt sich deshalb die Frage, ob das Übermaßverbot und der Einfluß der Pressefreiheit hier die Ausschöpfung des gesamten Kampfrahmens zulassen, d. h. ob auch bundesweit ausgesperrt werden kann, oder ob sich gegenüber den allgemeinen Ausdehnungsmöglichkeiten des Streiks besondere Einschränkungen bei der Abwehraussperrung ergeben müssen[252].

cc) Die Grenzziehung im Einzelnen

Die Grenzen der zulässigen Abwehraussperrung werden in Literatur und Rechtsprechung unterschiedlich weit gezogen. Rüthers[253] hält eine unbefristete bundesweite Aussperrung zur Abwehr von Schwerpunktstreiks bei der gegenwärtigen Tarifstruktur im Pressewesen für erforderlich. Auch die besonderen Wettbewerbsverhältnisse in der Druckindustrie machten eine Beschränkung der Aussperrung auf Teilbereiche unmöglich[254].

Löwisch[255] hat einen zeitlich und flächenmäßig abgestuften Einsatz der Angriffs- und Abwehrkampfmittel vorgeschlagen. Angriff und Abwehr zusammengenommen sollen sich zunächst auf etwa ein Viertel des Tarifgebietes beschränken. In einer Ausweitung, die nach ungefähr einer Woche eingesetzt werden darf, sollen die Kampfmaßnahmen um maximal noch einmal ein Viertel ausgeweitet werden dürfen. Erst nach Ablauf einer weiteren Woche könne der Kampfrahmen voll ausgeschöpft werden.

Raiser[256] hat die Verwendung eines festen Zahlenschlüssels von 1 : 1 im Verhältnis von streikenden und ausgesperrten Arbeitnehmern vorgeschlagen. Danach dürften nur soviel Arbeitnehmer ausgesperrt werden, wie auch tatsächlich streiken. Nur bei ganz eng begrenzten Teilstreiks, etwa von hochspezialisierten Arbeitnehmern, könne es notwendig sein, diese Relation zu überschreiten und die gesamte restliche Belegschaft eines Betriebes auszusperren[257].

---

[252] Die Frage der Wirkung der Pressefreiheit auf die Ausdehnung der Aussperrung wurde vom BAG ausdrücklich offengelassen. Vgl. BAG, BB 1980, Beilage 4/1980, S. 22.

[253] Rechtsprobleme der Aussperrung, 1980, S. 112 ff.

[254] Rechtsprobleme der Aussperrung, 1980, S. 114.

[255] RdA 1980, 1 ff. (13 f.); vgl. dazu auch 3. Teil, 2. Abschnitt, C III 5 a, bb.

[256] ZRP 1978, 201 (205).

[257] ZRP 1978, 205.

Auch das Bundesarbeitsgericht[258] hat Abwehraussperrungen dem Übermaßverbot unterstellt[259]. Damit sei der erforderliche und angemessene Kampfrahmen jeweils das umkämpfte Tarifgebiet[260]. Sei dieses allerdings — wie in der Druckindustrie — auf das gesamte Gebiet der Bundesrepublik ausgedehnt, müsse eine weitere Einschränkung erfolgen. Diese Begrenzung könne in einer Verbindung der Ansätze von Löwisch und Raiser liegen[261]. Werde ein Schwerpunktstreik mit weniger als einem Viertel der Arbeitnehmer geführt, sei die aus dieser starken Engführung resultierende Belastung der Arbeitgeberseite besonders groß. Hier sei eine Ausdehnung des Kampfrahmens um 25 % angemessen und proportional. Eine weitergehende Ausdehnung werde regelmäßig nicht mehr proportional sein. Werde der Streik mit mehr als einem Viertel der Arbeitnehmer begonnen, sei das Bedürfnis der Arbeitgeber nach einer Ausweitung des Kampfrahmens entsprechend geringer. Insgesamt sei eine Aussperrung wohl nicht mehr erforderlich, wenn sich etwa die Hälfte der Arbeitnehmer — sei es streikend oder ausgesperrt — im Ausstand befänden. Konkret müsse diese Relation aber nicht festgelegt werden, da jedenfalls eine unbefristete Abwehraussperrung sämtlicher Arbeitnehmer als Antwort auf einen sehr eng begrenzten Teilstreik unproportional sei[262].

Den besonderen Wettbewerbsverhältnissen im Pressebereich könne dadurch Rechnung getragen werden, daß zunächst nur die in unmittelbarer Konkurrenz zu den bestreikten Unternehmen stehenden Pressebetriebe in den Arbeitskampf einbezogen würden. Der Kreis der aussperrenden Unternehmen könne auch durch ein Auswechseln während des Arbeitskampfes erweitert werden. Auch wäre denkbar, daß die Arbeitgeberseite zunächst die quantitativ begrenzte Ausweitungsmöglichkeit nicht ausnütze, um dafür aber im weiteren Verlauf des Arbeitskampfes eine befristete bundesweite Aussperrung durchzuführen.

dd) Eigene Stellungnahme

Dem Vorschlag von Löwisch, ein zeitlich und flächenmäßig-abgestuftes Kampfmittelsystem einzuführen, kann nicht gefolgt werden. Spezifisch für die Aussperrung könnten sich Folgen ergeben, die den Einsatz dieses Kampfmittels wirkungslos bzw. völlig unmöglich machen wür-

---

258 BAG BB 1980, Beilage 4/1980.

259 Dies wird ganz allgemein anerkannt, vgl. 3. Teil, 2. Abschnitt, C und insbesondere Rüthers, Rechtsprobleme der Aussperrung, 1980, S. 108.

260 BAG BB 1980, Beilage 4/1980, S. 21; unter Verweis auf Löwisch, RdA 1980, 1 (12); Bertelsmann, Aussperrung, 1979, S. 346 und Wiedemann, RdA 1969, 321 (333).

261 Vgl. 3. Teil, 2. Abschnitt C III 5 b, cc.

262 BAG, BB 1980, Beilage 4/1980, S. 22.

den. Beschränkt man, wie Löwisch, den Kampfrahmen für Angriffs- und Verteidigungsmaßnahmen zusammengenommen, zunächst auf 1/4 des Tarifgebietes, bedeutet dies für die Aussperrung, daß sie in den verschiedenen Stufen auf einen etwa verbleibenden Rest des vom Angreifer nicht voll ausgeschöpften Kampfrahmens beschränkt bliebe. Da der Angreifer aber das Kontingent grundsätzlich zunächst voll ausschöpfen darf, bleibt in einem solchen Fall für eine Abwehraussperrung kein Raum mehr[263]. Dasselbe gilt für die weiteren ausdehnenden Stufen.

Die Beschränkung des Kampfrahmens auf eine starre Zahlenrelation im Verhältnis 1 : 1 wie Raiser gefordert hat, würde den unterschiedlichen Interessenlagen des Einzelfalles nicht gerecht. Je enger der Schwerpunktstreik geführt wird, um so größer muß die Ausweitung des Kampfrahmens sein können[264]. Dies muß auch im Pressebereich gelten. Das Interesse der Öffentlichkeit an einer möglichst geringen Ausweitung des Arbeitskampfes kann nicht dazu führen, daß das eingesetzte Kampfmittel wirkungslos bleibt. Deshalb trifft die von Krejci[265] vertretene Ansicht, daß bei einer aus Gemeinwohlgründen eng begrenzten Streikführung der Aussperrung sehr enge Grenzen gesetzt seien, in diesem Ausmaß auf Pressebetriebe nicht zu. Die Festlegung auf einen starren Zahlenschlüssel würde dann der besonderen Problematik nicht mehr gerecht. Dies muß Raiser selber für den von ihm angeführten Fall, daß eine ganz geringe Zahl von Spezialisten streikt, anerkennen[266].

Der vom BAG aufgezeigten Lösung ist im Ansatz zuzustimmen. Jedoch läßt auch dieses Urteil viele Fragen offen, so daß das letzte Wort in der Frage der Begrenzung der Abwehraussperrung noch nicht gesprochen sein dürfte. Zutreffend ist, daß eine sofort als Abwehrungsmaßnahme auf einen eng begrenzten Schwerpunktstreik erfolgende unbefristete bundesweite Aussperrung zur Herstellung des Verhandlungsgleichgewichts nicht erforderlich und daher unverhältnismäßig ist. Auch die besonderen Wettbewerbsverhältnisse in der Zeitungsindustrie machen eine solche Ausdehnung zunächst nicht notwendig[267]. Allerdings muß entgegen der vom Bundesarbeitsgericht vertretenen Ansicht, die Möglichkeit bestehen, die Aussperrung über die zugestandene Quote von 25 % hinaus zu erweitern, wenn sich zeigen sollte, daß der gewählte Kampfrahmen die Abwehrmaßnahme nicht zur Wirkung kommen läßt. Die Vorgänge im Arbeitskampf 1978[268] haben gezeigt, daß gegen die

---

[263] Darauf hat auch das BAG, BB 1980, Beilage 4/1980 hingewiesen.

[264] Ausführlich dazu: Rüthers, Rechtsprobleme der Aussperrung, 1980, S. 106 ff. m. w. N. und auch das BAG, BB 1980, Beilage 4/1980, S. 22.

[265] Aussperrung, 1980, S. 102.

[266] ZRP 1978, 205.

[267] A. A. Rüthers, Rechtsprobleme der Aussperrung, 1980, S. 109 ff.

[268] Vgl. 1. Teil, 1. Abschnitt, B.

Schwerpunkttaktik der Gewerkschaften die von der Arbeitgeberseite zunächst beschränkt durchgeführte Abwehraussperrung keine intensive Wirkung gebracht hat.

Weshalb — wie das BAG festschreibt — eine weitergehende Ausweitung nur erlaubt sein soll, wenn vorher seitens der Arbeitgeber auf eine Inanspruchnahme des für die Aussperrung zur Verfügung stehenden Kampfrahmens verzichtet wurde, ist nicht einzusehen. Im Ergebnis können sich dabei Ungereimtheiten ergeben. Würde man die vom BAG aufgezeigte Beschränkung konsequent einhalten, so hätte dies im Extremfall zur Folge, daß eine Aussperrung überhaupt nicht stattfinden könnte. Folgende Fallgestaltung ist denkbar: Die Arbeitnehmerseite beginnt mit einem auf ein Viertel des Tarifgebietes beschränkten Schwerpunktstreik. Die Arbeitgeber verzichten zunächst auf die Inanspruchnahme der ihnen nach der Entscheidung des BAG zustehenden Aussperrungs- und Ausweitungsmöglichkeit um 25 %. Wenn nun die Arbeitnehmerseite den Streik auf die Hälfte des Tarifgebiets ausweitet, besteht nach den Vorstellungen des BAG kein Bedürfnis mehr nach einer Abwehraussperrung. Eine solche wäre dann nicht mehr zulässig. Gegen das BAG ist für einen solchen Fall zu fodern, daß eine Ausweitung des Kampfrahmens um wiederum mindestens 25 % — um bei den vom BAG gesetzten Relationen zu bleiben — zulässig sein muß. Unter Umständen kann auch eine bundesweite Aussperrung erforderlich sein, will man die Arbeitgeberseite nicht auf eine bloße Durchhaltetaktik beschränken. Wird eine Seite auf ein „Dulden und Durchstehen“[269] verwiesen, verliert die Tarifautonomie ihre Funktion.

Dem BAG kann zwar insoweit nicht widersprochen werden, als es geltend macht, daß bisher keine allgemeinen Regeln feststellbar seien, wonach die Schäden eines räumlich engen, aber zeitlich längeren Arbeitskampfes für die Allgemeinheit notwendigerweise größer seien als die einer kürzeren, räumlich aber entsprechend breiter geführten Auseinandersetzung[270]. Dies mag für die wirtschaftlichen Folgen der Auseinandersetzung gelten. Jedoch könnte es bezüglich des Verlustes an Information anders sein. Wird beispielsweise mit einem eng geführten Teilstreik und einer bregrenzten Aussperrung erreicht, daß ein großer Teil der Zeitungsproduktion nicht erscheinen kann (— wie 1976 etwa 60 %)[271], so ist ein kürzer dauernder Totalausfall weniger einschneidend als ein durch räumliche Begrenzung länger andauernder beschränkter Ausfall. Daß eine räumliche Ausdehnung den Arbeitskampf insgesamt abkürzen kann, wird auch vom BAG nicht in Frage gestellt.

---

269 Söllner, RdA 1980, 20.

270 BAG, BB 1980, Beilage 4/1980, S. 20; ebenso Reuter, in: Festschrift für F. Böhm, 1975, S. 521 (545).

271 Vgl. 1. Teil, 1. Abschnitt, A.

Der Appell des BAG an die Arbeitgeberseite, die bei einer eng begrenzten Aussperrung entstehenden Wettbewerbsverzerrungen durch verbandsinterne Maßnahmen und erhöhte Verbandssolidarität auszugleichen, mag bei einem sehr kurz dauernden Arbeitskampf noch wirksam sein können. Aber die Solidarität wäre überfordert, wenn ein Schwerpunktkampf längere Zeit andauern kann und rechtlich keine Ausweitungsmöglichkeit der Aussperrung mehr besteht, obwohl sich zeigt, daß die begrenzten Maßnahmen keine Wirkung auf die Kampfführung der Gegenseite hervorrufen können.

Das Dilemma, das durch das Bedürfnis einer Einschränkung der Aussperrung hervorgerufen wird, läßt sich zusammenfassend wie folgt festhalten: Je enger der Streik geführt wird, um so größer ist das Bedürfnis nach einer möglichst großen Ausdehnung der Aussperrung, um effektive Wirkungen zu erzielen. Je weiter der Streik aber bereits ausgedehnt ist, um so geringer wird die Erforderlichkeit des Einsatzes der Aussperrung überhaupt. Nur im ersten Falle, also bei einer Engführung des Streiks ließe sich auch durch eine strikte Beschränkung der Ausweitung der Aussperrung ein großes Maß an Schutz der Pressefreiheit/Meinungspluralität erreichen. Ist bereits der Streik flächenmäßig weit ausgedehnt, vermag auch eine Beschränkung der Aussperrung die Meinungspluralität nicht mehr wesentlich zu erhalten oder zu schützen. Es zeigt sich also, daß eine starre und strikte Begrenzung immer zu Lasten der Tarifautonomie gehen muß. Auch das Gemeinwohl kann die Beschränkung der Aussperrung nicht rechtfertigen. Um die Tarifautonomie funktionsfähig zu erhalten, muß in Pressebetrieben auf eine schematische Begrenzung der Aussperrung verzichtet werden. Eine Ausdehnung bis zur bundesweiten Aussperrung (sofern das Tarifgebiet so groß bleibt), muß möglich bleiben. Das BAG hat selbst ausgeführt, daß die Aussperrung „für kurze Zeit" bundesweit ausgedehnt werden kann. Wie beim Streik ist auch das Merkmal der zeitlichen Dauer entscheidend. Es gelten hier die gleichen Kriterien wie beim Streik: eine genaue Festlegung ist nicht möglich. Äußere Umstände bilden die wesentlichen Faktoren, die die Dauer maßgeblich beeinflussen. Auch hier greift die Grenze der wirtschaftlichen Existenzvernichtung ein, bevor die Demokratie bzw. die Pressefreiheit durch dauernden vollständigen Entzug der Presseinformation bleibenden Schaden erleidet[272].

c) Die Zulässigkeit von Sympathiekampfmaßnahmen

aa) Die grundsätzliche Problematik

Dieselbe Problematik wie bei der Aussperrung taucht auch bei Sympathiekampfmaßnahmen auf. Druck i. S. von Effektivität der Kampf-

---

[272] Vgl. 3. Teil, 2. Abschnitt, C III 5a, cc.

maßnahmen wird im wesentlichen nur durch eine Ausweitung des Kampfrahmens erreicht. Die Ausgangslage stellt sich wie folgt dar: Die beiden großen Pressearbeitskämpfe der Jahre 1976 und 1978 wurden in der Hauptsache von den der IG Druck und Papier angehörenden gewerblichen Arbeitnehmern geführt. Insbesondere im Jahre 1976 traten jedoch die Journalisten/Redakteure und technischen Angestellten der umkämpften Pressebetriebe ebenfalls in den Ausstand, um die für sie „fremden" Kampfforderungen zu unterstützen[273]. Mit der Frage nach der rechtlichen Zulässigkeit dieses Vorgehens ist die in der Literatur umstrittene, allgemeine Problematik der Rechtmäßigkeit von Sympathiekampfmaßnahmen angesprochen[274]. Während nur wenige Autoren den Sympathiekampf uneingeschränkt für zulässig erachten[275], sprechen sich doch eine ganze Reihe von ihnen für die generelle Rechtswidrigkeit des Sympathiearbeitskampfes aus[276]. Die Mehrzahl der auch im neueren Schrifttum vertretenen Stimmen geht allerdings immer noch dahin, den Sympathiearbeitskampf unter bestimmten, verschieden weit gefaßten Einschränkungen für zulässig zu erklären[277].

Ein Sympathiearbeitskampf liegt vor, wenn zur Unterstützung eines Hauptkampfes in anderen Tarifbereichen Arbeitnehmer oder Arbeitgeber — also grundsätzlich von den Parteien des Hauptkampfes ver-

[273] Vgl. Mahlein, GewMH 1976, 396 ff. Dieselben Überlegungen gelten auch für den umgekehrt denkbaren Fall, daß die Journalisten von den Druckern unterstützt werden, oder von Metallarbeitern und umgekehrt.

[274] Zur Übersicht der unterschiedlichen Standpunkte z. B.: Birk, Die Rechtmäßigkeit gewerkschaftlicher Unterstützungskampfmaßnahmen, 1978, S. 16 ff.; Seiter, Arbeitskampfparität und Übermaßverbot 1979, S. 46 ff.; insbesondere Fn. 155, 156 sowie ders., Streikrecht, S. 502 ff. mit Fn. 89 und 90. Die höchstrichterliche Rechtsprechung hat diese Frage bisher ausdrücklich offengelassen: BAG AP Nr. 34 zu Art. 9 GG Arbeitskampf. Grundsätzlich für zulässig erklärt hat allerdings das LAG Düsseldorf, DB 1979, 167, den Sympathiearbeitskampf, während das AG Wuppertal AP Nr. 20 zu Art. 9 GG Arbeitskampf die Unterstützung eines ausländischen Streiks für rechtswidrig hält.

[275] Unter der Voraussetzung, daß der Hauptkampf rechtmäßig ist: Bobrowski/Gaul, Das Arbeitsrecht im Betrieb, 6. Aufl., 1970, S. 559; ebenso in der 7. Aufl. 1979, Band 2, S. 137 f., wobei allerdings stark auf den Solidaritätsgrundsatz abgestellt wird.

[276] Rüthers, BB 1964, 312 ff.; ders., AfP 1977, 323; Brox, in: Festschrift für Nipperdey, Band II, 1965, S. 55 ff. (59 f.); Brox/Rüthers, S. 127 (136); Thomas Raiser, Die Aussperrung nach dem Grundgesetz 1975, S. 93 f.; Hanau, Wirtschaftspolitische Chronik, Heft 3, 1978, S. 173 ff. (192 f.) der Sympathiekampfmaßnahmen allerdings als (widerlegbar) nicht erforderliche Kampfmittel ansieht.

[277] Seiter, Streikrecht, S. 503 ff. mit Fn. 89; ders., Arbeitskampfparität und Übermaßverbot, 1979, S. 46 ff.; Auffarth, RdA 1977, 129 (135); Birk, Unterstützungsmaßnahmen, S. 64 ff.; Zöllner, Arbeitsrecht, 2. Aufl., 1979, S. 307 f.; Söllner, Arbeitsrecht, 6. Aufl., 1978, S. 90; Hartje, Der Sympathiearbeitskampf, 1971, passim; Etzel, NJW 1979, 1626; Gitter, ZfA 1971, 147 ff. für den Sonderfall der Unterstützung eines ausländischen Arbeitskampfes; Hueck, RdA 1968, S. 430; G. Müller, AuR 1972, 8; LAG Düsseldorf, DB 1979, 167.

schiedene Beteiligte — zu Kampfmaßnahmen greifen, die den Ausgang des Hauptkampfes beeinflussen sollen[278]. Kennzeichnend für einen Sympathiearbeitskampf ist daher das Fehlen eines unmittelbaren eigenen Regelungszieles sowie das Auseinanderfallen von Gegnern des Sympathiekampfes und Adressaten der Forderung des Hauptkampfes[279].

Daraus ergeben sich besondere Rechtmäßigkeitsprobleme für Sympathiekampfmaßnahmen. Ihre Zulässigkeit ist fraglich, denn der Sympathiekampf richtet sich gegen einen Betroffenen, der die Kampfforderung selbst nicht erfüllen kann. Weiter hat ein Sympathiekampf kein eigenes tariflich regelbares Ziel zum Gegenstand[280].

Jede Arbeitskampfmaßnahme ist an sachliche, persönliche und räumliche Geltungsgrenzen gebunden. Dadurch wird der zulässige Umfang von Tarifkonflikten bestimmt. Sympathiekampfmaßnahmen, die über diese Grenzen hinausgehen, können den Arbeitskampf von seinen tarifrechtlichen Bindungen lösen. Ein Arbeitskampf würde dann über seine Funktion als Hilfsinstrument der Tarifautonomie hinausgehen. Er wäre nicht mehr gerechtfertigt[281].

In Pressebetrieben kann sich bei Sympathiekampfmaßnahmen eine besondere Situation ergeben. Beteiligen sich die Redakteure aus Sympathiegründen am Hauptkampf der Drucker oder umgekehrt, ist ihr Kampfgegner identisch mit dem Adressaten der Forderung des Hauptkampfes. Dieses kennzeichnende Merkmal des Sympathiestreiks entfällt also. Trotzdem bleibt die Maßnahme der Redakteure ein Sympathiekampf. Das Auseinanderfallen von Kampfgegner und Forderungsadressaten gehört nicht zu den unersetzlichen, begriffsnotwendigen Tatbestandsvoraussetzungen eines Sympathiearbeitskampfes[282]. Erhalten bleibt bei dieser Fallkonstellation die für einen Sympathiearbeitskampf wesentliche Tatsachenlage, daß durch Unterstützung fremder

---

278 Sympathiestreik oder Sympathieaussperrung vgl. Seiter, Streikrecht, S. 502 ff.; Brox/Rüthers, S. 33 f. (36); Hueck/Nipperdey/Säcker, II 2, S. 898 (1009); Rüthers, AfP 1977, 322 ff.; Birk, Unterstützungsmaßnahmen, S. 24 f.

279 Vgl. nur Hueck/Nipperdey/Säcker, II 2, S. 899; vgl. auch ebd. Fn. 19 k; Brox/Rüthers, S. 33 f.; Auffarth, RdA 1977, 129 (133, 135).

280 Dazu ausführlich Rüthers, AfP 1977, 322 ff.

281 Rüthers, AfP 1977, 323.

282 So auch Hueck/Nipperdey/Säcker, II 2, S. 898 f. Insbesondere Fn. 19 i; ebenso Hartje, Der Sympathiearbeitskampf, 1971, S. 105 ff., 107, 110; Seiter, Arbeitskampfparität und Übermaßverbot, 1979, S. 30 ff. für den in der Seeschiffahrt auftauchenden, ähnlich liegenden Fall, daß Hafenarbeiter zur Unterstützung streikender Seeleute die Entladung der bestreikten Schiffe verweigern. Für die Seeschiffahrt ebenfalls bejahend: Birk, AuR 1974, 298; ders., AuR 1977, 239; Geffken, Seeleutestreik und Hafenarbeiterboykott, 1979, S. 376; Birk, Unterstützungsmaßnahmen, S. 51 ff., der diese Fallgestaltung vom eigentlichen Sympathiestreik unterscheidet und „Unterstützungsstreik" nennt, i. E. aber ebenso nicht als „Hauptstreik" ansieht.

Tarifregelungsziele dem Sozialpartner gegenüber eine breitere Solidaritäts- und Aktionsbasis geschaffen werden soll[283]. Damit ist allerdings noch nichts zur Rechtmäßigkeit oder Rechtswidrigkeit von Sympathiearbeitskämpfen in der oben geschilderten Zusammensetzung ausgesagt.

Der gegen die Zulässigkeit von Sympathiearbeitskämpfen vorgebrachte Haupteinwand, ihr Ziel könne immer nur die Einwirkung auf den Willensentschluß eines Dritten sein, da der Gegner des Sympathiekampfes die Forderung selber nicht erfüllen könne[284], ist durch die Identität des mit Sympathie- und Hauptkampf bestreikten Arbeitgebers allerdings beseitigt[285].

Die besondere Fallkonstellation im Pressebereich schwächt auch den zweiten Einwand, daß die Tarifparteien nicht für einen fremden, sondern nur für einen eigenen Tarifabschluß kämpfen dürften[286], etwas ab. Kampfgegner der Sympathiearbeitskämpfe und Forderungsadressat des Hauptkampfes sind identisch. Die Möglichkeit der Einflußnahme ist direkt. Es besteht darüber hinaus die Möglichkeit, daß die Sympathiekampfmaßnahmen einen späteren Streik um eigene tarifliche Regelungsziele beeinflussen können. Sie können die eigene Kampfbereitschaft demonstrieren und so auf die Willensbildung des Tarifgegners einwirken.

Die Zulässigkeitsproblematik von Sympathiearbeitskämpfen soll hier nicht weiter vertieft werden. Denn nur wenn man den Sympathiekampf grundsätzlich mit der (noch) herrschenden Meinung für zulässig hält, muß auf die hier interessierende Problematik eingegangen werden. Wie bei der Aussperrung sind verschiedene Fallgestaltungen denkbar: Beschränken sich die Sympathiekampfmaßnahmen auf den Betrieb, in dem der Hauptkampf bereits zulässigerweise stattfindet, wird dadurch ein „Mehr" an Beeinträchtigung der Pressefreiheit nicht hervorgerufen[287].

---

283 Vgl. dazu die ausführliche Argumentation von Seiter, Arbeitskampfparität und Übermaßverbot, 1979, S. 51 f., der sich auch auf die in der Rechtsprechung des BAG enthaltenen Grundsätze zur Einbeziehung nicht betroffener Dritter bezieht (BAG AP Nr. 34 zu Art. 9 Arbeitskampf) „effektive" Kampfführung gegen den als „wirtschaftliche Größe" zu sehenden Gegner (Seiter, ebd., S. 50 Fn. 184); ders., Streikrecht, S. 505 ff. mit Fn. 99 und 100.

284 Vgl. nur Brox/Rüthers, 127.

285 So ausdrücklich für diese Fallgestaltung auch Rüthers, AfP 1977, 313, vgl. auch Seiter, Arbeitskampfparität und Übermaßverbot, 1976, S. 47.

286 Vgl. nur Rüthers, BB 1964, 312 ff.; ders., AfP 1977, 323 f.; Brox/Rüthers, S. 136; zur Gegenansicht vgl. nur Seiter, Arbeitskampfparität und Übermaßverbot, 1979, S. 48 ff. mit ausführlicher Argumentation; ders., Streikrecht, S. 502 ff. (506); sowie auch Birk, Unterstützungsmaßnahmen, S. 28, 86 ff., 88.

287 Vorausgesetzt, bereits der Hauptkampf erfüllt die „normalen" Rechtmäßigkeitskriterien. Von diesem Erfordernis geht auch die für die Zulässigkeit von Sympathiearbeitskämpfen eintretende Ansicht in der Literatur aus. Danach muß der Hauptkampf — soll auch der Sympathiekampf rechtmäßig

Eine Einschränkung des Sympathiekampfes durch Art. 5 GG bzw. durch die Erfordernisse des Gemeinwohls kann nicht erfolgen.

bb) Das Problem der Gebietsausweitung

Problematischer ist die Ausweitung der Sympathiekampfmaßnahmen auf einen noch nicht vom Hauptkampf überzogenen Teil des Tarifgebietes. Ebenso wie bei der gebietsausweitenden Abwehraussperrung wird dadurch erreicht, daß die Zeitungsproduktion ausfällt, andererseits wird nur so eine effektive Kampfführung erreicht. Es stehen sich die für das Arbeitskampfrecht geltenden Grundsätze der Freiheit der Wahl der Kampftaktik[288] und das Verhältnismäßigkeitsprinzip und die besonderen Auswirkungen der Pressefreiheit entgegen. Die Grenzen für eine Ausweitung ergeben sich aus dem Übermaßverbot[289], also der Frage nach der Erforderlichkeit, Geeignetheit und Proportionalität der Maßnahme[290]. Entscheidend ist die Frage, ob die Ausdehnung des Sympathiearbeitskampfes dazu beitragen kann, das Gleichgewicht zwischen den Tarifparteien zu erhalten oder wiederherzustellen. Verschiebt sich das Kräfteverhältnis übermäßig zugunsten der unterstützten Partei, ist der Sympathiekampf unzulässig. Konkret gelten in etwa dieselben Grenzen wie für die gebietsausweitende Abwehraussperrung[291]. Eine bundesweite Sympathieaussperrung etwa als Antwort auf einen eng begrenzten Teilstreik ist unverhältnismäßig. Das gleiche gilt natürlich für eine unbeschränkte Ausdehnung der Sympathiekampfmaßnahmen der Arbeitnehmerseite. Allerdings kann das Ausweitungsinteresse nicht so dringend und so groß sein, wie bei den im Hauptkampf befindlichen Parteien. Deshalb ist eine stufenweise Ausweitung der Sympathiekampfmaßnahme bis zur Grenze des Tarifgebiets nur zulässig, soweit jeweils die gegnerische Seite ebenfalls den Kampf ausweitet. Weitergehend kann die Pressefreiheit nicht wirken.

D. Zusammenfassung

Im Ergebnis ist festzuhalten, daß in Pressebetrieben die allgemeinen Rechtmäßigkeitsvoraussetzungen für Arbeitskämpfe gelten. Darüber hinausgehende Beschränkungen einzelner Arbeitskampfmaßnahmen

---

sein — den allgemeinen Rechtmäßigkeitskriterien genügen. Vgl. dazu nur Hueck/Nipperdey/Säcker, II 2, S. 1009.

[288] Hueck/Nipperdey/Säcker, II 2, S. 929; Seiter, Streikrecht, S. 140 ff.

[289] Seiter, Streikrecht, S. 537.

[290] Im Prinzip ist auch eine Ausweitung der Sympathiekampfmaßnahmen auf noch nicht bestreikte Tarifgebiete zulässig. Vgl. Seiter, Arbeitskampfparität und Übermaßverbot, 1979, S. 51 ff. und Zöllner, Arbeitsrecht, 2. Aufl., 1979, 307 f.

[291] Vgl. 3. Teil, 2. Abschnitt, C III 5 b.

sind nicht möglich. Die Pressefreiheit kann den Grundsatz der freien Wahl der Kampfmittel und -taktik nicht verdrängen. Daraus folgt, daß den Tarifparteien nicht vorgeschrieben werden kann, stets mit solchen Kampfmaßnahmen zu beginnen, die den Gegner am wenigsten treffen. Ein System von nach Wirkung und Intensität abgestuften Kampfmaßnahmen kann auch in Pressebetrieben nicht zwingend vorgeschrieben werden.

Dritter Abschnitt

Notzeitungen als Lösung der Rechtsgüterkollision: Besteht eine Rechtspflicht der Tarifparteien zur Herausgabe?

A. Das Informationsdefizit

Als Ergebnis der bisherigen Untersuchung steht fest, daß in Pressebetrieben Arbeitskämpfe nach allgemeinen Rechtmäßigkeitskriterien zulässig sind. Ausfälle in der Zeitungsproduktion sind daher unvermeidbar. Nur ein System staatlicher Lohnfestsetzung oder Zwangsschlichtung könnte arbeitskampfbedingte Produktionsausfälle verhindern. Ein solches System ist auch in Pressebetrieben verfassungsrechtlich nicht zulässig. Arbeitskämpfe sind notwendiges Hilfsinstrument der Tarifautonomie. Bei Pressearbeitskämpfen entsteht so zwangsläufig in der Bevölkerung ein Informationsdefizit.

Die Untersuchung hier abzubrechen und sich damit zu begnügen, dieses Defizit als „arbeitsrechtliche Betriebskosten für die Funktion einer privatwirtschaftlich organisierten und dadurch freien Presse“[1] zu klassifizieren, würde dem besonderen Gewicht der durch die Pressefreiheit garantierten Meinungspluralität nicht gerecht, jedenfalls dann nicht, wenn Wege vorhanden sein sollten, die dieses Defizit ausgleichen können, gleichzeitig aber die Durchschlagskraft des Arbeitskampfes nicht beeinträchtigen.

Als eine Möglichkeit, dieses Ziel zu erreichen, bietet sich die Verpflichtung der Tarifparteien zur Produktion von Notzeitungen an[2]. Auf frei-

[1] Rüthers, AfP 1977, 319, der allerdings vor diesem Schluß ebenfalls weitere Möglichkeiten, der Pressefreiheit zur Verwirklichung zu verhelfen untersucht. Zur Problematik der Notzeitungen: AfP 1977, 328 ff.

[2] Ausgeklammert bleiben muß bei dieser Betrachtung die Presse, die den technischen Ablauf der Staats- und Verwaltungstätigkeit garantiert. In Gang bleiben muß der Druck der Gesetzesblätter und der Fahndungsblätter der Polizei; vgl. 1. Teil, 2. Abschnitt.

williger Basis können die Tarifparteien Notzeitungen selbstverständlich herausbringen[3]. Die Frage einer rechtlichen Verpflichtung bedarf allerdings einer näheren Betrachtung.

B. Die verschiedenen Grundlagen einer Rechtspflicht zur Produktion von Notzeitungen

I. Die allgemeine Informationsfreiheit (Art. 5 Abs. 1 Satz 1 2. HS GG) und Informationspflicht als Rechtsgrundlage

Als Grundlage einer Verpflichtung beider Tarifparteien zur Produktion von Notzeitungen wird verschiedentlich das von Art. 5 Abs. 1 Satz 1 2. HS GG garantierte Grundrecht der allgemeinen Informationsfreiheit herangezogen[4]. Zur Begründung wird angeführt, dieses Grundrecht garantiere jedem Staatsbürger einen „Mindestinformationsanspruch" auch gegenüber der Presse[5]. Bei einer Kollision zwischen der Arbeitskampffreiheit und der Presse bzw. Informationsfreiheit gebühre den zuletzt genannten Grundrechten der Vorrang. Sie seien als „echte" Grundrechte von der Verfassung ausgestaltet. Demgegenüber sei die Arbeitskampffreiheit nicht mit gleichem Rang von der Verfassung garantiert, sondern sei als Teil der allgemeinen Handlungsfreiheit von Art. 2 GG geschützt. Die für Art. 2 GG geltenden weiten Vorbehalte würden auch die Arbeitskampffreiheit einschränken. Deshalb müsse sie bei einer Kollision mit anderen Grundrechten zurücktreten. Andererseits dürften die Streikziele nicht gefährdet werden[6]. Den Ausgleich in dieser Kollisionslage könnten Notzeitungen bringen, die den Anspruch des Lesers auf „seine Zeitung" erfüllen könnten[7]. Umfang und Inhalt dieser Notzeitungen müsse in bestimmten Relationen beschränkt sein. Der redaktionelle Teil müsse auf 15 bis 20 % der Normalausgabe verringert sein. Er könne aber inhaltlich neben Nachrichten auch Kommentare, Stellungnahmen sowie Leserbriefe enthalten. Ungefähr 5 % jeder Ausgabe sollten Anzeigen etwa über die Ankündigung von Veranstaltungen, den Verkauf von leicht verderblichen Waren oder dringenden Anzeigen aus dem Familienbereich vorbehalten bleiben[8]. Diese durch eine Notzeitung gelieferte Information sei nicht durch andere Massenmedien ersetzbar. Insbesondere im lokalen Bereich falle die für

---

[3] Wie das auch schon geschehen ist, vgl. 1. Teil, 1. Abschnitt A, B.

[4] So E. Stein, Frankfurter Rundschau vom 1. 3. 1977, S. 14; Dierichs, Frankfurter Rundschau vom 7. 1. 1977, S. 14.

[5] E. Stein und Dierichs, ebd., jeweils S. 14.

[6] Dierichs, Frankfurter Rundschau vom 7. 1. 1977; im Ergebnis auch E. Stein, Frankfurter Rundschau vom 1. 3. 1977.

[7] Richert, Frankfurter Rundschau vom 4. 12. 1976; Dierichs, ebd., vom 7. 1. 1977, E. Stein, ebd., vom 1. 3. 1977.

[8] Vgl. 1. Teil, 3. Abschnitt III.

die Bevölkerung manchmal existenznotwendige Information vollständig aus[9].

II. Das Gemeinwohl als Grundlage der Verpflichtung zur Herausgabe von Notzeitungen: Die Presse als lebensnotwendiger Betrieb

Eine Verpflichtung zur Produktion von Notzeitungen wird von anderen Stimmen in der Literatur[10] auf das Übermaßverbot gestützt. Ein Aspekt des Übermaßverbots geht dahin, die Öffentlichkeit vor allzu großen Beeinträchtigungen zu schützen. Insoweit unterliegt der Arbeitskampf einer Gemeinwohlbindung. Konkrete Auswirkungen dieser Gemeinwohlbindung sind die für lebensnotwendige Betriebe entwickelten Grundsätze, wonach dort ein Arbeitskampf nur zulässig sein soll, wenn ein Notdienst die unbedingt erforderliche Produktion zum Schutz höherwertiger Rechtsgüter aufrechterhalten kann[11].

Auf Pressebetriebe seien diese Grundsätze entsprechend anwendbar[12], da auch die Pressefreiheit in ihrer Bedeutung ein Element des Gemeinwohls einschließe[13]. Daraus folge, daß bei Arbeitskämpfen in Pressebetrieben zur Versorgung der Zeitungsleser mit der notwendigsten Information eine Verpflichtung der Tarifparteien zur Produktion von Notzeitungen bestehe[14]. Die wichtige staatspolitische und sozialkommunikative Funktion der Presse in einer Demokratie gebiete die Aufrechterhaltung dieses Mindeststandards an Presseinformation.

1. Die Unersetzbarkeit der Presseinformation

Eine Ersetzbarkeit der Zeitungsinformation durch ein Ausweichen auf Rundfunk, Fernsehen oder die Auslandspresse sei nicht in vollem Umfang möglich[15]. Selbst wenn Rundfunk und Fernsehen infolge ihrer öffentlich-rechtlichen Struktur zu einer Erweiterung ihrer normalen Informationssendungen verpflichtet werden könnten, sei die Presse als Meinungsträger nicht zu ersetzen. Ohne gedruckte Programmhinweise sei die in den anderen Medien angebotene Information nur bei feststehenden Sendeterminen, wie z. B. Nachrichten, problemlos abzuhören. Ob der sonst angebotene „Ersatzinformationsfluß" den Bürger erreiche, bleibe dagegen dem Zufall überlassen[16].

---

[9] Dierichs, Frankfurter Rundschau vom 7. 1. 1977.

[10] Badura, AöR 1979 (2), 262 f.; Ricker, NJW 1980, 158; Hernekamp, BB 1976, 1331 ff.; Seiter, Anm. zu BGH EzA Nr. 21 zu Art. 9 GG Arbeitskampf.

[11] Vgl. 3. Teil, 2. Abschnitt, C II 2.

[12] So grundlegend Löffler, NJW 1962, 1601 ff.

[13] Badura, AöR 1979 (2), 263.

[14] Ricker, NJW 1980, 158; Hernekamp, BB 1976, 1332.

[15] Badura, AöR 1979 (2), 263, ausführlich Hernekamp, BB 1976, 1332; Löffler, NJW 1962, 1604.

Der besondere Wert der privaten Presse liege darin, daß sie im Gegensatz zum Rundfunk nicht zur Ausgewogenheit verpflichtet sei, sondern ihre Meinung pointiert und auch auf Konfrontation ausgerichtet wiedergeben könne. Dem „Mann auf der Straße" werde die eigene Meinung gewissermaßen von „Profis der Subjektivität"[17] in Worte umgesetzt und argumentativ aufgearbeitet. Dadurch werde die eigentliche Meinungspluralität erreicht[18].

Während das Defizit an überregionaler Information u. U. noch durch Rundfunk und Fernsehen ausgeglichen werden könne, sei die Zeitung auf lokaler Ebene unersetzbar[19]. Die den einzelnen Bürger unmittelbar betreffenden Informationen zum kommunalpolitischen Geschehen könnten nicht durch Rundfunk und Fernsehen übernommen werden. Nicht nur auf der lokalen politischen Ebene sei die Presse unersetzbar. Genauso wichtig sei die von der Zeitung wahrgenommene sozialkommunikative Funktion. Wenn Inserate über die Ankündigung lokaler öffentlicher Veranstaltungen, den Verkauf von leicht verderblichen Lebensmitteln und von Wohnungs- und Stellenanzeigen ersatzlos wegfielen, werde stets die sozial schwächer stehende Schicht am härtesten betroffen[20]. Nicht wiedergutzumachende Schäden für alle Teile der Bevölkerung seien auch bei kurzfristigen Ausfällen der Zeitungspresse die Folge[21]. Ein Ausweichen auf die Auslandspresse sei, ganz abgesehen von der Sprachbarriere, nur sehr begrenzt möglich, da sie Inlands- und insbesondere lokale Information nur in sehr begrenztem Umfang liefern könne. Als Fazit sei festzuhalten, daß ein Mindestmaß an Information, wie sie gerade die Zeitungspresse biete, unverzichtbar und auch unersetzbar sei.

2. *Der Inhalt von Notzeitungen*

Der Inhalt von Notzeitungen müsse auf die Aufrechterhaltung eines informativen Mindeststandards beschränkt bleiben[22]. Nicht unter den Begriff der Notzeitung falle eine Ausgabe, die das übliche Informationsspektrum des Verlages lediglich arbeitskampfbedingt reduziert anbiete,

---

[16] Hernekamp, BB 1976, 1332; Ricker, in: Löffler/Ricker, Presserecht, S. 180 ff.

[17] Hernekamp, BB 1976, 1333.

[18] So auch Seiter, Anm. zu BGH EzA Nr. 21 zu Art. 9 GG Arbeitskampf, S. 147.

[19] Dierichs, Frankfurter Rundschau vom 7. 1. 1977, S. 14.

[20] Hernekamp, BB 1976, S. 1333.

[21] Hernekamp, BB 1976, S. 1333.

[22] Notzeitung im „engeren Sinne": Not quasi vom Bürger aus gesehen. Hernekamp, BB 1976, S. 1331, Fn. 37; Dierichs, Frankfurter Rundschau vom 7. 1. 1977, Stein, Frankfurter Rundschau vom 1. 3. 1977.

um die schlimmsten wirtschaftlichen Verluste zu vermeiden[23]. Als Mindestinformation müßte eine Notzeitung im engeren Sinne wenigstens die Rundfunk- und Fernsehprogramme sowie die wichtigsten lokalen Informationen enthalten. Eine generelle Fixierung von Inhalt und Umfang sei allerdings nicht möglich[24].

C. Die Gegenansichten

I. Die Ineffektivität der Informationsleistung

Gegen diese, eine Rechtspflicht zur Herausgabe von Notzeitungen bejahenden Vorschläge wird eingewandt[25], daß diese infolge ihres stark reduzierten Inhalts nur sehr beschränkt die Funktion von Normalausgaben ersetzen könnten. Der elementare Mindeststandard aktueller Information werde durch die anderen Massenmedien in der Regel gewährleistet[26]. Die effektive Verbesserung des Informationsgrades durch Notzeitungen sei im Vergleich mit Rundfunk und Fernsehen nicht um so viel stärker, als daß damit eine Verpflichtung zur Herstellung von Notzeitungen begründet werden könne[27]. Müßten andererseits Notzeitungen produziert werden, sei der Arbeitskampf dadurch in erheblicher Weise in seiner Durchschlagskraft geschwächt[28]. Trage das Erscheinen von Notzeitungen trotz ihres eingeschränkten Inhalts zur besseren „Erträglichkeit" des Arbeitskampfes und damit zu seiner Verlängerung bei, werde die Beeinträchtigung der Informations- und Pressefreiheit bei einer Gesamtwürdigung aller ihrer Nebenwirkungen nicht gemindert. Die Auswirkungen des Arbeitskampfes auf die Pressefreiheit könnten sogar noch verstärkt werden.

II. Das Erfordernis der kostendeckenden Produktion

Die Effektivität der Informationsleistung einer Notzeitung sei vom Umfang des redaktionellen Teils abhängig. Dieser aber müsse am Erfordernis der Kostendeckung ausgerichtet und daher wegen des stark verminderten Anzeigenteils notwendig klein seien[29]. Die Verleger könnten nicht verpflichtet werden, eine u. U. mit erheblichen finanziellen

---

[23] Hernekamp, BB 1976, S. 1331, Fn. 38: Not quasi vom Unternehmer aus betrachtet. Eine Aufrechterhaltung der Produktion mit Arbeitswilligen ist damit nicht gemeint. Diese Frage ist im hier behandelten Zusammenhang auch unproblematisch; ausführlich: Hernekamp, BB 1976, 1331.

[24] Hernekamp, BB 1976, 1333.

[25] Insbesondere von Rüthers, AfP 1977, 329.

[26] So auch Rehbinder, Presserecht, 1967, S. 84.

[27] Rüthers, AfP 1977, 329.

[28] Rüthers, AfP 1977, 329.

[29] Vgl. auch Dierichs, Frankfurter Rundschau vom 7. 1. 1977, S. 14.

Verlusten verbundene Produktion von Notzeitungen aufrechtzuerhalten[30]. Eine Abwägung der Interessen der Allgemeinheit und der Kampfparteien ergebe, daß sich eine *Pflicht* der Tarifparteien zur Herausgabe von Notzeitungen aus dem öffentlichen oder Allgemeininteresse der Bürger nicht konstruieren lasse. Die Notzeitung müsse der freien Initiative der Redaktionen, Verlage und Druckereien überlassen bleiben[31].

III. Die Auswirkungen auf unbeteiligte Dritte

Gegen die Festschreibung einer Rechtspflicht zur Produktion von Notzeitungen wird weiter geltend gemacht, eine solche Verpflichtung sei im Endeffekt mit einem Streikverbot gleichzusetzen[32]. Daran änderten auch die vorgeschlagenen Kürzungen des Inhalts und insbesondere des Anzeigenteils nichts. Ein Streik müsse sowohl für den Arbeitgeber als auch nach außen hin spürbar sein. Ein Streik, der als solcher nicht registriert werde, und sich lediglich in dünneren Zeitungen niederschlage, laufe Gefahr, wirkungslos zu bleiben[33].

IV. Der Standpunkt der Rechtsprechung

Der Bundesgerichtshof[34] lehnt im Ergebnis eine Rechtspflicht zur Herausgabe von Notzeitungen wohl ebenso ab, ohne dies allerdings ausdrücklich auszusprechen. Ein Arbeitskampf in Pressebetrieben sei grundsätzlich zulässig. Das Recht der Allgemeinheit auf Information sei aber trotz seines hohen Stellenwertes nicht schon immer dann beeinträchtigt, wenn eine bestimmte Zeitung in einem beschränkten Zeitraum nicht erscheine. Deshalb könnten auf Pressebetriebe auch nicht ohne weiteres die im Arbeitskampfrecht entwickelten Grundsätze über den Streik in lebensnotwendigen Betrieben angewandt werden, wonach dort die Versorgung der Bevölkerung zumindest durch die Verrichtung von Notarbeiten sichergestellt werden müßte.

---

[30] Rüthers nach dem Bericht über die 41. Tagung des Arbeitskreises für Presserecht und Pressefreiheit, AfP 1977, 273 sowie AfP 1977, 329.

[31] Rüthers, AfP 1977, 329.

[32] Hensche, Funk-Report 3/77 vom 4. 2. 1977, S. 10 und Frankfurter Rundschau vom 14. 12. 1976.

[33] Hensche, Funk-Report 3/77 vom 4. 2. 1977, S. 10 und Frankfurter Rundschau vom 14. 12. 1976.

[34] BGH EzA Nr. 21 zu Art. 9 GG Arbeitskampf.

D. Eigene Stellungnahme

I. Die Grenzen der allgemeinen Informationsfreiheit (Art. 5 Abs. 1 Satz 1 2. HS GG) und Informationspflicht

Eine Pflicht zur Herstellung von Notzeitungen läßt sich entgegen der oben[35] dargestellten Ansicht nicht auf die allgemeine Informationsfreiheit und eine etwa daraus folgende Informationspflicht der Presse stützen. Dem stehen die bereits von der Verfassung gezogenen Grenzen der allgemeinen Informationsfreiheit entgegen[36]. Der ungehinderte Zugang des Bürgers zur Information ist auf „allgemein zugängliche Quellen" beschränkt[37]. Eine Zeitung muß, um als eine solche allgemein zugängliche Quelle zu gelten, bereits existent sein. Ein Anspruch auf Herstellung oder eine Pflicht zur Produktion von Zeitungen läßt sich aus diesem allgemeinen Informationsrecht nicht herleiten.

Die Vertreter der gegenteiligen Ansicht gehen von einer unzutreffenden Sicht der verfassungsrechtlichen Rechtslage aus. Die Annahme, daß der Arbeitskampf von Art. 2 GG geschützt sei und deshalb das „echte" Grundrecht der allgemeinen Informationsfreiheit vorgehe, ist nicht haltbar. Der Arbeitskampf ist in Art. 9 Abs. 3 GG als Institutsgarantie verfassungsrechtlich geschützt. Dies wurde an anderer Stelle begründet[38]. Insofern kommt der allgemeinen Informationsfreiheit keine generelle Vorrangstellung zu, die von sich aus eine Pflicht zum Ausgleich des Informationsdefizits begründen könnte.

II. Das Gemeinwohl als Grundlage einer Verpflichtung zur Produktion von Notzeitungen

1. Das Vernichtungsverbot: Die Produktion von Notzeitungen als erforderliche Erhaltungsarbeiten

Als Grundlage einer Verpflichtung der Tarifparteien zur Produktion von Notzeitungen könnte das den Arbeitskampf einschränkende Verbot der Vernichtung der wirtschaftlichen Existenz[39] des Tarifpartners in Betracht kommen.

Dieses Vernichtungsverbot hat zwei Aspekte, die einer Betrachtung unterzogen werden müssen. Zum einen folgt daraus eine allgemein anerkannte Verpflichtung der Tarifparteien, die zur Erhaltung der Pro-

[35] Vgl. 3. Teil, 3. Abschnitt, B I.

[36] Vgl. 3. Teil, 1. Abschnitt, C.

[37] Zur Definition der allgemein zugänglichen Quelle, vgl. 3. Teil, 1. Abschnitt, C II.

[38] Vgl. 2. Teil, 1. Abschnitt, D.

[39] Vgl. 3. Teil, 2. Abschnitt, C III 4.

duktionsmittel erforderlichen Arbeiten durchzuführen[40] und zum anderen findet der Arbeitskampf eine Grenze dort, wo der Arbeitskampf auf die wirtschaftliche Existenzvernichtung zielt.

Aus diesen beiden Aspekten kann allerdings eine Verpflichtung zur Produktion von Notzeitungen nicht hergeleitet werden. Erhaltungsarbeiten dienen dazu, die Funktionsfähigkeit der Produktionsmittel nach dem Ende des Arbeitskampfes zu gewährleisten. Eine Aufrechterhaltung der Produktion darf nur insoweit damit verbunden sein, als dies notwendige Folge der Erhaltung der Produktionsmittel ist. Die technischen Einrichtungen in der Druckindustrie bedürfen keiner Erhaltungsarbeiten in dem Sinn, daß damit notwendig die Produktion von Zeitungen auch in beschränktem Umfang verbunden sein müßte[41].

Das Vernichtungsverbot i. S. der Gefährdung der wirtschaftlichen Existenz kann ebensowenig als Grundlage einer Verpflichtung zur Herstellung von Notzeitungen dienen. Ließe man eine Herstellung von Zeitungen, die das gesamte inhaltliche Spektrum lediglich eingeschränkt wiedergeben würden, während des Arbeitskampfes zu[42], um die schlimmsten wirtschaftlichen Verluste der Verleger abzumildern und um die Existenz der Zeitung nicht zu gefährden, wäre die Effektivität des Arbeitskampfes überhaupt in Frage gestellt. Eine solche Konzeption von Notzeitungen kann nicht zur Lösung des Kollisionsproblems beitragen. Sie wären höchstens dazu geeignet, den Arbeitskampf zu verlängern, indem durch sie der wirtschaftliche Druck auf den Arbeitgeber vermindert, aber nicht völlig ausgeschaltet würde. Dies kann nicht der Sinn von Notzeitungen sein. Sie sollen dazu dienen, das Informationsdefizit der Bevölkerung auszugleichen. Das Verbot der wirtschaftlichen Existenzvernichtung ist absolute Grenze des zulässigen Arbeitskampfes. Eine Verpflichtung zur stetigen Fortführung der Produktion auch nur in vermindertem Umfang kann daraus nicht entnommen werden. Besteht die Gefahr, daß diese Grenze überschritten wird, muß die normale Produktion wieder aufgenommen werden.

2. *Notzeitungen als „lebensnotwendige Mindestversorgung" der Bevölkerung mit Information*

Der ungestörte Fluß von Information — nicht nur in Form von Zeitungsinformationen — ist eine wesentliche Grundlage für die Funktion

[40] Vgl. nur Seiter, Streikrecht, S. 533 und Hernekamp, BB 1976, 1331 mit Nachweisen über die Arbeitskampfrichtlinien des DGB zu Erhaltungsarbeiten, vgl. 3. Teil, 2. Abschnitt, C II 2.

[41] Vgl. 3. Teil, 2. Abschnitt, C III 4.

[42] Vgl. Hernekamp, BB 1976, 1331, Fn. 38; Notzeitung vom Verleger aus gesehen: Eine eingeschränkte Zeitungsproduktion, die auch Werbeanzeigen enthält.

eines demokratischen Staatswesens[43]. Information ist nicht unmittelbar zur Erhaltung des menschlichen Lebens oder der menschlichen Gesundheit erforderlich. Sie ist jedoch wesentliche Voraussetzung für die Erhaltung ähnlich wichtiger Rechtsgüter. So trägt Information zur Erhaltung der Meinungspluralität bei. Damit dient sie als ein wesentlicher Baustein für die Ausgestaltung einer menschenwürdigen Existenz[44]. Ein Mindeststandard an Information und Kommunikation muß daher unbedingt und stets aufrechterhalten bleiben. Zeitungen sind ein wichtiger Teil dieses sich aus verschiedenen Quellen zusammensetzenden Informationsflusses. Zur Erhaltung der Meinungspluralität sind sie ein aus dem heutigen Leben nicht mehr hinwegzudenkender Faktor.

Daraus kann aber noch nicht unmittelbar die Verpflichtung der Tarifparteien zur Herstellung von Notzeitungen, gewissermaßen als „demokratischer" Notdienst, begründet werden. Auch in unmittelbar lebensnotwendigen Betrieben ist die Aufrechterhaltung eines Teils der Produktion nur zwingend vorgeschrieben, wenn auf andere Weise aus nicht oder noch nicht dem Arbeitskampf unterfallenden Betrieben kein Ersatz zu beschaffen ist. Der Zeitung müßte also eine Monopolstellung in der Beschaffung und Weitergabe von Information und Meinungen zukommen, damit eine Rechtspflicht zur Herausgabe von Notzeitungen begründet werden könnte. Unterschiedliche Ergebnisse können sich für den überregionalen und den regionalen Bereich ergeben.

a) Der überregionale Bereich

Eine entscheidende Vorfrage ist der Einfluß der flächenmäßigen Ausdehnung des Arbeitskampfes auf die Zeitungsproduktion. Werden nur wenige Pressebetriebe schwerpunktmäßig umkämpft, so kann der Ausfall an Information durch die noch ungehindert erscheinenden Zeitungen ausgeglichen werden. Das dadurch entstehende Wettbewerbsproblem kann dadurch ausgeglichen werden, daß ein Verbot von gebietsausweitenden Kampfmaßnahmen nicht besteht[45]. Eine Verpflichtung zur Herstellung von Notzeitungen kann erst in Betracht gezogen werden, wenn der Arbeitskampf so ausgeweitet ist, daß nur noch regionale Pressebetriebe produzieren können oder der Arbeitskampf auf das gesamte Gebiet der Bundesrepublik ausgedehnt ist. Voraussetzung einer Verpflichtung ist in einem solchen Fall, daß der überregionale Informations- und Meinungsfluß, beschränkt auf einen Mindeststandard, nicht durch andere Massenmedien wie Rundfunk und Fernsehen ersetzbar ist.

---

[43] Vgl. 1. Teil, 3. Abschnitt, B, C.

[44] Vgl. 3. Teil, 2. Abschnitt, C II 2 c.

[45] Vgl. 3. Teil, 2. Abschnitt, C III 5.

Nicht mehr durchschlagend ist in diesem Zusammenhang das Argument von Löffler[46], daß Zeitungsinformation unersetzbar sei, weil nicht alle Zeitungsleser mit Radio- und/oder Fernsehgeräten ausgestattet seien[47]. Absolut mag dies auch heute noch zutreffend sein. Der Lauf der technischen Entwicklung und die damit verbundene Verbilligung der elektronischen Medien hat dazu geführt, daß sich die Relationen verschoben haben und die überwiegende Mehrzahl der Bevölkerung im Besitz eines Radios und/oder Fernsehgerätes ist[48]. Zumindest der Zugang zu überregionalen, anderen Informationsquellen ist damit in ausreichendem Ausmaß gesichert.

Auch der Umfang der durch Radio und Fernsehen angebotenen überregionalen Information ist zur Aufrechterhaltung des erforderlichen und notwendigen Mindeststandards ausreichend. Insgesamt strahlten allein die beiden überregionalen Fernsehprogramme im Jahr 1978 ein auf politische Information bezogenes Programm mit Nachrichten, Berichten über aktuelles Zeitgeschehen und Magazine mit politischem Inhalt, das bei der ARD 35 % und beim ZDF 26,5 % der gesamten Sendezeit ausfüllt, aus[49]. Hinzu kommen noch die durch das Radio angebotenen, während des ganzen Tages in regelmäßiger zeitlicher Folge — normalerweise zur vollen Stunde — ausgestrahlten Nachrichten und Kommentare.

Auch die Erreichbarkeit dieser Informationssendungen dürfte in ausreichendem Ausmaß gesichert sein. Im Fernsehen werden mehrmals am Tag zu allgemein bekannten, festen Sendezeiten Nachrichten und Kommentare gesendet. Die dafür zur Verfügung stehende Zeit kann, wie das in außergewöhnlichen Zeiten, z. B. bei Landtags- und Bundestagswahlen üblich ist, auch verlängert werden. Gleichzeitig damit können Hinweise auf Informationssendungen erfolgen, die zu einem späteren, flexiblen Termin gesendet werden. Radio und Fernsehen können sich dabei gegenseitig ergänzen. Die Notzeitung zur Information der Bürger über Sendezeiten ist deshalb nicht erforderlich. Es geht, das soll noch

---

[46] NJW 1962, 1604.

[47] Umgekehrt wird ebenso zutreffend sein, daß auch nicht alle Radio/Fernsehbesitzer Zeitung lesen. Trotzdem tritt kein wesentliches Informationsdefizit auf.

[48] Am 31. 12. 1978 waren 20 724 000 gebührenpflichtige Radiogeräte und 19 019 000 Fernsehgeräte registriert. (Hinzu kommen noch die gebührenfreien Apparate für Sozialhilfeempfänger). Demgegenüber steht zum gleichen Datum eine Bevölkerungszahl von ca. 61 Millionen Einwohnern der Bundesrepublik, die sich auf 24 221 000 Ein- und Mehrpersonenhaushalte verteilt. Quelle: Statistisches Jahrbuch der Bundesrepublik Deutschland, 1979, S. 362, 62 und 64. Im Jahre 1965 waren 16 696 000 Radios und 11 137 900 Fernsehapparate registriert. Quelle: Statistisches Jahrbuch der Bundesrepublik Deutschland, 1966, S. 385.

[49] Statistisches Jahrbuch der Bundesrepublik Deutschland, 1979, S. 362 ff.

einmal betont werden, nicht um die vollständige Auffüllung der Lücke, die das Wegfallen der Zeitungen mit sich bringt. In vollem Umfang ist dies nicht möglich. Es muß sich notwendigerweise um die Aufrechterhaltung eines Mindestinformationsstandards handeln. Dieser kann in der oben geschilderten Weise garantiert werden.

Die Zeitung ist von ihrer privatwirtschaftlichen Struktur her am ehesten geeignet, Meinungen pointiert auszudrücken und die verschiedenen Aspekte eines Problems schlaglichtartig zu beleuchten und damit Kontraste deutlich herauszustreichen. Sie ist nicht zur Ausgewogenheit verpflichtet wie der öffentlich-rechtlich organisierte Rundfunk. Die private Struktur der Presse ist daher besser geeignet, die Meinungspluralität in ihrem ganzen Spektrum aufrechtzuerhalten. Daß deshalb auch im Arbeitskampf stets ein Notvorrat an subjektiven Kommentaren und Meinungen der unterschiedlichen Tendenzen durch die Produktion von Notzeitungen garantiert sein müßte, kann nicht gefordert werden. Wie oben dargelegt, reicht die Kapazität von Rundfunk und Fernsehen aus, um die notwendige Information über politische Fakten zu gewährleisten.

Die Verpflichtung der öffentlich-rechtlichen Sendeanstalten zur Ausgewogenheit kann dazu führen, daß diese nicht in der gleichen Weise wie die Zeitungen in der Lage sind, auch pointierte extreme Meinungen darzustellen. Allerdings ist aber auch erkennbar, daß Rundfunkanstalten in ihrer Programmgestaltung durchgehend eine bestimmte politische Tendenz vertreten. Beispielhaft genannt sei hier nur das im süddeutschen Raum ausgestrahlte dritte Program des Südwestfunks.

Inwieweit sich diese Rundfunkinformation von der Presseinformation noch unterscheidet, mag hier dahinstehen. Denn: Ist eine Mindestversorgung mit objektiven Nachrichten gesichert, muß der mündige Bürger in einer Demokratie auch in der Lage sein, sich für eine gewisse Zeit nur auf Grund der objektiven Tatsacheninformation eine eigene Meinung zu bilden. Ein umfassender Arbeitskampf in Pressebetrieben kann nicht „ewig" dauern. Die Grenze der wirtschaftlichen Existenzgefährdung ist sogar früher als in anderen Wirtschaftsbereichen erreicht. Daß innerhalb eines solchen Zeitraumes die Meinungspluralität oder gar die Demokratie gefährdet sein soll, ist mit Sicherheit nicht anzunehmen.

b) Der lokale und regionale Bereich

Wohl nicht in demselben Umfang ersetzbar wie die überregionalen Informationen sind die Nachrichten über das aktuelle Tagesgeschehen auf der lokalen und regionalen Ebene. Der oben dargestellten Meinung von Dierichs[50] ist zuzugeben, daß hier ein Ausgleich nicht so einfach sein dürfte wie im überregionalen Bereich[51]. Ob inhaltlich ein Minimum an lokaler und regionaler Information tatsächlich unersetzbar ist, ist allerdings fraglich.

Im Regionalbereich kann das Angebot der Regionalprogramme der Fernsehanstalten das Informationsdefizit ausgleichen. Die dritten Fernsehprogramme strahlen in den einzelnen Regionalbereichen zu bekannten, festen Sendezeiten Nachrichten und Kommentare über das Geschehen in der Region aus. Diese Nachrichten werden zwar nicht so häufig gesendet wie die überregionalen. Andererseits ist das Nachrichtenangebot auch nicht so groß wie auf der überregionalen Ebene. Die wichtigste Aufgabe der Presse im lokalen Bereich ist die Kritik und die Überwachung der kommunalpolitischen Vorgänge. Erscheint die Lokalzeitung nicht mehr, werden keine Berichte oder Leserbriefe über hier evtl. vorhandene Mißstände veröffentlicht. Treten aber tatsächlich einmal eklatante „kommunal-politische Verfilzungen“ auf, so kann mit Recht gefragt werden, ob in einem solchen Fall sich nicht auch der lokale Rundfunk oder das Fernsehen in der Regionalberichterstattung mit dem Fall befassen werden. Ebenso wie mit dem Leserbrief können die anderen Medien auch durch den einzelnen Bürger auf Mißstände aufmerksam gemacht werden. Beispiele für eine solche Funkberichterstattung sind zahlreich, obwohl die Zeitungen in vollem Umfang vorher erschienen waren. In Großstädten kann diese Informationslücke natürlich noch besser durch Rundfunk und Fernsehen abgedeckt werden als im ländlichen Bereich. Allerdings kann gesagt werden, daß dafür „auf dem Lande“ die direkte Informationsweitergabe von Bürger zu Bürger meist noch besser funktioniert als in der Großstadt.

Ein Ausfall von bestimmten Informationen im regionalen und lokalen Bereich ist allerdings nicht zu ersetzen. Eine solche Informationslücke entsteht z. B. dann, wenn keine Kleinanzeigen betreffend Wohnungs- und Stellensuche bzw. ebensolche Angebote oder den Verkauf von leichtverderblichen Waren mehr veröffentlicht werden. Ebenso gelangen Anzeigen aus dem rein familiären Bereich wie Hochzeits-, Geburts- oder Todesanzeigen nicht mehr an die Öffentlichkeit. Aber auch diese Lücke begründet keine Verpflichtung der Tarifparteien zur Produktion von Notzeitungen. Es kommt nicht in der Hauptsache darauf an, wirtschaftliche Einbußen des einzelnen, auch sozial schwächeren Bürgers, zu vermeiden[52], sondern die Meinungspluralität aufrechtzuerhalten und zu beleben. Die Funktion der Presse — auch im lokalen Bereich — ist

[50] Frankfurter Rundschau, vom 7. 1. 1977, S. 14.

[51] Vgl. auch schon 1. Teil, 3. Abschnitt, C.

[52] Hernekamp, BB 1976, 1331 und Dierichs, Frankfurter Rundschau vom 7. 1. 1977, S. 14.

die Wahrnehmung einer politischen Kontrollfunktion. Dazu wird ihr von der Verfassung der hervorragende Platz eingeräumt.

Die durch den Ausfall der lokalen Presse entstehenden Einbußen treffen den sogenannten einfachen Mann auf der Straße sicherlich hart. Sie müssen von ihm aber genauso hingenommen werden, wie die auf Zeitungswerbung angewiesene Erwerbswirtschaft ihre durch den Wegfall der überregionalen Zeitungspresse entstehenden Verluste zu tragen hat.

In der Erwerbswirtschaft treffen die Verluste zwar keinen einzelnen. Sie sind aber um ein Vielfaches höher. Insgesamt relativiert sich dadurch im Vergleich zum sogenannten einfachen Mann der Grad der Beeinträchtigung.

c) Der privatwirtschaftliche Aspekt: Das Erfordernis der Kostendeckung

Würde man trotz allem eine Verpflichtung der Tarifparteien zur Produktion von Notzeitungen annehmen, so dürfte sie inhaltlich allenfalls lokale Nachrichten, Leserbriefe und Kleinanzeigen enthalten. Andere Werbetexte und Anzeigen, die finanzielle Vorteile für den Verleger bringen würden, dürften grundsätzlich nicht aufgenommen werden, um die Durchschlagskraft des Arbeitskampfes nicht zu gefährden oder zu seiner Verlängerung beizutragen. Durch diese inhaltliche Beschränkung gerät man aber wiederum in einen Konflikt mit der Kampfparität. Wird der Verleger verpflichtet, Notzeitungen zu produzieren, so entstehen ihm dadurch u. U. zusätzliche, zum arbeitskampfbedingten Ausfall hinzukommende hohe Kosten, die durch den Wegfall der Einnahmen aus dem Anzeigengeschäft noch schärfer wirken. Dadurch wird das Gleichgewicht der Arbeitskampfparteien zum Nachteil des Arbeitgebers gestört. Werbeanzeigen müßten deshalb mit aufgenommen werden, um eine kostendeckende Produktion zu ermöglichen[53]. Die Notzeitungen wären dann nicht mehr nur zur Versorgung der Bevölkerung da, sondern auch in der Lage, die Kampflasten der Verleger abzumildern. In dem Umfang, wie Werbeanzeigen aufgenommen werden dürfen, wird der Kundenstamm und die normale Produktion aufrechterhalten. Dadurch entsteht die Gefahr, daß der Arbeitskampf einmal an Durchschlagskraft verliert und ferner zum länger dauernden Konflikt wird. Die Beeinträchtigungen der Öffentlichkeit sind dann noch größer als ohne die Produktion von Notzeitungen.

[53] Aus diesem Grund kann der an sich plausible Vorschlag Seiters, Anm. zu BGH EzA Nr. 21 zu Art. 9 GG Arbeitskampf, daß die Arbeitnehmerseite zur Erhaltung des Informationsflusses z. B. nur die Herstellung des Anzeigenteils verweigern könnte, den redaktionellen Teil aber in unvermindertem Umfang drucken sollte, nicht in eine rechtlich und bindende Arbeitskampfbeschränkung umgesetzt werden.

III. Ergebnis

Eine Rechtspflicht der Tarifparteien zur Herstellung von Notzeitungen ist zu verneinen. Weder die allgemeine Informationsfreiheit des Art. 5 Abs. 1 Satz 1 2. Halbsatz GG noch das Gemeinwohl begründen eine solche Pflicht. Ein „lebensnotwendiges“ Minimum an Information kann bei einem arbeitskampfbedingten Ausfall der Zeitungspresse durch Rundfunk und Fernsehen aufrechterhalten werden. Das bei Pressearbeitskämpfen darüber hinaus unvermeidbar entstehende Informationsdefizit muß von der Bevölkerung hingenommen werden. Den Tarifparteien bleibt es aber unbenommen, auf freiwilliger Basis während eines Arbeitskampfes Notzeitungen zu produzieren.

Zusammenfassung der Ergebnisse

1. Sowohl der Arbeitskampf als auch die Pressefreiheit sind von der Verfassung in Art. 9 Abs. 3 bzw. Art. 5 Abs. 1 GG als Institutsgarantien ausgestaltet.
2. Bei einem Zusammentreffen der beiden Verfassungsgarantien im Falle eines Arbeitskampfes in Pressebetrieben kommt es zu einer Kollision der beiden Rechtspositionen.
3. Die Verfassung gibt keinem der beiden Rechtsgüter eine Vorrangstellung. Die dem besonderen Schutz des Art. 5 Abs. 1 unterfallende privatwirtschaftliche Struktur der Presse bewirkt, daß auch Pressebetriebe in vollem Umfange dem privatautonomen, staatsfreien Lohnfindungsprozeß unterfallen müssen. Ebenso wie die Pressefreiheit zur Verwirklichung der Meinungspluralität in einer Demokratie unersetzlich ist, ist auch der Arbeitskampf ein unentbehrliches Hilfsinstrument im Dienste der Tarifautonomie.
4. Auch die in Art. 5 Abs. 1 Satz 2 2. Halbsatz verankerte allgemeine Informationsfreiheit kann die Arbeitskampffreiheit des Art. 9 Abs. 3 nicht verdrängen.
5. Keines der beiden Verfassungsrechtsgüter darf in seinem Kernbereich verletzt werden. Deshalb muß ein Ausgleich zwischen den beiden Rechtspositionen erfolgen. Der Auslegungsgrundsatz der „praktischen Konkordanz“ findet hier Anwendung. Danach muß die Abgrenzung so gezogen werden, daß jedes Grundrecht zur optimalen Wirksamkeit gelangen kann.
6. Ein generelles Verbot von Arbeitskämpfen in Pressebetrieben ist daher nicht möglich.
7. Eine Beschränkung der Arbeitskampffreiheit auf bestimmte Berufsgruppen in Pressebetrieben kann nicht erfolgen.
8. Arbeitskämpfe in Pressebetrieben unterliegen dem Übermaßverbot und sind an Erfordernissen des Gemeinwohls auszurichten. Die Konkretisierung des Gemeinwohlbegriffs bringt es mit sich, daß Arbeitskämpfe in sog. lebensnotwendigen Betrieben besonderen Einschränkungen unterfallen müssen. Die Presse erfüllt in einer Demokratie durch Erhaltung der Meinungspluralität eine „lebens-

notwendige" Aufgabe. Ebenso „lebensnotwendig" für das Funktionieren einer Demokratie ist die Erhaltung der Tarifautonomie. Deshalb ist der Arbeitskampf in seiner Funktion ebenso „lebensnotwendig" wie die Pressefreiheit.

9. Daraus folgt, daß einzelne Arbeitskampfmaßnahmen nur verboten werden können, wenn sie die Pressefreiheit in ihrem Kernbereich verletzen, d. h., wenn ein Mindeststandard an Information nicht auf andere Weise, etwa durch eine Einschränkung der Zulässigkeitsvoraussetzungen der einzelnen Arbeitskampfmaßnahmen aufrechterhalten werden kann.

10. Das „ultima-ratio-Prinzip" gilt deshalb in Pressebetrieben unbedingt. Erst nach Erschöpfen des Verhandlungswegs darf zu Kampfmaßnahmen gegriffen werden. Die ausdrückliche Verweigerung von Verhandlungen durch eine der Tarifparteien reicht aus, um diesem Erfordernis Genüge zu tun.

11. Ein Anspruch auf Verhandlungen besteht nicht. Auch in Pressebetrieben ist im Anschluß an gescheiterte Verhandlungen ein Schlichtungsverfahren durchzuführen.

12. Eine Verpflichtung zur Durchführung einer Urabstimmung besteht nicht.

13. Warnstreiks in Pressebetrieben sind grundsätzlich zulässig. Ihre Funktion liegt in der Demonstration der Kampfbereitschaft. Die Zeitungsproduktion darf dadurch nicht beeinträchtigt werden. An diesem Erfordernis hat sich die zeitliche Ausdehnung eines Warnstreiks zu orientieren. Auch Warnstreiks müssen gewerkschaftlich geführt werden und sich auf ein tariflich regelbares Ziel richten. Unzulässig ist ein Warnstreik, solange nicht mindestens einmal ergebnislos verhandelt wurde.

14. Eine gerichtliche Überprüfung der Höhe der Tarifforderung ist auch in Pressebetrieben nicht zulässig.

15. Arbeitskämpfe in Pressebetrieben finden eine absolute Grenze im Verbot der Vernichtung der wirtschaftlichen Existenz des Gegners.

16. Das aus dem Verhältnismäßigkeitsgrundsatz folgende Gebot der Erforderlichkeit der Kampfmaßnahmen führt nicht zu einem zwingend der Intensität nach abgestuften Kampfmittelsystem.

17. Ein Schwerpunktstreik ist zulässig, hat aber keinen zwingenden Vorrang vor einem gewerkschaftlichen Vollstreik.

18. Eine generelle zeitliche Beschränkung des Streiks ist nicht möglich. Grenze ist auch hier das Vernichtungsverbot.

19. Ein Streik ist nur zulässig, wenn er von einer Gewerkschaft geführt wird und auf ein tariflich regelbares Ziel gerichtet ist. Daraus folgt, daß ein politischer Streik und ein Richtungsstreik in Pressebetrieben verboten sind.

20. Die Aussperrung ist in Pressebetrieben grundsätzlich zulässig. Auch eine Gebietsausweitung auf das gesamte Tarifgebiet muß möglich sein. Eine generelle, zeitliche Beschränkung der Aussperrung ist ebenso wie beim Streik nicht möglich. Die Grenze ist im wirtschaftlichen Vernichtungsverbot zu sehen.

21. Soweit Sympathiekampfmaßnahmen grundsätzlich für zulässig gehalten werden, sind sie auch in Pressebetrieben zulässig. Die Grenzen im einzelnen verlaufen wie bei der Aussperrung. Sie sind an der Ausdehnung des Hauptkampfes zu orientieren. Das Gleichgewicht zwischen den Tarifparteien darf durch Sympathiekampfmaßnahmen nicht gestört werden.

22. Eine rechtliche bindende Verpflichtung der Tarifparteien zur Herstellung von Notzeitungen im Arbeitskampf besteht nicht.

23. Grundlage einer solchen Rechtspflicht kann nicht die allgemeine Informationsfreiheit des Art. 5 Abs. 1 Satz 2 GG sein. Der ungehinderte Zugang des Bürgers zur Information ist auf allgemein zugängliche, d. h. bereits existente Informationsquellen beschränkt.

24. Aus dem Gemeinwohl folgt eine Verpflichtung zur Herstellung von Notzeitungen ebenfalls nicht. Zeitungsinformation im überregionalen Bereich ist nicht unersetzbar. Der für das Funktionieren einer Demokratie erforderliche Mindeststandard an Information kann für die Dauer eines Arbeitskampfes durch Radio und Fernsehen abgedeckt werden. Auf regionaler und lokaler Ebene gilt dasselbe.

25. Eine Verpflichtung zur Produktion von Notzeitungen würde ihre Grenzen am Grundsatz der kostendeckenden Herstellung finden. Würde man dem Verleger auch eine nicht kostendeckende Herstellung zur Pflicht machen, wäre dadurch das Kampfgleichgewicht gestört. Um die Kampfparität aufrechtzuerhalten, müßten bezahlte Werbeanzeigen aufgenommen werden. Dadurch würde der Arbeitskampf an Durchschlagskraft verlieren und unnötigerweise verlängert.

26. Die Produktion von Notzeitungen sowie ihr Inhalt muß der Vereinbarungsbefugnis der Tarifparteien überlassen bleiben.

Literaturverzeichnis

(Die Angabe in Klammern bezeichnet die Zitierweise der jeweiligen Veröffentlichung)

Abendroth: Das Grundgesetz, 1. Aufl. 1966 und 5. Aufl. 1975

Adomeit: Rechtsquellenfragen im Arbeitsrecht, 1969

Agnelli u. a.: Die Europäische Sozialcharta — Weg zu einer neuen Sozialordnung, 1978

Anschütz: Die Verfassung des Deutschen Reichs, 14. Aufl. 1933

Apfel: Die Sicherung und Erhaltung des Betriebes bei Arbeitskämpfen, 1970

Arnd/Ebsen: Mitbestimmung und Pressefreiheit, AuR 1977, 161 ff.

Auffahrt: Der gegenwärtige Stand des Arbeitskampfrechts in der BRD unter besonderer Berücksichtigung des Streikrechts, RdA 1977, 129 ff.

Badura: Wirtschaftsverfassung und Wirtschaftsverwaltung, 1971

— Arbeitsgesetzbuch, Koalitionsfreiheit und Tarifautonomie, RdA 1974, 130 ff.

— Das Recht der Koalitionen — Verfassungsrechtliche Fragestellungen, ArbR d. Ggnw. Bd. 15, 1977, 17 ff.

— Die Tarifautonomie im Spannungsfeld von Gemeinwohlerfordernissen und kollektiver Interessenwahrung, AöR 1979 (2), 246 ff.

— „Tendenzautonomie" des Presseunternehmens und Mitwirkungsrechte des Betriebsrats, Jura 1980, Heft 6, 335 ff.

Bertelsmann: Aussperrung, 1979

Bettermann: Grenzen der Grundrechte 1968

Biedenkopf: Grenzen der Tarifautonomie, 1964

— Sinn und Grenzen der Vereinbarungsbefugnis der Tarifparteien, Referat zum 46. dt. Juristentag 1966, Band I, Teil 1

Birk: Boykott und einstweilige Verfügung im grenzüberschreitenden Arbeitskampf, AuR 1974, 289 ff.

— Tarifvertraglicher Vorvertrag und arbeitsrechtlicher Boykott im Ausland, AuR 1977, 235 ff.

— Die Rechtmäßigkeit gewerkschaftlicher Unterstützungsmaßnahmen, 1978, (Unterstützungsmaßnahmen)

Bobrowski/Gaul: Das Arbeitsrecht im Betrieb, 6. Aufl. 1970 und 7. Aufl. 1979

Böckenförde: Die Methoden der Verfassungsinterpretation — Bestandsaufnahme und Kritik, NJW 1976, 2089 ff.

Bötticher: Zur Rechtswidrigkeit von Arbeitskämpfen, BB 1957, 621 ff.

Boos: Die verfassungsrechtlichen Grundlagen für das Recht des Streiks im Arbeitskampf, 1953

Branahl: Pressefreiheit und redaktionelle Mitbestimmung, 1979

Brox: Zur Wirkung der rechtmäßigen Aussperrung auf den Arbeitsvertrag, in Festschrift für Nipperdey, Band II, 1965, S. 55 ff.

Brox/Rüthers: Arbeitskampfrecht, 1965 (Brox/Rüthers)

Buchner: Anmerkung zu BAG SAE 1973, 33 ff.; SAE 1973, 43 ff.

Bulla: Das zweiseitig kollektive Wesen des Arbeitskampfes, in: Festschrift für Nipperdey, 1955, 163 ff.

Coester: Zur Verhandlungspflicht der Tarifvertragsparteien, ZfA 1977, 87 ff.

Czajka: Pressefreiheit und öffentliche Aufgabe der Presse, 1968 (Pressefreiheit)

Däubler: Der Streik im öffentlichen Dienst, 2. Aufl. 1971

— Die unverhältnismäßige Aussperrung, JuS 1972, 642

— Das Grundrecht auf Streik, ZfA 1973, 201 ff.

— Legalität und Legitimität der Aussperrung, 1979

Däubler/Hege: Koalitionsfreiheit, 1976

Dagtoglou: Wesen und Grenzen der Pressefreiheit, Res Publica, Band 11, 1963, 27 ff.

Daum: Soziale Grundrechte, RdA 1968, 81 ff.

Dierichs: Hoffend, daß selbst Herr Hensche nachsinnt, in: Frankfurter Rundschau vom 7. 1. 1977, S. 14

— Was sollte ein FAZ-Leser mit einer Notzeitung der FR anstellen, in: Frankfurter Rundschau vom 7. 1. 1977, S. 14

— Die finsteren Vermutungen des Hans Dawill, in: Frankfurter Rundschau vom 14. 1. 1977, S. 12

Dietz: Grundfragen des Streikrechts, JuS 1968, 3 ff.

Dietz/Richardi: Betriebsverfassungsgesetz, 5. Aufl. 1971

Dovifat: Zeitungslehre, 1931

Dütz: Tendenzschutz und Beteiligungsrechte des Betriebsrats, insbesondere bei Kündigung in Pressebetrieben, BB 1975, 1261

— Die Grenzen von Aussperrung und arbeitskampfbedingter Entgeltverweigerung nach Risiko-Prinzipien und Kurzarbeitsregeln, Beilage Nr. 14 zu DB 1979

— Anmerkung zu BAG EzA Nr. 27 zu Art. 9 GG Arbeitskampf

Ehmke: Verfassungsrechtliche Fragen einer Reform des Pressewesens, in: Festschrift für Arndt, 1969

— Prinzipien der Verfassungsinterpretation, VVDStRL 20, 66 ff.

Ehrenberg: Die Europäische Sozialcharta und ihre Bedeutung für die Arbeitnehmer in Europa, in: Agnelli u. a., Die Europäische Sozialcharta, 1978, S. 7 ff.

Erd: Arbeitskampf im Krisenalltag, herausgegeben von Duhn und Mückenberger, 1977 (Arbeitskampf)

Etzel: Die Entwicklung des Arbeitsrechts im Jahre 1978, NJW 1979, 1625

Evers: Arbeitskampffreiheit, Neutralität und Aussperrung, 1969

— Informationsanspruch der Presse gegenüber Behörden und allgemeines Persönlichkeitsrecht, AfP 1974, 584 ff.

Föhr: Widerspricht die Aussperrung dem Grundsatz der Parität? DB 1979, 1698 ff.

Forsthoff: Der Verfassungsschutz der Zeitungspresse, 1969 (Zeitungspresse)

Frey: Besprechung von Hohenester, Die Grenzen der Streikfreiheit, 1956, AuR 1957, 185

Friesenhahn: Die Pressefreiheit im Grundrechtssystem des Grundgesetzes, in Festschrift für Otto Kunze, 1969, S. 24 ff. (Pressefreiheit)

Fromme: Bericht über die 41. Tagung des Studienkreises für Presserecht und Pressefreiheit, in: Frankfurter Allgemeine Zeitung vom 18. 5. 1977, S. 10

Frowein: Zur völkerrechtlichen Gewährleistung des Arbeitskampfes, 1976

Geffken: Seeleutestreik und Hafenarbeiterboykott, 1979

Gerhardt: Zum Begriff der Informationsfreiheit, AfP 1974, 689 ff.

— Beschränkung der Pressefreiheit durch die Landespressegesetze, AfP 1978, 132

Gitter: Zur Rechtmäßigkeit eines ohne Urabstimmung durchgeführten Streiks, JZ 1965, 201

— Probleme des Arbeitskampfes in supranationaler, internationaler und international-privatrechtlicher Sicht, ZfA 1971, 127

Groß, R.: Pressekonzentration und Medienpolitik, DVBl, 1975, 236 ff.

— Zum Aussperrungsverbot der hessischen Verfassung, BlStSozArbR 1976, 353 ff.

Groß/Steinrücke/Tholfuß/Weber: Die Tarifbewegung 1976 in der Druckindustrie, 1976 (Tarifbewegung)

Groth: Die Zeitung, Band I, 1928

Grothe: Der Streik, Taktik und Strategie, 1952

Grunsky: Abwehraussperrung und Allgemeininteresse im Arbeitskampf, ZRP 1976, 129 ff.

Güther/Pickshaus: Der Arbeitskampf in der Druckindustrie im Frühjahr 1976, 1976 (Arbeitskampf)

Häberle: Die Wesensgehaltsgarantie des Art. 19 Abs. 2 GG 1962

Hammann/Lenz: Grundgesetz, Kommentar, 3. Aufl. 1970

Hanau: Kein Streikverbot für Beamte? JuS 1971, 120 ff.

— Pressefreiheit und paritätische Mitbestimmung, 1975

— Aussperrung und Kampfparität, Wirtschaftspolitische Chronik, Heft 3, 1978, 173 ff.

Hartje: Der Sympathiearbeitskampf, 1971

Hartmann: Mobilmachung — Der Arbeitskampf in der Druckindustrie 1976, 1977 (Mobilmachung)

Hennemann: Pressefreiheit und Zeugnisverweigerungsrecht, 1978

Hensche: Keine Streikbeschränkung durch Notzeitungen, in: Funk-Report Nr. 3, 1977, S. 9—11

— Druckerstreik und Notzeitung, in: Frankfurter Rundschau vom 14. 12. 1976, S. 10

— Arbeitskämpfe in der Druckindustrie 1976 und 1978, in: Bieback u. a. Streikfreiheit und Aussperrungsverbot 1979 (Arbeitskämpfe)

Hensche/Kittner: Mitbestimmung in Presseunternehmen, ZRP 1972, 177 ff.

Hernekamp: Arbeitskampf, Aktuelle Dokumentation, 1975

— Der Schutz des allgemeinen Informationsbedürfnisses bei presserelevanten Arbeitskämpfen, BB 1976, 1329 ff.

Herschel: Sinn und Grenzen der Vereinbarungsbefugnis der Tarifvertragsparteien, Referat zum 46. dt. Juristentag 1966, Band II, Teil D

— Gewährleistung von Freiheit und Anspruch auf Kooperation, AuR 1977, 289

Hesse: Grundzüge des Verfassungsrechts der Bundesrepublik Deutschland, 12. Aufl., 1980 (Verfassungsrecht)

Himmelmann: Arbeitskonflikte in der Bundesrepublik, in: Analysen Nr. 25, Hrsg. H.-E. Wehling, 1978

Hoffmann: Der Grundsatz der Parität und die Zulässigkeit der Aussperrung, in: Kittner (Hrsg.), Streik und Aussperrung, Protokoll der wissenschaftlichen Veranstaltung der Industriegewerkschaft Metall, vom 13. bis 15. 9. 1973, 1974

Hoffmann-Riem: Sozialstaatliche Wende der Medienverantwortung? JZ 1975, 469 ff.

Hoffmann-Riem/Plander: Rechtsfragen der Pressereform 1977

Hueck: Probleme des Streikrechts, RdA 1956, 201 ff.

— Die Bedeutung des Notstandsrechts für das Arbeitskampfrecht, RdA 1968, 430

Hueck/Nipperdey/Säcker: Lehrbuch des Arbeitsrechts, Band I, 7. Aufl. 1963, Band II 1, 7. Aufl. 1967, Band II 2, 7.. Aufl. 1970

Jagusch: Pressefreiheit, Redaktionsgeheimnis und Bekanntmachen von Staatsgeheimnissen, NJW 1963, 177

Jerschke: Öffentlichkeitspflicht der Exekutive und Informationsrecht der Presse, 1971

Joachim: Ist der Grundsatz der Verhältnismäßigkeit ein geeignetes Kriterium für die rechtliche Erfassung des Phänomens Arbeitskampf? in: Kittner (Hrsg.), Streik und Aussperrung, 1974

Kaiser: Presseplanung, 1972

Kalbitz: Aussperrungen in der Bundesrepublik, 1979

Kittner: Parität im Arbeitskampf, Anmerkung zu BAG AP Nr. 43 zu Art. 9 GG Arbeitskampf in: GewMH 1973, 91 ff.

— Streik und Aussperrung (Hrsg.), Protokoll der wissenschaftlichen Veranstaltung der Industriegewerkschaft Metall vom 13. bis 15. 9. 1973, 1974

Klein: Koalitionsfreiheit im pluralistischen Sozialstaat. Eine verfassungsrechtliche Analyse der Rechtsprechung des Bundesarbeitsgerichts, 1979

Knoche/Krüger: Presse im Druckerstreik, 1978 (Druckerstreik)

Koebel: Ein neues Landespressegesetz in Baden-Württemberg, NJW 1964, 1108

Koller: Die Zulässigkeit von Rationalisierungsschutzabkommen in Tarifverträgen, ZfA 1978, 45 ff.

Konzen: Der Arbeitskampf im Verfassungs- und Privatrechtssystem, AcP 177 (1977), 473 ff.

— Anmerkung zu BAG AP Nr. 51 zu Art. 9 GG Arbeitskampf, in: SAE 1977, 235 ff.

Krejci: Aussperrung, 1980

Krüger: Staatsverfassung und Wirtschaftsverfassung, DVBl 1951, 361 ff.

Kübler: Empfiehlt es sich, zum Schutze der Pressefreiheit gesetzliche Vorschriften über die innere Ordnung von Presseunternehmen zu erlassen? Gutachten zum 49. dt. Juristentag, D, 1972

Külp: Der Einfluß von Schlichtungsformen auf Verlauf und Ergebnis von Tarifverhandlungen, 1972

Kull: Redaktionsstatut und Pressefreiheit, AfP 1970, 906 ff.

Larenz: Methodenlehre der Rechtswissenschaft, 4. Aufl. 1979

Lauschke: Die Notararbeiten im Arbeitskampf, 1966

Leisner: Werbefernsehen und öffentliches Recht, 1967

— Privateigentum ohne privaten Markt? Gibt es eine verfassungsrechtliche Garantie „des Marktes"? BB 1975, 1 ff.

— Pressegleichheit, 1976

Lerche: Übermaß und Verfassungsrecht, 1961

— Verfassungsrechtliche Zentralfragen des Arbeitskampfes, 1968

— Verfassungsrechtliche Fragen zur Pressekonzentration, 1971 (Pressekonzentration)

— Verfassungsrechtliche Aspekte der inneren Pressefreiheit, 1974 (Innere Pressefreiheit)

— Pressefreiheit, in: ev. Staatslexikon, 2. Aufl. 1975, Spalte 1912

Löffler: Dürfen Pressebetriebe bestreikt werden?, NJW 1962, 1601 ff.

— Der Verfassungsauftrag der Presse — Modellfall Spiegel, 1963

— Arbeitskampf und Pressefreiheit, Mitteilung über die 41. Tagung des Studienkreises für Presserecht und Pressefreiheit am 13. und 14. 5. 1977, NJW 1977, 2061 ff.

— Presserecht, Band I, 2. Aufl. 1969 und Band II, 2. Aufl. 1968

— Die Bedeutung des Tendenzschutzes für die Presse — Tendenzschutz ein überholtes Privileg? AfP 1978, 165 ff.

Löffler/Ricker: Handbuch des Presserechts, 1978 (Presserecht)

Löwisch: Das Übermaßverbot im Arbeitskampfrecht, ZfA 1971, 319 ff.

— Gemeinsame Anmerkung zu den Beschlüssen des BAG vom 31. 10. 1975 und 14. 11. 1975, SAE 1976, 169 f. und 172 ff.; SAE 1976, 176

— Besteht ein Grund, die Rechtsprechung des Bundesarbeitsgerichts zur Aussperrung zu ändern? RdA 1980, 1 ff.

Lohse: Streik und Staatsnotstand, 1969

Mager: Zur neueren Rechtsprechung des Bundesarbeitsgerichts zum Arbeitskampfrecht, ArbR d. Ggnw. (15), 1977, 75 ff.

Mahlein: Lehren aus einem Arbeitskampf, Gew MH 1976, 396 f.

Mallmann: Pressepflichten und öffentliche Aufgabe der Presse, JZ 1966, 625 ff.

— Empfiehlt es sich, zum Schutze der Pressefreiheit gesetzliche Vorschriften über die innere Ordnung von Presseunternehmen zu erlassen? Referat N zum 49. dt. Juristentag, 1972

— Anmerkung zu BAG JZ 1976, 519: JZ 1976, 521 ff.

v. Mangoldt: Grundrechte und Grundsatzfragen des Bonner Grundgesetzes, AöR 1949, 273 ff.

v. Mangoldt/Klein: Das Bonner Grundgesetz, Kommentar, Band I, 2. Aufl. 1966 (GG)

Maunz: Deutsches Staatsrecht, 22. Aufl. 1978

Maunz/Dürig/Herzog/Scholz: Grundgesetz, Kommentar, Stand 1979 (GG)

Mayer-Maly: Besprechung von Brox/Rüthers, Arbeitskampfrecht, 1965, RdA 1965, 432

— Der Verhandlungsanspruch tariffähiger Verbände, RdA 1966, 201 ff.

— Die Entwicklung der Rechtsprechung zum Tendenzschutz in Pressebetrieben, AfP 1976, 3 ff.

— Anmerkung zu BAG AP Nr. 4 zu § 118 Betr. Verf. G

Meissinger: Die Rechtsquellen der sozialen Selbstverwaltung AuR 1954, 136 ff.

— Koalitionsrecht — ein Mittel zum Zweck der sozialen Selbstverwaltung, AuR 1954, 65

Meyer: Von der sozialen Adäquanz zur Verhältnismäßigkeit der Kampfmaßnahmen, ZRP 1974, 253

Michaels: Zum Nachschlag verurteilt (wie die Gewerkschaften auf den Arbeitskampf der Drucker reagieren), in: Die Zeit vom 7. 5. 1976

Mitscherlich: Das Arbeitskampfrecht der Bundesrepublik Deutschland und die europäische Sozialcharta, 1977

Möschel: Pressekonzentration und Wettbewerbsgesetz, 1978

Müller, G.: Das Arbeitskampfrecht im Beschluß des Großen Senats, RdA 1971, 320

— Fragen zum Arbeitskampfrecht nach dem Beschluß des großen Senats vom 21. 4. 1971, GewMH 1972, 273 ff.

— Der Arbeitskampf als Rechtsinstitution — Gedanken zum Arbeitskampfrecht in der Bundesrepublik Deutschland, AuR 1972, 1 ff.

Müller-Jentsch: Der Arbeitskampf in der Druckindustrie, 1978, in: Jacobi/Müller-Jentsch/Schmidt (Hrsg.), Arbeiterinteresse gegen Sozialpartnerschaft, Kritisches Gewerkschaftsjahrbuch 1978/79, 10 ff.

v. Münch: Pressefreiheit und Werbefreiheit, AfP 1974, 598 ff.

— Verfassungsrechtliche Grundlagen des Arbeitskampfrechts, Jura 1979, 25 ff.

— Öffnungsklauseln bei Zeitungen und Zeitschriften, 1977 (Öffnungsklauseln)

— Grundgesetz, Band I, 1974

Neumann/Nipperdey/Scheuner: Die Grundrechte, 2. Aufl. 1968

Nickel: Der Warnstreik in der Arbeiterkampfordnung, AuR 1977, 311 ff.

Niemann: Pressefreiheit auch während des Streiks, Funk-Report 3/77 vom 4. 2. 1977, S. 11

Nikisch: Arbeitsrecht, Band II, 2. Aufl. 1959

Nipperdey: Die soziale Marktwirtschaft in der Verfassung der Bundesrepublik, 1954

— Soziale Marktwirtschaft und Grundgesetz, 3. Aufl. 1965

Ossenbühl: Die Interpretation der Grundrechte in der Rechtsprechung des Bundesverfassungsgerichts, NJW 1976, 2100

Papier: Über Pressefreiheit — Ein Literaturbericht, Der Staat, 13 (1974), 409 ff.

Plander: Pressefreiheit und betriebliche Mitbestimmung, NJW 1980, 1084 ff.

Raiser: Die Aussperrung nach dem Grundgesetz, 1975

— Der Kampf um die Aussperrung, ZRP 1978, 201 ff.

Ramm: Der Arbeitskampf — nur äußerstes Mittel? Die sogenannte „ultima-ratio-Theorie" im Arbeitskampfrecht, BB 1961, 1168 ff.

— Kampfmaßnahmen und Friedenspflicht, 1962

— Das Koalitions- und Streikrecht der Beamten, 1970

— Der nichtgewerkschaftliche Streik, AuR 1971, 65 ff.

Rasch: Grenzen des Streikrechts, BB 1974, 1217 ff.

Raupach: Die Schlichtung von kollektiven Arbeitsstreitigkeiten und ihre Probleme, 1964

Rebel: Die Zulässigkeit des Warnstreiks, RdA 1979, 207 ff.

Rehbinder: Die öffentliche Aufgabe und rechtliche Verantwortlichkeit der Presse, 1962

— Öffentliche Aufgabe der Presse — Was ist das? NJW 1963, 1387 ff.

— Presserecht, 1967

— Zur inneren Pressefreiheit, DöV 1972, 450 ff.

Renner: Die Rechtsinstitute des Privatrechts und ihre soziale Funktion, 1929

Reuss: Das neue Arbeitskampfrecht, AuR 1971, 353 ff.

— Die Unzulässigkeit gerichtlicher Tarifzensur, AuR 1975, 289 ff.

Reuter: Nochmals: Die unverhältnismäßige Aussperrung BAG (GS) AP Art. 9 GG Arbeitskampf — Nr. 43, JuS 1973, 284 ff.

— Streik und Aussperrung, RdA 1975, 275 ff.

— Die Arbeitskampffreiheit in der Verfassungs- und Rechtsordnung der Bundesrepublik Deutschland, in: Festschrift für F. Böhm, 1975, S. 521 ff.

— Zulässigkeit und Grenzen tarifvertraglicher Besetzungsregelungen, ZfA 1978, 1 ff.

Richardi: Anmerkung zu BAG AP Nr. 7 zu § 118 Betr.Verf.G

— Aussperrung und Arbeitsverhältnis, RdA 1970, 65 ff.

— Der Beschluß des Großen Senats des Bundesarbeitsgerichts vom 21. 4. 1971, RdA 1971, 334 ff.

— Die Verhältnismäßigkeit von Streik und Aussperrung, NJW 1978, 2057

— Anmerkung zu BAG AP Nr. 44 zu Art. 9 GG Arbeitskampf

Richert: Wieviel Streik verträgt des Verlegers Geldbeutel? in: Frankfurter Rundschau vom 4. 2. 1976, S. 14

— Sondersendungen beim Druckerstreik, in: Funk-Report 14/76 vom 9. 7. 1976, S. 2

— Die Notzeitungen, in: Der Journalist 2/77, S. 27

Ricker: Die Zulässigkeit von Streik in Presse und Rundfunk, NJW 1980, 157 ff.

Ricker/Löffler/Ricker: Handbuch des Presserechts, 1978 (Presserecht)

Ridder: Meinungsfreiheit in: Neumann/Nipperdey/Scheuner, Die Grundrechte, Band II, 2. Aufl. 1968 (Meinungsfreiheit)

— Die soziale Ordnung des Grundgesetzes 1975

Rieth: Die Steuerung unternehmerischen Handelns durch Tarifvertrag, 1980

Rittner: Wirtschaftsrecht, 1979

Rüthers: Streik und Verfassung, 1960

— Zur Zulässigkeit von Sympathiearbeitskämpfen, BB 1964, 312

— Besprechung von Lerche, Verfassungsrechtliche Zentralfragen des Arbeitskampfes, 1968, JZ 1970, 431

— Die Entwicklung des Arbeitskampfrechts unter besonderer Berücksichtigung der Rechtsprechung des Bundesarbeitsgerichts, ArbR d. Ggnw., 10 (1972), S. 23 ff.

— Innere Pressefreiheit und Arbeitsrecht, DB 1972, 2471 ff.

— Tarifautonomie und Schlichtungszwang, in: Gedächtnisschrift für Dietz, 1973, S. 299 ff.

— Arbeitgeber und Gewerkschaften — Gleichgewicht und Dominanz, DB 1973, 1650 ff.

— Tarifautonomie und gerichtliche Zwangsschlichtung, 1973

— Paritätische Mitbestimmung und Tendenzschutz, AfP 1974, 542 ff.

— Tarifmacht und Mitbestimmung in der Presse, 1975

— Tarifautonomie im Umbruch, 1977

— Arbeitskampf und Pressefreiheit, AfP 1977, 307 ff.

— Rechtsprobleme der Aussperrung, 1980

— Anmerkung zu BAG AP Nr. 51 zu Art. 9 GG Arbeitskampf

Rüthers/Söhnen: Demokratisierung durch Beamtenstreik, Der Staat, Band 11, 1972, 550 ff.

Rupp: Grundgesetz und Wirtschaftsverfassung, 1974

Säcker: Grundprobleme der kollektiven Koalitionsfreiheit, 1969

— Zu den rechtspolitischen Grundlagen der Arbeitskampfentscheidungen des Bundesarbeitsgerichts vom 21. 4. und 26. 10. 1971, GewMH 1972, 287 ff.

Schaub: Arbeitsrecht, 1977

Scheuner: Privatrechtliche Struktur und öffentliche Aufgabe der Presse, AfP 1968, 725 ff.

— Pressefreiheit, VVDStRL 22, 1 ff.

Schmidt/Bleibtreu/Klein: Grundgesetz, Kommentar, 5. Aufl. 1980

Schmidt, Carlo: Soziale Autonomie und Staat, 1951

Schmidt, Wieland: in: Handbuch der Publizistik, Band III, 1969, Hrsg. E. Dovifat

Schmitt, Carl: Verfassungslehre, 1931

— Freiheitsrechte und institutionelle Garantien der Reichsverfassung (Aufsätze (1931)

Schmitt Glaeser: Die Meinungsfreiheit in der Rechtsprechung des Bundesverfassungsgerichts, AöR 97 (1972), 60 ff. und 276 ff.

Schneider, F.: Presse- und Meinungsfreiheit nach dem Grundgesetz, 1961 (Presse- und Meinungsfreiheit)

Schneider, P.: Pressefreiheit und Staatssicherheit, 1968

Schnorr v. Carolsfeld: Arbeitsrecht, 2. Aufl. 1954

Schnur: Pressefreiheit, VVDStRL 22 (1965), 101 ff.

Scholz: Koalitionsfreiheit als Verfassungsproblem, 1971

— Pressefreiheit und Arbeitsverfassung 1978

Scholz/Konzen: Die Aussperrung im System von Arbeitsverfassung und kollektivem Arbeitsrecht, 1980 (Aussperrung)

— Die begrenzte Aussperrung — Zur neuen Aussperrungsjudikatur des BAG, DB 1980, 1593 ff.

Schwegler: Streikrecht und Rechtsprechung — Zum politischen Charakter des sogenannten Arbeitskampfrechts nach dem Beschluß des Großen Senats vom 21. 4. 1971, GewMH 1972, 299 ff.

Seiter: Streikrecht und Aussperrungsrecht, 1975 (Streikrecht)

— Die Rechtsgrundlagen der suspendierenden Abwehraussperrung, JA 1979, 337 ff.

— Arbeitskampfparität und Übermaßverbot, 1979

— Der Warnstreik im System des Arbeitskampfrechts, in: Festschrift für das Bundesarbeitsgericht, 1979, S. 583 ff. (BAG-Festschrift)

— Zwischenbilanz im Kampf um die Aussperrung, NJW 1980, 906 ff.

— Anmerkung zu BGH EzA Nr. 21 zu Art. 9 GG Arbeitskampf

Söllner: Arbeitsrecht, 6. Aufl. 1978

— Zur Zulässigkeit der Aussperrung nach geltendem Recht aus rechtsgeschichtlicher Sicht, RdA 1980, 14 ff.

Stammler: Die Presse als soziale und verfassungsrechtliche Institution, 1971, (Die Presse)

Statistische Jahrbücher der Bundesrepublik Deutschland

Stein, Ekkehart: Staatsrecht, 6. Aufl. 1978

Stein, Erwin: Dem Informationsanspruch des Bürgers gebührt der Vorrang, in: Frankfurter Rundschau vom 1. 3. 1977, S. 14

Stein, P.-J.: Die rechtliche Beurteilung von Arbeitskämpfen in lebenswichtigen Betrieben, 1967

Vollmer: Aufgaben- und Zuständigkeitsverteilung zwischen mitbestimmungsrechtlicher und tarifvertraglicher Interessenvertretung, DB 1979, 308 ff., 355 ff.

Weber, W.: Koalitionsfreiheit und Tarifautonomie als Verfassungsproblem, 1965

— Innere Pressefreiheit als Verfassungsproblem, 1973

— Medienpolitik und Pressefreiheit, AfP 1974, 586 ff.

Weitnauer: Rechtmäßigkeit und rechtliche Folgen des „wilden" Streiks, DB 1970, 1639 ff.

Wiedemann: Die deutschen Gewerkschaften — Mitgliederverband oder Berufsorgan, RdA 1969, 321 ff.

Wiedemann/Stumpf: Tarifvertragsgesetz, 5. Aufl. 1977

Wohlgemuth: Staat und Arbeitskampf, 1975

Wolter: Aussperrung, Parität und Verhältnismäßigkeit, AuR 1979, 193

Zacher: Der Ärztestreik als Rechtsproblem, ZfS 1966, 129 ff.

Zachert/Metzke/Hamer: Die Aussperrung, 1978

Zöllner: Die Zulässigkeit neuer Arbeitskampfformen, in: Festschrift für Bötticher, 1969, 427 ff.

— Die Rechtsprechung des Bundesverfassungsgerichts zu Art. 9 Abs. 3 GG, AöR 1973, 71 ff.

— Aussperrung und arbeitskampfrechtliche Parität, 1974

— Arbeitsrecht, 2. Aufl. 1979

Zweifel: Der wilde Streik, Schriften zum schweizerischen Arbeitsrecht, 1977

FSC
www.fsc.org
MIX
Papier | Fördert
gute Waldnutzung
FSC® C083411

Kolibri 360 GmbH
Ferdinand-Jühlke-Straße 7
99095 Erfurt, Deutschland
produktsicherheit@kolibri360.de

Druck:
CPI Druckdienstleistungen GmbH
im Auftrag der
Kolibri 360 GmbH
Ferdinand-Jühlke-Str. 7
99095 Erfurt